herzlich
Marijke

MARIJKE SCHNYDER

Matrjoschka-Jagd

EISZEIT Ein nasskalter Herbstmorgen in dem kleinen Kurort Lenk im Berner Oberland. Die Millionärin Klara Ehrsam macht ihren gewohnten Spaziergang zum See. Wenig später findet ein Wanderer ihre Leiche in der Nähe eines Kioskhäuschens.
Kommissarin Nore Brand und ihr Assistent Nino Zoppa von der Berner Polizei machen sich auf den Weg hinauf in das Simmental. Dort treffen sie auf eine Mauer des Schweigens. Die Angst vor der Russen-Mafia lähmt die Talbewohner. Nach weiteren Morden beginnt Nore die bedrohlichen Dimensionen des Falls zu erahnen. Ihr Vorgesetzter will sie von dem Fall abziehen, doch Nore ermittelt unermüdlich weiter und bringt Unruhe in den lokalen Politfilz ...

Marijke Schnyder wurde 1956 in Morges am Genfersee geboren. Ihr Studium, das sie mit einer Dissertation in Linguistik abschloss, führte sie nach Holland, Frankreich und Schottland. Sie lebt heute in Bern, wo sie als Dozentin an der Pädagogischen Hochschule arbeitet. Der Krimi »Matrjoschka-Jagd« ist ihr Debüt als Romanautorin.

MARIJKE SCHNYDER

Matrjoschka-Jagd

Kriminalroman

GMEINER *Original*

Besuchen Sie uns im Internet:
www.gmeiner-verlag.de

Im Ehnried 5, 88605 Meßkirch
Telefon 07575/2095-0
info@gmeiner-verlag.de

1. Auflage 2010

Lektorat: Claudia Senghaas, Kirchardt
Herstellung / Korrekturen: Julia Franze / Claudia Senghaas
Umschlaggestaltung: U.O.R.G. Lutz Eberle, Stuttgart
unter Verwendung eines Fotos von: © chillihead / photocase.com
Druck: Fuldaer Verlagsanstalt, Fulda
Printed in Germany
ISBN 978-3-8392-1092-5

Personen und Handlung sind frei erfunden. Ähnlichkeiten mit lebenden oder toten Personen sind rein zufällig und nicht beabsichtigt.

KAPITEL

DIE TOTE MILLIONÄRIN

Der Herbststurm peitschte den Regen an die Windschutzscheibe. Der Wischer arbeitete auf Hochtouren. Nore Brand spähte durch den nassgrauen Vorhang auf die Straße, die sich zwischen den Felsen hindurch ins Simmental zwängte. Zur Linken stand die Burgfluh wie ein Torwächter, düster und drohend. Im Hintergrund gab der Niesen Deckung.

Das graue Alltagsgesicht dieser Gegend kannte sie nicht. Als Kind hatte ihr Vater sie zum Schlitteln und zum Skifahren mitgenommen. Die Bilder der Erinnerung zeigten nichts als leuchtende Schneelandschaften und tiefe, verschneite Hausdächer links und rechts von der Straße. Und eine unendliche Anzahl Kurven.

Diese Kurven waren zu viel für den kindlichen Magen. Ihr Vater hielt an und versuchte mithilfe von Schnee, die Spuren von ihren und seinen Kleidern zu entfernen. Sie selbst, die Kleine, stand hilflos da und fühlte sich elend.

»Bald sind wir oben«, tröstete er sie. »Wenn du einmal groß bist und selbst am Steuer sitzt, passiert das nicht mehr. Du wirst schon sehen.«

Genauso war es auch geschehen.

Als Kind hatte sie ihren Vater für einen Propheten gehalten, weil er immer zum Voraus wusste, was geschah, und ihre Kindheit endete genau an dem Tag, als er die Familie verließ.

Noch eine lange Kurve zwischen Bäumen und hoch aufragenden Felsen und dann musste ›Der Tannenhof‹ auftauchen.

Sie hatte Hunger. Sie musste essen. Jetzt brachte auch die größte Eile nichts mehr. Der Dorfpolizist habe nicht den geringsten Verdacht gehabt. Man war davon ausgegangen, dass die Frau ertrunken sei. Ein dummer Unfall, nichts weiter. Das hatte der Chef ihr mitgeteilt.

»Du musst diesen Fall übernehmen, Nore«, hatte er gesagt, und dabei kaum vom Bildschirm aufgesehen, »Bärfuss leidet seit ein paar Tagen an einer schweren Erkältung.«

Ihr Chef war kein Polizist. Eher ein heimlicher Archivar. Er ordnete mit Hingabe alte und uralte Akten. Er sicherte, was das Zeug hielt, und bevor er den Computer herunterfuhr, kontrollierte er alle gesicherten Dokumente. In keinem Büro brannte das Licht länger als bei ihm. Zweifellos wurde er nachts von grauenvollen Alpträumen heimgesucht, in denen sämtliche Computerkabel von gummisüchtigen Stadtmardern gefressen wurden, was zu einer finalen Explosion führte, die das ganze Gebäude, das ganze Stadtzentrum und damit sämtliche Daten vernichtete.

Wer konnte so noch ruhig schlafen?

Aus dieser Perspektive betrachtet, war Sisyphus nicht einmal so übel dran gewesen.

Auch Bastian Bärfuss war kein Polizist. Er putzte seine Pfeife und pflegte Pflanzen in seinem Büro und achtete darauf, dass die antike Zuckerdose aus Silber, die seinen Schreibtisch zierte, frei von Staub blieb. Wo waren sie geblieben, die richtigen Polizisten? War es ein Jugendtraum, die Welt zu ordnen, für das Recht einzustehen? Vergaß man diese Träume, sobald man begriff, dass alles viel komplizierter war, als man es sich je hätte vorstellen können? Erwachte man eines Morgens und wusste nicht mehr, was richtig und falsch war? Begann man an genau jenem Morgen, die Büropflanzen zu hegen und zu pflegen, oder endlos Archive zu sichten und Ordner zu ordnen? Und heimlich alle Alpträume im Tagebuch zu notieren?

»Eleonora, was willst du bei der Polizei? Die Welt ist so, wie sie ist, und auch du wirst sie nicht ändern können«, hörte sie ihre Mutter rufen. Nore Brand sah ihre Mutter in der Küche herumwirbeln, mit fliegenden Haaren, geröteten Wangen und Knoblauch unter den Fingernägeln. La Mamma.

Sie parkte den Wagen und starrte eine Weile in den dunklen Tannenwald, der sich hinter dem Gasthof steil den Berg hinaufzog.

Als wissenschaftliche Mitarbeiterin hatte sie angefangen, vor vielen Jahren. Damals, als die Polizei sich um Statistiken bemühen musste; die Menschheit rief plötzlich nach Fakten und Zahlen. Nore Brand hatte genug von der Arbeit im Röntgeninstitut und meldete sich bei der Polizei. Die Arbeit in der Abteilung Statistiken langweilte und empörte sie. Sie hatte nicht gewusst, dass der größte Teil aller Verbrechen ungeklärt blieb. Sie bekam dann die Gelegenheit, gegen die Ungerechtigkeit in dieser Welt etwas zu unternehmen, weil der Prophet mit Bastian Bärfuss zusammen die Schulbank gedrückt hatte.

Vielleicht war es wirklich so, dass man eines Morgens aufwachte und nicht mehr mit Sicherheit sagen konnte, was richtig und was falsch war. Sie hatte sich geschworen, an genau diesem Tag den Dienst zu quittieren, auf dem Nachhauseweg im Farbwarengeschäft haltzumachen und mit den neuen Errungenschaften den grauen Wänden ihrer Wohnung den Garaus zu machen. Auf diesen

Tag war sie vorbereitet. Auf ihrem Nachttischchen lag unter einem Stapel Comics ein Buch über harmonische Farben für das schöne Zuhause. Den letzten beruflichen Tiefschlag hatte sie mit Himbeerrot verarbeitet. Diese Farbe stand dem alten Briefkasten ausgezeichnet. Doch nun stand der nächste Fall an und die Tage als Innendekorateurin schienen ihr fern.

Dem Tonfall ihres Chefs hatte sie entnommen, dass diesem Todesfall nicht viel Bedeutung beigemessen wurde. Dorfgerede. Eine Frau, immerhin Millionärin, Kurgast seit vielen Jahren, war offenbar ertrunken, weit über 80, in idyllischer Umgebung, im Lenkersee. Das traurige Ende einer Frau, die sich frühmorgens aufgemacht hatte, um in der frischen Luft gesund zu werden. Es war früh gewesen, zu früh vielleicht für sie, ein leichter Schwindelanfall und schon war es geschehen. Die Erben hatten den geringsten Grund, sich über dieses abrupte Ende zu beklagen.

Doch irgendjemand wusste plötzlich mehr. Wie oft hatte sie das erlebt. Also musste man der Sache nachgehen, jedenfalls war der Dorfpolizist plötzlich dieser Ansicht, denn alles müsse seine Ordnung haben. Die späte Einsicht ihres Kollegen war sonderbar, sie war eigentlich das Sonderbarste an diesem Fall.

Der Regen hatte etwas nachgelassen.

Nore Brand dachte an Nino Zoppa.

Er würde die Fahrt im alten Rüttelzug verwünschen. Und im besten Fall nie mehr unpünktlich sein.

Als sie aus dem Wagen kletterte, blies ihr ein kalter Wind entgegen. Sie zog die Daunenjacke enger um die

Schultern und lief über den leeren Parkplatz, um einen Blick in den tosenden Bergbach zu werfen. Eisiger Wasserstaub prickelte auf ihrem Gesicht.

›Frische Forellen und gutbürgerliche Küche‹, verkündeten schwungvolle Kreidebuchstaben auf einer verwitterten schwarzen Tafel vor der Treppe, die zum Eingang des Gasthofs führte.

In der dunklen Gaststube war es warm. Ein Geruch von Fisch, Bier, Rösti und Kaffee umfing sie.

Eine halbe Stunde später verließ sie den Gasthof und steuerte den Wagen weiter das Tal hinauf. Die gewaltige Portion Tannenhof-Rösti mit Schinken, Ei und Käse überbacken lag schwer wie ein Felsbrocken in ihrem Magen. Immerhin hatte es inzwischen zu regnen aufgehört und ein heftiger Bergwind schob die Regenwolken über die Berge ins Wallis hinunter.

Die Vorfahren ihrer Mutter, die Familie Fonte von Brescia, waren über diese Berge gekommen. Die Hoffnung auf Arbeit und ein besseres Leben hatte sie über unwegsame Pässe nach Norden getrieben und unempfindlich gemacht gegen die Kälte, mit der sie von Land und Leuten empfangen wurden. Ihre Mutter hatte sie unablässig daran erinnert. Doch das war längst vorbei; Nore war eine der ihren geworden. Nur diese Sehnsucht nach einer besseren Welt, um die man unablässig kämpfen musste, hatte sie ihrer Tochter hinterlassen.

In der Ferne sah sie die weißen Spitzen der Berge, die das Tal abschlossen, die schroffen Felsgrate, Wasserfälle, die wie silbrig glänzende Fäden an den grauen Felsmassen hingen, tiefer dann die Baumgrenze und noch tiefer die

Weiden mit den Hütten und Bauernhöfen. Ganz hinten in der Talmulde erkannte sie die ersten Häuser und die zwei Kirchtürme des Dorfes. Etwas abseits vermutete sie das Grandhotel Belvedere. Und nicht weit davon entfernt, von hohem Schilf umgeben, der Lenkersee und dahinter der Wildstrubel.

»Wildstrubel heißt der größte Berg dort hinten. Siehst du ihn?«

»Mhm«, sagte die Kleine.

Der Name gefiel ihr. Sie dachte an den Struwwelpeter.

Die Kleine sah so viele Berge, so viele Felsen. Aber wo hörte ein Berg auf und wo begann der nächste?

Von da an stellte der Prophet jedes Mal, wenn sie ins Simmental fuhren, die gleiche Frage. »Weißt du, wie der riesige Berg dort hinten heißt?«

»Wildstrubel«, sagte sie dann und wusste, dass der Prophet zufrieden war mit ihr.

Was hatte dieser Berg wohl angestellt, dass er so hieß?

»Früher lag das ganze Tal unter einem großen Gletscher«, hörte sie seine Stimme.

»Wie viel früher?«

Der Prophet machte unerträglich lange Denkpausen. »Stell dir vor, wie lange es geht, bis dein Schneemann geschmolzen ist und der ist nur aus Schnee. Nicht aus Eis. Wenn Mama den Eisschrank auftaut, um ihn zu putzen, muss sie ihn über Nacht offen stehen lassen, damit das Eis am Morgen Wasser geworden ist. Als der Gletscher das Tal ausfüllte, brauchte es viele, viele Jahre, bis er geschmolzen war.«

Die Kleine runzelte die Stirn. »So lange?«

»Ja, so lange«, wiederholte der Prophet.

Die Kleine reckte den Hals, um bis zu den Bergspitzen zu sehen. So viel Eis und das war nun weg.

»Inzwischen ist das halbe Tal im Ozean, auch die Berge werden mit der Zeit dort enden.«

Die Kleine schaute den Wolken nach. Die Lehrerin hatte eine bunte Zeichnung an die Wandtafel gemalt, um zu zeigen, wie das Wasser verdunstete und zu Wolken wurde. Dann hatte sich die ganze Klasse um den Wasserkocher gestellt und zugeschaut, wie das kochende Wasser dampfend aus dem Gefäß stieg. Die Lehrerin war jung, schön und sie duftete nach Parfum und die Kleine glaubte ihr alles. Sogar die Geschichte vom See, der sich in eine federleichte Sommerwolke verwandeln konnte.

Nore Brand sah ihren Vater vor sich sitzen mit seinem schmalen Nacken und den dünnen Haaren oben auf dem Kopf. Aber er hatte einen dichten Bart, so wie der Prophet in ihrer Kinderbibel.

»Deine Mutter hat mich nie wirklich gebraucht, Eleonora.«

In ernsthafteren Situationen hieß sie Eleonora. Für den Alltag genügte Nora. Für alle anderen war sie einfach Nore. Ihre Mutter hatte bei der Geburt ihrer ersten Tochter an eine Großtante aus Sizilien gedacht und an eine hoch verehrte italienische Schauspielerin.

Eleonora. Das klang nach Federboa, verwegener Augenschminke, dramatischen Gesten und einem Schuss Hysterie. Nein, Nore genügte ihr. Dieser Name bot immerhin Entfaltungsmöglichkeiten.

Jacques nannte sie Eléonore. Mit so etwas hatte sie nie gerechnet. Sie war völlig arglos an die Klassenzusammenkunft gegangen. Vielleicht war es ein Naturgesetz, dass man mit vierzig und ein kleines bisschen mehr plötzlich wissen wollte, wie es um die anderen stand. Auch Jacques war dabei gewesen. Wie sie zum ersten Mal. Er hatte ihr verschmitzt zugelächelt, genau so wie damals, als sie ihn dabei ertappte, wie er hastig ihren Pultdeckel schloss. Die Winnetou-Postkarten waren also alle von ihm gewesen. Winnetou und seine Silberbüchse, Old Shatterhand und Tante Droll. Ein paar Tage später erhielt Jacques in der Schulbibliothek hinter einem Regal einen Kuss dafür. Das war der erste Kuss ihres Lebens gewesen. Und nun, so viele Jahrzehnte später, hatte der große Jacques von der großen Eléonore wissen wollen, ob dieser Kuss dem edlen Indianer oder dem kleinen Jacques gegolten hätte. Nore konnte nicht begreifen, dass die Antwort auf diese Frage sie in Verlegenheit brachte. Sie merkte, wie sie rot anlief, worauf sich Jacques nach all diesen Jahren den Kuss holte, der ihm längst zustand. Seiner Ansicht nach.

Kurz bevor sie das Dorf erreichte, riss der Wind den Himmel auf, er leuchtete blau und die Sonne schien auf die grünen Berghänge.

Der Bahnhof war menschenleer. Als sie die Tür zum Warteraum öffnete, sah sie ihn. Er saß in sich zusammengesunken auf einer Bank und schlief. Friedlich wie ein Engel. Seine langen dünnen Beine ragten weit in den Raum hinein. Die Hände hatte er tief in die Taschen seiner weiten Steppjacke gebohrt. Eine tiefe Steilfalte teilte die dunklen Augenbrauen. In seinen Ohren steckten schwarze Stöpsel.

»Dein Zauberlehrling«, hatte Bärfuss gespottet.

Diese Jugend kam mit technischen Geräten verkabelt auf die Welt.

Seit drei Tagen war er kahl geschoren. Er sah aus wie ein gehäutetes Robbenbaby. Sie stand einen Augenblick vor ihm. Nein, er würde kaum von selbst erwachen. Sie packte ihn an den Schultern und schüttelte ihn. Vergeblich. Sie packte das Gerät, das locker in seiner Hand lag, und stellte die volle Lautstärke ein. Da zuckte er wie elektrisiert hoch und riss die Stöpsel aus den Ohren.

»Scheiße. Wer?« Er stand in seiner ganzen Länge vor ihr und schaute fassungslos auf sie herab. »Frau Brand?« Er rieb sich die sausenden Ohren.

Nore Brand drehte sich wortlos um und ging auf den Ausgang zu.

Er folgte ihr, er warf sich auf den Nebensitz und riss die Autotür wütend zu. »Ich war heute Morgen nur fünf Minuten zu spät.«

»Nur fünf Minuten? Wie hätte ich das wissen sollen?«

»Bei mir sind es immer höchstens fünf Minuten. Nur ganz selten einmal länger.«

Nore Brand startete den Wagen. »Gewöhnen Sie sich einfach dran, fünf Minuten eher zu kommen. Das lässt sich bestimmt irgendwie einrichten«, sagte sie und fuhr los.

Er starrte aus dem Fenster. »Sie sind wirklich knallhart«, sagte er nach einer Weile.

»Ja.«

»Sie werden mit mir noch andere Probleme haben.«

»Das nehme ich an.«

»Ich lasse mich versetzen, und zwar so schnell wie möglich.«

»Ich werde Sie nicht daran hindern.« Sie spürte seinen fassungslosen Blick.

»Was tun wir in diesem Kaff?«, fragte er schließlich.

»Einen Fall lösen.«

Nino räusperte sich. »Meine Mutter sagte immer, ›Beim nächsten Mal setzt es etwas ab‹, wenn ich zu spät war.«

Mütter. Gab es tatsächlich nichts Neues unter der Sonne?

»Im Unterschied zu Ihnen gab sie mir immer wieder eine Chance.«

Nore Brand schwieg.

»Sie hat in einem Kurs gelernt, dass manche Menschen länger brauchten, um sich in die Strukturen der Gesellschaft einzufügen. Erziehung hängt immer ab von individuellen Entwicklungsprozessen.«

Das war also Nino Zoppa, das Wunderkind, das man ihr zugeteilt hatte.

Eine Gruppe von älteren Wanderern hastete wie eine aufgeregte Hühnerschar über die Straße, Richtung Bergbahn Betelberg.

»Erziehung?«, wiederholte sie. »Sie sind bei der Polizei und nicht in der Kindertagesstätte.«

Nore Brand spürte, wie sich eine riesige Gedankenblase über seinem Kopf auftürmte.

Dumme Kuh!, schrien die gezackten Buchstaben.

Sie fuhr auf den freien Parkplatz vor dem Polizeibüro.

In der Kantine hatte sie erfahren, dass dieses Bürschchen an ihrer Seite die beste Aufnahmeprüfung für die Polizeischule gemacht hatte. Vielleicht würde sie einmal erfahren, wie das möglich gewesen war.

Nino Zoppa hatte das Schild entdeckt. »Die haben hier oben ja selbst eine Polizei. Können die ihren Mist nicht selbst erledigen?«

Nore Brand stellte den Motor ab. »Wenn man die Straße da weiterfährt, zweigt ein kleiner Weg ab und etwa 100 Meter weiter liegt der Lenkersee. Dort wurde letzten Samstagmorgen die Leiche einer Frau gefunden. Deshalb sind wir da.«

Sie öffnete die Tür und stieg aus. Sie stand bereits auf der obersten Stufe, als Nino Zoppa beide Füße neben das Auto setzte. Der Gemeindepolizist Bucher öffnete die Tür. Er betrachtete sie misstrauisch, bevor er sie grüßte.

»Herr Bucher?«, fragte sie.

»Brand?«, fragte er mit zusammengekniffenen Augen zurück.

Sie trat einen Schritt näher, damit sie auf ihn hinunterschauen konnte. Das half manchmal.

»Kommissarin Brand?«

Sie war nicht Kommissarin, aber sie ließ ihn im Glauben. Bärfuss hatte sie bei jeder Gelegenheit als Kommissarin Brand vorgestellt. Nie hatte jemand nachgefragt und Nore Brand hatte keine Lust mehr, die Sache von A bis Z zu erklären.

»Der Chef wollte mir doch Bärfuss schicken, den Bastian.«

»Der hat sich erkältet.«

»Erkältet? Bärfuss erkältet? Hat der keine besseren Ausreden mehr?«

Sein Gesicht sah ungesund aus, gerötet und aufgedunsen. Dieser Mann hieß sie nicht willkommen, so schob sie sich an ihm vorbei in den Raum hinein.

Als Bucher die Tür hinter ihr schließen wollte, schob sich ein großer Basketballschuh zwischen Tür und Angel. Verdutzt öffnete Bucher die Türe nochmals, worauf der kahle Kopf von Nino Zoppa hoch über ihm erschien.

Bucher starrte ihn von unten herauf feindselig an.

»Das ist Nino Zoppa. Mein Assistent«, sagte Nore Brand.

»Assistent? So, für Assistenten reicht das Geld also? Und meinen Kollegen haben sie nie ersetzt.« Kopfschüttelnd wühlte er sich hinter seinen Schreibtisch, öffnete die oberste Schublade und nahm einen Autoschlüssel heraus. »Ich zeige Ihnen, wo es passiert ist.«

Buchers Büro roch nach verdorbenem Magen und Angst vor offenen Fenstern.

Im Augenwinkel sah sie, wie Nino Zoppa sich die Nase zuhielt und nach Luft schnappte.

Sie kamen vom Regen in die Traufe. In Buchers Wagen roch es nach nassem Hund. Nino Zoppa unterdrückte einen Fluch und klemmte seine Nase wieder zu.

»Es ist nicht weit«, sagte Bucher knapp. Er warf einen Blick nach hinten. »Sind Sie drin?«

Ohne die Antwort abzuwarten, fuhr er los. Sie waren längst auf der Straße, als Nore Brand hörte, wie Nino die Tür vorsichtig schloss.

Wenige Minuten später stand Nore Brand auf dem Holzsteg. Auf der Seite, wo Klara Ehrsam das Gleichgewicht verloren haben sollte, hatte man die Brüstung entfernt. An einer braunen Schnur hing ein Karton. Ein improvisiertes Warnschild. Polizist Bucher war ihrem Blick gefolgt.

»Das Holz war morsch. Es sollte noch diese Woche

repariert werden, aber der Schreiner hatte keine Zeit. Immerhin hat er ein Seil hingehängt«, erklärte Bucher hastig.

»Wenn keine Klage kommt deswegen, dann haben Sie Glück gehabt«, murmelte Nore Brand. »Aber auch wenn hier jemand vom Steg fällt, ertrinkt er nicht.«

Bucher räusperte sich. »Vielleicht ist sie hinuntergeklettert, um die Enten zu füttern.«

Sie suchte die Stelle mit den Augen ab. Fußabdrücke von Schaulustigen. »Wo lag sie?«

»Da, rechts vorne.«

Man sah gar nichts. Kein Wunder, schließlich waren seit dem Unfall drei Tage vergangen.

»Haben Sie die Leiche im Wasser liegen gesehen?«

Polizist Bucher schaute auf den See hinaus. »Der Doktor hatte sie schon ins Hotel gebracht, als man mich benachrichtigte.« Er zupfte nervös an seiner Jacke.

»Hat man die Todesursache feststellen können?«

Bucher zuckte mit den Schultern. »Herzstillstand oder Hirnschlag. Ich weiß nicht mehr, was der Doktor gesagt hat. Etwas Tödliches eben.«

»Keine Fremdeinwirkung?«

Bucher schüttelte den Kopf. »Keine äußeren Verletzungen, nein. Hat man mir jedenfalls gesagt. Vielleicht ist sie einfach ertrunken, vielleicht war sie tot, bevor sie im Wasser war. Etwas unüblich hier draußen, wo die Luft so belebend sein soll«, höhnte Bucher.

Nore Brand schaute an ihm vorbei.

Nein, hier ertrank man nicht so einfach.

Bucher bedauerte es ganz offensichtlich sehr, um Unterstützung gebeten zu haben.

»Wo hat man sie hingebracht?«

Bucher wies mit dem Kinn zum Dorf zurück. »Ins Belvedere. Der Doktor hatte es so angeordnet. Schließlich war sie seine Patientin.«

Nore Brand schaute über den See. Blässhühner und Stockenten zogen friedlich ihre Bahnen. Sie hatten gesehen, was sich an jenem Morgen früh hier ereignete. Falls Wasservögel außer Feind und Futter überhaupt etwas von dieser Welt wahrnahmen.

Sie wandte sich wieder Bucher zu. »Ein dummer Unfall also.«

Bucher nickte.

»Um das festzustellen, hätten Sie uns nicht gebraucht.«

»Ich bin für solche Sachen nicht ausgebildet«, erwiderte Polizist Bucher aufgeregt.

Bucher holte ein großes Taschentuch hervor und schnäuzte sich heftig. »Ich habe viel zu tun. Ich kann nicht allen Sachen nachgehen. Letztes Jahr haben sie mir den letzten Kollegen weggenommen. Für dieses Dorf sei einer genug, hat mir der Chef geschrieben«, wetterte er in sein Taschentuch hinein. Sein Gesicht wurde rot vor Ärger. »Ich werde immer älter und soll immer mehr machen. Und jedes Jahr fresse ich mehr Medikamente.«

Er knüllte das Taschentuch zusammen und stopfte es in seine Regenjacke. »Am Sonntagabend hat mich eine Ausländerin angerufen. Eine Angestellte des Hotels vermutlich. Sie war aufgeregt und hat dauernd etwas von einer verschwundenen Uhr erzählt, einer Bernstein-Uhr oder so. Frau Ehrsam habe einen Schock erlitten. Plötzlich hat sie aufgehängt. Ich konnte nicht mehr nach dem Namen fragen. Es war sicher so eine aus dem Osten.«

Er schwieg und schaute auf seine Füße. »Sie hätte das dem Doktor melden können, oder etwa nicht?«

»Ja, das hätte sie. Aber aus irgendeinem Grund hat sie Sie angerufen.«

»Ich hatte den Eindruck, dass da etwas nicht ganz stimmt, deshalb habe ich die Sache dem Chef gemeldet. Frau Ehrsam soll Millionärin gewesen sein. Das habe ich nicht gewusst. Also musste man etwas tun, aber ich selbst kann mich da nicht einmischen. Wer soll dann meine Arbeit machen?«

Das ist auch deine Arbeit, dachte Nore Brand.

Immerhin hatte er für eine tote Millionärin eine Nummer gewählt. Das lief auf seinem Posten wohl unter ›bevorzugter Behandlung‹.

Sie wandte sich ab.

Er hatte ›einmischen‹ gesagt, er wolle sich nicht einmischen. Was für ein seltsames Wort in diesem Zusammenhang.

Nino Zoppa stand etwas abseits. Sie sah, wie er eine Hand über dem Wasser ausgestreckt hielt. Eine Libelle näherte sich im tanzenden Flug, berührte seine Hand und flog weiter ins Schilf. Mit leuchtendem Gesicht verfolgte er ihren Flug. Nore Brand hörte Buchers verächtliches Schnauben, dann brummte er etwas von Kindsköpfen und vergeudeten Steuergeldern.

Dieser Ort war wunderschön.

DIE VERSCHWUNDENE UHR

»Wir sind bestürzt, wirklich sehr bestürzt«, wiederholte der Hoteldirektor unablässig. »Diese Woche wäre sie abgereist. Sie hatte sich doch so gut erholt. Sie kam jeden Herbst für drei Wochen. Manchmal schon im Sommer. Immer ging sie erfrischt nach Hause zurück. An Ostern war sie hin und wieder auch da. Dass sie ausgerechnet hier sterben muss.«

Nore Brand schaute sich in der Eingangshalle des Hotels um. Überall dieses verspielte Dekor. Gold und Glanz einer vergangenen Zeit. Der französische Lehnsessel war nicht nur stilvoll, er hatte ihre Rückenschmerzen wiederum hergezaubert, und zwar in vollem Ausmaß.

»Es ist die Angst, die im Rücken hockt, Nore. Unsere Arbeit ist ungesund und daran wird sich nie etwas ändern.« Sie sah Bastian Bärfuss vor sich. »Aber versuch die Angst immer wieder zu packen. Du hast keine andere Wahl.«

Nore Brand schaute den Direktor an, der seit geraumer Zeit seiner Fassungslosigkeit und Bestürzung sehr theatralisch Ausdruck gab. Vor diesem Mann brauchte sie keine Angst zu haben. Der Grund ihrer Schmerzen hatte dieses Mal einzig mit dem Stilmöbel zu tun.

Konnte man von einem Hoteldirektor überhaupt verlangen, dass er ehrlich und tief um einen Gast trauerte?

Als Nore Brand sich vorgestellt hatte, schien er für einen Augenblick um Haltung zu ringen. Welcher Hoteldirektor würde das nicht tun?

Klara Ehrsam war die Witwe eines ›Industriekapitäns‹.

So hatte sich der Hoteldirektor ausgedrückt. Aus Basel. Beste Adresse selbstverständlich.

»Dabei war sie immer so bescheiden und freundlich.«

Ja, es war sicher eine besondere Sache, wenn Reiche freundlich waren, dachte Nore Brand, sie nickte ihm aufmunternd zu.

Der maßgeschneiderte Tweed-Anzug passte perfekt. Seine Gesichtshaut war rosig und frisch. Höhenluft, dachte sie mit einem Anflug von Neid. Er hing entspannt in seinem Ledersessel. Sein Körper schien verschont von seltsamen Schmerzen aller Art. Kein Wunder. Er saß modern und bequem, und das jeden Tag. Er musste gegen die 70 sein, ein junger 70er und er kam ihr sehr bekannt vor. Ein Mann seiner Sorte war nie ein Fremder. Sie hatte ihn unzählige Male gesehen.

In amerikanischen Fernsehfilmen beispielsweise. Ein TV-Prediger-Gesicht. Gut genährte, fleischrosa Frömmigkeit.

War dieser da fromm? Nore Brand warf den Gedanken in den stilvollen Papierkorb, der unter dem stilvollen Holztisch stand. Er hatte Löwenpfoten, der Tisch, nicht der Mann. Nein, dieser Mann studierte seine Buchhaltung genauer als die Bibel. Seine linke Hand klopfte auf einen großen Taschenrechner. Trotzdem, im Augenblick neigte sie dazu, ihm zu vertrauen. Vielleicht lag es am Anzug. Festes, gutes Material, mit weich gepolsterten Schultern und langer Tradition. Gütige Filmväter trugen diese Tweed-Anzüge. Oder Schulvorsteher. Letztere mussten nicht gütig sein, bloß gerecht.

Sie überflog die Zeilen, die sie in ihr Notizbüchlein

gekritzelt hatte. Oben auf der Seite stand ›Französischer Lehnsessel, geeignetes Folterinstrument, immerhin stilvoll‹, darunter ›Hoteldirektor trägt Tweed‹, ›klopft mit der linken Hand auf den teuren Taschenrechner‹, ›er ist bestürzt, aber weshalb genau?‹

›Panik, mindestens ein Anflug‹, kritzelte sie darunter und unterstrich das Wort ein paar Mal, bis das Wort auf einem dicken, schwarzen Balken stand.

Sie spürte seinen Blick. Er machte kleine Redepausen, wenn sie schrieb.

Ein aufmerksamer Mensch.

Ihre Gedanken gingen zu Nino Zoppa. Er hatte während der Fahrt ins Dorf zurück den Polizisten Bucher inständig gebeten anzuhalten. Als sie sich umschaute, saß er nach vorne gebeugt, kreideweiß, mit der Hand vor dem Mund. Ihm sei kotzübel. Er müsse etwas essen gehen, seit gestern Abend hätte er nichts mehr zu sich genommen. Der Polizist hatte sie fragend angeschaut.

»Halten Sie an.« Und zu Nino gewandt: »Ich fahre gleich ins Belvedere. Sie werden mich dort finden. Gehen Sie zuerst mal etwas essen.«

Seit einer halben Stunde war sie nun im Büro des Direktors.

»Wir haben die Familie selbstverständlich sofort benachrichtigt, nachdem wir erfahren hatten, was passiert war. Ihre Schwester wohnt in Bern. Ihr Sohn, er ist selbstverständlich auch in der Chemie tätig, in Basel natürlich«, er nickte bedeutungsvoll, »er kümmerte sich um alles. Er hat seine Frau geschickt. Sie bat uns, die Leiche nach Basel überführen zu dürfen.« Nach einer taktvollen Pause sprach er weiter. »Die Tochter lebt seit vielen Jahren in Johannesburg. Man weiß nichts von ihr. Sie hat sich nicht gemeldet.«

Nore Brand kritzelte wieder in ihr Büchlein. ›Sohn in Basler Chemie, wo denn sonst, Schwester in Bern, Tochter in Johannesburg, warum?‹

Immerhin verschaffte jedes Kritzeln ihrem müden Kopf eine Pause und sie hatte öfter die Erfahrung gemacht, dass sich die Menschen präziser ausdrückten, sobald sie glaubten, dass ihre Aussagen schriftlich festgehalten wurden.

»Sie hätten Frau Ehrsam sehen sollen«, redete der Direktor weiter, mit feierlichem Ton in der Stimme, »friedlich sah sie aus, völlig entspannt. Die nassen Löckchen kringelten sich um ihre Ohren. Wie eine Frau, die sich nach einem Bad ein Schläfchen gönnt. Darf ich Ihnen eine Tasse Kaffee bestellen? Das können Sie bestimmt brauchen nach der langen Fahrt …?«

Da ertönte eine laute Stimme aus dem Gang und gleich darauf drängte sich ein mittelgroßer, sehr korpulenter Mann ins Büro.

»Das ist Doktor Fischer, unser Kurarzt«, erklärte der Direktor.

Nore Brand ergriff seine ausgestreckte Hand. Es gab Männer, die aussahen, so wie man in gewissen Comics den Metzger darstellte. Dieser da sah genauso aus.

Der Direktor erklärte ihm den Grund ihrer Anwesenheit.

Doktor Fischer zog einen Stuhl herbei. Sein Gesicht wurde nachdenklich. »Die gute Klara Ehrsam«, begann er, »der Fall war doch ganz klar. Ich verstehe nicht …« Er brach ab und heftete die Augen auf ihr Gesicht.

»Darf ich Sie fragen …«

»Die Polizei hat einen Hinweis erhalten.«

»Einen Hinweis?« Er schaute sie staunend an.

Kommissarin Brand nickte.

»Von wem denn?«

»Anonym.«

Doktor Fischer legte sich seine Hände auf den gewölbten Bauch. »Jemand vom Haus?«

Sie hob die Schultern.

»Ist doch klar«, antwortete er sich selbst. »Reagieren Sie bei allen anonymen Hinweisen?«

Er starrte sie durchdringend an. Er hatte Fischaugen und schien nicht sehr überrascht von ihrem Besuch. Nach der übertriebenen Freundlichkeit des Direktors war die Feindseligkeit von Doktor Fischer eine kalte Dusche. Unangenehm, aber erfrischend.

»Wir verrichten unsere Arbeit nach bestem Wissen und Gewissen. Dazu gehört, dass wir hin und wieder einen anonymen Anruf überprüfen.«

»Haben Sie einen Grund, diesen ernst zu nehmen?«

»Das versuche ich mit Ihrer Hilfe herauszufinden.«

Im Augenwinkel sah sie, wie sich der Direktor nach vorne beugte.

»Gibt es im Fall von Klara Ehrsam Verdachtsmomente?«

Verdachtsmomente? Nore Brand schloss auf einen ungesund hohen Konsum von Fernsehkrimis. Das schlägt auf die Sprachzentren im Gehirn. Eine unheilvolle Sache auf die Dauer.

Sie klappte ihr Büchlein zu. »Es gibt ein paar kleine Dinge, die ich anschauen muss. Das ist mein Berufsalltag. Routine.«

»Wir dürfen nicht vergessen, dass sie weit über 80 war«, dröhnte die Stimme des Doktors an ihr Ohr. »Sie war rüstig, aber auch dann kann der Tod völlig überraschend eintreten.«

»Hatte sie gesundheitliche Probleme?«

»Nein, aber in dem Alter kann es schnell gehen. Was hatte sie noch zu erwarten? Sie lebte seit Jahren ganz allein in dieser Villa mit einer Haushälterin und einem großen Hund. Sie erzählte viel von diesem alten Bernhardiner.« Er schaute zum Fenster, das auf den Hotelpark zeigte, und streckte die Hand aus. »Sehen Sie diese Natur, diese Bergwelt. Wenn man mich zwingen würde, nach Basel umzuziehen, in die von Chemie verpestete Luft, ich würde mich hier niedersetzen und auf mein Ende warten. Als letzter Anblick diese Berge.«

»Da bin ich anderer Meinung. Lieber zuletzt ein bisschen schlechte Stadtluft einatmen als jämmerlich im Schlamm zu ersticken«, erwiderte sie.

Der Doktor schwieg und starrte sie böse an. Sie hatte seine pathetischen Worte lächerlich gemacht.

»Warum ist nicht Bucher gekommen?«, erkundigte er sich dann.

»Zu viel Arbeit, sagt er.«

»Der? Überlastet?«, höhnte Doktor Fischer. »Sie machen Witze. Dieser Schlufi*. So was lebt von unseren Steuergeldern. Man darf gar nicht darüber nachdenken. Aber jetzt muss ich wieder dringend an die Arbeit. Und Sie?«

Das war an Unverschämtheit nicht zu übertreffen und die offene Rechnung zwischen ihnen war beglichen.

»Das hier ist meine Arbeit.«

* Schweizerisch für Tunichtgut

»Aha, andere bei der Arbeit stören ist also Ihre Arbeit, nicht schlecht das, aber ich muss gehen. Meine Patienten warten.« Er wuchtete sich aus dem Sessel.

»Ich brauche die Todesbescheinigung für den Bericht«, sagte sie rasch.

Er schaute sich kurz um. »Wir sind von einem natürlichen Tod ausgegangen und wir hatten nie den geringsten Grund, das anzuzweifeln. Die Frau ist ertrunken. Immerhin habe ich ein paar Jährchen Berufspraxis hinter mir.« Er nickte dem Direktor zu, dann entfernte er sich.

»Doktor Fischer weiß, was er sagt. Sie können alle seine Kollegen fragen, auch diejenigen vom Gerichtsmedizinischen Institut«, erklärte der Direktor.

Nore Brand erhob sich.

»Ich begleite Sie hinaus«, sagte der Direktor.

Wie konnte ein so höflicher Mensch den Kaffee, den er versprochen hatte, vergessen?

Menschen wie er mussten schwer erschüttert werden, damit ihnen die Gesten der Höflichkeit abhandenkamen.

»Wie gut, dass Polizist Bucher in Ihnen eine kompetente Unterstützung hat«, sagte er. Die Höflichkeit gebot ihm, die höhnischen Bemerkungen des Kurarztes etwas auszugleichen, was jedoch höchstens mit einem doppelten Espresso mit Pralinen gelungen wäre.

Nore Brand tat, als ob ihr soeben etwas eingefallen wäre. »Hat man die Uhr von Frau Ehrsam wiedergefunden?«

»Die Uhr?«

»Ja. Die Bernstein-Uhr.«

Er fuhr sich über die Stirn. Es sollte eine nachdenkliche Geste sein, doch sie verriet große Nervosität.

»Ihre Schwiegertochter hat alles mitgenommen und mir ist nicht bekannt, dass sie etwas vermisste.«

Ärger flackerte in seinen Augen auf. »Von wem hat Bucher das?«

»Das war Teil der anonymen Mitteilung.«

»Von der gleichen Person, die Bucher angerufen hat?«

»Ja. Was wissen Sie über diese Uhr?«

»Wenn ich das wüsste. Viele Leute hier tragen teure Uhren, sehr teure Uhren. Woher soll ich wissen, welchen Wert die Uhr von Frau Ehrsam hatte? Ihre Schwiegertochter hat sich seither nicht gemeldet, offenbar vermisst die Familie nichts. Ist es möglich, dass jemand den Ruf des Hauses zu schädigen versucht?«

»Das werden wir hoffentlich bald herausfinden«, sagte Nore Brand. Sie verabschiedete sich und verließ das Grandhotel Belvedere.

Eine hohe Hecke schloss den Parkplatz ein, nur von der Zufahrtstraße konnte man die Wagen sehen.

Nore Brand lehnte sich an die Wagentür und durchsuchte die Taschen ihrer Lederjacke nach einer Zigarette, während ihre Augen zum hohen Horizont gingen. Sie gab Doktor Fischer nur ungern recht. Hier sterben, umringt von mächtigen Bergen und grünen Hängen. Wenn es irgendeinmal so weit war.

»Guten Tag.«

Nore Brand drehte sich um. Eine Frau in einer gelben Windjacke kam zögernd auf sie zu. Sie blieb etwa drei Meter von ihr entfernt stehen und schaute sich um, bevor sie näher trat.

Nore Brand erinnerte sich an das Gesicht. Es war neben ihr aufgetaucht, als sie sich beim Empfang anmeldete. Die Frau war stehen geblieben, bis Nore Brand ihren Ausweis hervorgeholt hatte.

»Sie sind von der Polizei«, sagte die Fremde. Der osteuropäische Akzent war unverkennbar.

Nore Brand steckte die Zigarette zurück. »Ja.«

Die Frau war kaum größer als sie. Die blaugrauen Augen, die sie eine Weile schweigend musterten, standen schräg über hohen Wangenknochen. Das hellbraune Haar trug sie zurückgebunden. Ihre Züge waren angespannt, aber sie war schön.

»Sie sind wegen Frau Ehrsam hier.«

Nore Brand begriff. »Sie haben Polizist Bucher angerufen, nicht wahr?«

Die Augen der Fremden weiteten sich.

»Was wissen Sie?«

»Frau Ehrsam war sehr unruhig.«

»Unruhig? Warum war sie unruhig?«

»Ich weiß nicht«, sagte die Frau. Sie hob ihren Blick. »Sie war plötzlich sehr anders. Und nervös. Oder nein, sie war böse. Auf jemand.«

Die fremde Frau schaute sie eindringlich an.

»Frau Brand.« Nino Zoppa war plötzlich aufgetaucht. Die Fremde fuhr zusammen.

»Das ist Nino Zoppa. Mein Assistent.« Nore Brand streckte die Hand aus. »Ich bin Nore Brand. Kriminalpolizei. Aber das wissen Sie ja.«

Die Frau machte einen Schritt auf sie zu, zögerte kurz, bevor sie die Hand ergriff.

Nino Zoppa war auf der Beifahrerseite stehen

geblieben; er schaute die Fremde an. Sein Blick verriet großes Interesse.

»Diese Frau hat mit Bucher telefoniert.«

»Und?«

»Frau Ehrsam ist plötzlich anders gewesen«, sagte die Fremde.

Nino Zoppa ging langsam um den Wagen herum und redete sie in einer fremden Sprache an. Über das Gesicht der Fremden ging ein Leuchten.

»Sie spricht kroatisch«, erklärte er nach einem kurzen Wortwechsel.

Nore Brand hob die Augenbrauen. Also doch eine Qualität.

»Meine Mutter ist Kroatin.«

Keine Qualität also, nur die richtige Mutter zur richtigen Zeit.

»Sie hat Angst. Sie will nicht, dass jemand sie mit der Polizei sieht«, erklärte Nino Zoppa. »Sie will mit uns zum Campingplatz fahren.«

»Gut. Ich weiß, wo der ist.«

Da ertönte Motorengeräusch und Kies knirschte. Erschreckt riss die Fremde die hintere Wagentür auf, ließ sich auf den Sitz fallen und duckte sich.

Nore Brand nickte Nino zu. Sie stiegen ein und fuhren rasch los. Im Rückspiegel sah Nore Brand, dass die Frau sich versteckt hielt, solange sie sich in der Nähe des Hotels befanden. »Nach Dorf und dann rechts zum See«, kam es vom Rücksitz, als sie vor der Kreuzung abbremste.

Nore Brand erinnerte sich an den Weg. Kaum hatten sie das Dorf hinter sich gelassen, sahen sie die Camper und die Zelte.

›Camping Seegarten‹, stand auf einem Schild am Wegrand.

Sie bog in den Fahrweg ein und hielt auf dem Vorplatz einer Schreinerei an. Das Haus wirkte unbewohnt.

»Wie heißen Sie?«, fragte Nore Brand. Sie betrachtete das Gesicht der Kroatin aufmerksam im Rückspiegel.

»Mein Name? Warum?«

Nore Brand schaute sie von der Seite an. »Sie können anonym bleiben, wenn Sie das möchten.«

Die Kroatin lachte ungläubig auf. »Es wäre leicht für Sie. Kein Problem.«

Nino Zoppa rutschte nervös hin und her.

»Ich heiße Jelena Petrovic.«

»Sie hätten Ihren Namen nicht zu sagen brauchen«, sagte Nino Zoppa verärgert.

Er hatte Partei ergriffen. Jetzt war er dran; vermutlich würde er etwas mehr erfahren von dieser Frau.

»Wenn Sie möchten, können Sie meinem Assistenten in Ihrer Muttersprache erzählen, was Sie wissen.«

Die Frau schaute die beiden abwechslungsweise an, dann nickte sie Nino zu.

Nore Brand stieg aus und entfernte sich vom Wagen. Endlich eine Pause für eine Zigarette. Nicht so sehr wegen des Nikotins. Der Rauch, der sie leicht umhüllte, half ihr beim Denken. Die Dauer einer Zigarette reichte ihr, um die verwirrenden Eindrücke von sich wegzuschieben und Teil für Teil neu zu sortieren.

Es dauerte nicht lange, bis Jelena Petrovic aus dem Wagen stieg.

»Ich muss gehen«, rief sie Nore Brand zu.

»Wir fahren Sie zurück.«

»Nein, besser nicht.«

»Sie kennt eine Abkürzung«, rief Nino Zoppa. Er war neben dem Wagen aufgetaucht. »Sie will nicht von der Polizei zurückgebracht werden«, ergänzte er ungeduldig. »Ist doch klar.«

Nora Brand öffnete die Wagentür und setzte sich hinter das Steuer. »Und?«

Nino Zoppa ließ sich auf den Beifahrersitz fallen. »Verdammt nochmal, ich habe nicht alles verstanden. Sie kommt aus einer anderen Gegend als meine Mutter. Sie studiert Medizin in Zagreb. Sie will dort eine Praxis eröffnen. Dazu braucht sie natürlich Geld. Sonst hat sie immer wieder mit anderen Worten dasselbe gesagt. Sie musste einen Brief auf die Post bringen. Im Auftrag von Frau Ehrsam. Sie habe gedrängt, der müsse unbedingt weg. Auf jeden Fall sei sie sehr aufgeregt gewesen vor ihrem Tod. Unruhig. Und wütend. Jelena sagte andauernd etwas von Bernstein. Zuerst habe ich sie nicht verstanden, aber dieses Wort wusste sie auf Deutsch. Bernstein. Und dann diese Uhr, die verschwunden ist.«

»Hat sie zufällig die Adresse auf dem Brief gelesen?«

»Das hätte sie mir doch gesagt.«

Nore Brand biss sich auf die Unterlippe.

»Aber es ist ihr erst eingefallen, als sie merkte, dass diese Uhr verschwunden ist.«

»Was ›es‹?«

»Dass die Frau unruhig war vor ihrem Tod.«

»Vielleicht, ja.«

»Und woher weiß sie, dass die Uhr weg ist?«

»Sie hat der Schwiegertochter von Frau Ehrsam geholfen, die persönlichen Sachen einzupacken, und die Uhr sei nicht dabei gewesen. Darauf hat sie Bucher angerufen.«

Nore Brand drehte den Zündschlüssel. »Dann wissen wir etwa gleich viel wie vorher. Irgendwann wird die Uhr auftauchen und …«

»Jelena hat Angst.«

Nore Brand ließ den Motor absterben.

Jelena nannte er sie.

Er wandte sich mit einem Ruck von ihr ab. »Vielleicht war es Raubmord.«

Nore Brand drehte den Zündschlüssel wieder und fuhr geräuschvoll an.

»Haben Sie Jelenas Augen gesehen? Die ist nicht blöd.«

»Sie haben mit ihr gesprochen.«

»Sie auch. Für Jelena war es sehr wichtig, uns mitzuteilen, dass Frau Ehrsam unruhig war vor ihrem Tod. Außerdem litt sie an Herzbeschwerden. Für solche Menschen sind Aufregungen bekanntlich schlecht. Oder etwa nicht?«

»Herzbeschwerden?« Nore Brand ging langsam vom Gas.

»Ja, Herzbeschwerden.«

»Davon hat der Arzt nichts gesagt. Er sagte nur ganz allgemein etwas von Schwächen im Alter. Irgendeinmal sterben wir, je älter man ist, desto größer die Möglichkeit, oder? So einfach ist das.«

Nino warf seinen Kopf herum. »Und warum wollte Bucher nichts damit zu tun haben? Der war ja total hysterisch. Wenn die Sache so einfach gewesen wäre, hätte er uns nicht gebraucht.«

Nore Brand versuchte sich an seine Worte zu erinnern. Bucher war keiner, der sich in die Karten schauen ließ. Etwas hatte ihn dazu gebracht, Hilfe zu holen, weil er entweder wirklich keine Zeit dazu hatte oder weil er sich die Finger nicht verbrennen wollte. Immerhin handelte es sich um eine Millionärin.

Nein, er hatte gesagt, er wolle sich nicht ›einmischen‹. ›Ich bin dazu nicht ausgebildet‹, hatte er gesagt. Und der Hoteldirektor hatte Angst. Doktor Fischer? Der war ein Metzger. Kein Mörder. Arrogant. Ein Gott in Weiß, dem niemand das Wasser reichen konnte.

»Jelena hat sich in Gefahr begeben, um uns etwas mitzuteilen.«

Nore Brand sah das Gesicht der Fremden vor sich.

»Sie hat solche Angst.«

»Es geht hier um Frau Ehrsam und nicht um Jelena Petrovic.«

»Sie versucht der Toten zu helfen und wir sollten das auch.«

»Der Toten helfen?«

»Ja, doch, das können wir! Auch wenn sie davon nicht wieder lebendig wird!«

Nore Brand atmete langsam aus. Nino Zoppa hatte den ersten Test bestanden. Er war ein Grünschnabel, aber sie spürte seine Leidenschaft. Ohne sie ging nichts in dieser Arbeit.

Jacques hatte kurz gestaunt. »Bei der Polizei? Du?« Dann hatte er sie eine Weile schweigend angeschaut. »Doch. Das passt. Du bist eine Romantikerin.«

Nore wusste nicht, was er damit meinte.

»Du willst, dass die Welt«, er suchte nach Worten, »dass die Welt heil ist, oder? Also bist du eine Romantikerin. Sonst habe ich nichts davon begriffen.«

Nore Brand versuchte zu erklären. Es begann immer mit einem unbekannten Opfer. Im Verlauf der Ermittlungen entstanden Bilder, irgendwann begannen diese sich zu bewegen, das Opfer wurde wieder lebendig, es entstand ein Lebensfilm und mit dem Lebensfilm wuchs ihre Verantwortung für diesen Menschen, der nicht mehr war. In dieser Weise versuchte sie sich zu erklären, aber sie mochte die großen Worte nicht. Sie sprach nicht von Gerechtigkeit und ihre Erklärungsversuche misslangen regelmäßig.

Sie schaute Jacques an. Er hörte ihr gar nicht zu. Er lächelte bloß. Sie hätte irgendetwas sagen können.

Kurz vor den ersten Häusern des Dorfes trieb ein Bauer seine Kuhherde über die Straße. Plötzlich scherte eine Kuh aus und rannte auf ihren Wagen zu. Nino Zoppa stieß einen erschreckten Laut aus.

»Keine Angst«, sagte Nore Brand.

Ein Mädchen in einer viel zu großen Windjacke näherte sich langsam von der Straßenseite. Als sie bei der Kuh stand, packte sie diese mit einem festen Griff beim Glockenriemen und zog sie zur Herde zurück. Diese Kühe mit ihren hohen, ungelenken Beinen.

Nino Zoppa atmete auf. »Haben Sie gewusst, dass Kühe so groß sind?«

»Ich bin mit Kühen aufgewachsen. Mein Onkel war Tierarzt. Ich habe ihn oft begleitet, wenn ich nicht in die Schule musste.«

»Ach so«, entfuhr es Nino Zoppa.

»Jelena Petrovic ist eine schöne Frau«, sagte Nore Brand übergangslos.

Sie spürte, dass er verlegen wurde. »Wenn Jelena älter wäre, alt und …«, sie zögerte etwas, »… und nicht mehr schön, würde das etwas ändern? Ich meine …«

»Nein.« Nino Zoppa war empört.

»Darf ich Ihnen eine persönliche Frage stellen?«

Er fuhr sich über den kahlen Schädel. »Vielleicht«, sagte er.

»Warum sind Sie bei der Polizei?«

Nino Zoppa grinste. »Sicher nicht, weil das mein Traumjob ist. Erwarten Sie etwa Ideale?« Er schaute zu den Berghängen hinauf. »Ich bin nicht so wie Sie.« Nach einer Pause sprach er weiter. »Ich will heiraten, also muss ich Geld verdienen. Mindestens so viel wie meine Freundin. Ich habe lange gesucht. Ein Kollege wusste, dass die Polizei nicht schlecht bezahlt. Und ich nichts wie hin!«

Ach ja, er musste cool scheinen. Leidenschaft war uncool. Fast hätte sie das vergessen.

Nino Zoppa grinste und rollte mit den Augen. »Dann dachte ich mir, die warten doch auf so einen tollen Kerl. Eine Prise Spannung im Leben ist keine schlechte Sache. Eine kleine Verfolgungsjagd ab und zu. Aber mit Ihrem Kahn da sicher nicht. Hätte man so einen nicht längst aus dem Verkehr ziehen müssen? Was ist das überhaupt?«

»Ein Volvo. Qualitätswagen. Für Generationen. Auch ich habe ein Markenbewusstsein.«

Sie warf einen Blick auf seine Basketballschuhe. »Jeder Fuß unter 30 steckt im selben Schuh, oder nicht?«

»Auch das für Generationen, Sie werden sehen. Aber warum ausgerechnet orange? Das ist ja grauenhaft.«

»Jede Frau braucht ihr Geheimnis.«

Er grinste unverschämt.

Sie ahnte, was in seinem Kopf vorging. Auch er also ein Opfer seiner Hormone. Natürlich.

»Sie erinnern mich an einen Onkel. Der verliebte sich immer in mehrere Frauen zugleich und er glaubte, die Lösung seines Problems liege darin, Mormone zu werden. Entscheiden konnte er sich nie, und eine Frau enttäuschen schon gar nicht. Er war ein sehr weicher Mensch. Außerdem war es immer sein Wunsch gewesen, in die USA auszuwandern.«

Nino Zoppa schaute sie verständnislos an.

»Als er drüben war, erhielt er den Marschbefehl. Er musste in den Koreakrieg.«

Er schüttelte verständnislos den Kopf. »Ich brauche nur eine Freundin zur selben Zeit.«

»Darum geht es auch gar nicht. Er war kahl. Geschoren für den Kampf.«

Er legte seine Hände auf seinen kahlen Kopf. »Sie mögen das nicht?«

»Sie werden sich noch erkälten. Hier oben ist es kalt und es kann rasch noch viel kälter werden. Wo kommen wir denn hin, wenn die ganze Polizei krank ist? Bärfuss ist erkältet und Bucher ist verschnupft.«

»Und jetzt meinen Sie, dass auch ich mir den Tod hole!« Nino Zoppa lachte. »Und? Lebt er noch?«

»Wer?«

»Ihr Onkel in Amerika.«

»Ja. Es scheint ihm gut zu gehen.«

»Und keine Erkältung hat ihn wirklich kaltgemacht«, stellte er fest.

»Auch kein Krieg.«

»Und er hat zwei Frauen?«

»Nein, das hat er nicht geschafft.«

»Dann hat ihm das Ganze nichts gebracht. Armer Kerl.«

»Die Rente ist dort drüben auch viel zu klein für solche Späße.«

»Also bringt auswandern auch nichts«, murmelte Nino Zoppa befriedigt. »Dazu hätte ich sowieso keine Lust. Ich war mal dort. Mit meinen Eltern. Aber Amerika ist nur in den Filmen so, wie ich es mag.«

Das Kriegsbeil schien vorerst begraben.

DORFPOLIZIST BUCHER WILL SEINE RUHE

Bucher hatte seine Bleistifte gespitzt und in die Schublade zurückgelegt, schön ordentlich nebeneinander, Spitzhöhe auf Spitzhöhe. Vorsichtig schloss er die Schublade. Nach einem Blick auf die Wanduhr begann er unverzüglich seinen Schreibtisch aufzuräumen; in einer halben Stunde war Feierabend. Er seufzte erleichtert. Er spitzte seinen kleinen, runden Mund und pfiff die ersten paar Takte seines Lieblingsmarsches. Als es an die Tür klopfte, setzte er sich aufrecht hin, nahm den Kugelschreiber aus der Brusttasche und legte rasch ein Dokument vor sich auf den Tisch. Er schätzte es gar nicht, wenn man ihn so knapp vor Feierabend bei seinem Tagesabschlussritual störte. Die Tür flog auf. Er grunzte missbilligend. Noch weniger schätzte er es, wenn man nicht auf sein ›Herein‹ wartete. Als Nore Brand eintrat, verfinsterte sich sein Gesicht.

Sie blieb im Türrahmen stehen. »Sie haben doch ›herein‹ gesagt, nicht wahr?«

»Nein, das habe ich nicht«, antwortete er unfreundlich. »Mein Gehör«, er deutete auf seine Ohren. »Der Kanton kann sich nicht einmal Hörapparate für ältere Polizisten leisten. Finanzkrise, heißt es immer.«

Nore Brand schloss die Tür hinter sich und trat auf seinen Schreibtisch zu.

Polizist Bucher schaute sie wütend an. »Sehen Sie nicht? Ich habe zu tun. Kommen Sie morgen wieder.«

Nore Brand blieb vor seinem Tisch stehen und legte die Hand auf den Telefonapparat. »Darf ich rasch telefonieren?«

Bucher lehnte sich in seinem Stuhl zurück und starrte sie aus zusammengekniffenen Äuglein an. »Die Post hat auch einen Apparat.« Er klopfte mit dem metallenen Schreiber einen ungeduldigen Takt auf die Tischplatte.

»Der ist besetzt.«

»Und Sie haben kein Handy?«

»Es ist kaputt und neue Handys gibt es erst wieder, wenn das Geld reicht. Finanzkrise, Sie haben es eben erwähnt.«

»Wen wollen Sie anrufen?«

»Den Chef. Bericht erstatten. Er wird sich zweifellos freuen, dass wir nicht vergeblich gekommen sind.«

Bucher zuckte zusammen.

Nore Brand nahm den Hörer auf. »Ich habe heute etwas von vergeudeten Steuergeldern gehört. Aber meine Arbeit beginnt meistens erst richtig nach fünf. Kriminelle kennen keinen Feierabend.«

Da schoss Bucher aus seinem Sessel hoch, riss ihr den Hörer aus der Hand und knallte ihn auf den Tisch.

Sein Gesicht war gefährlich rot geworden.

Nore Brand beugte sich über den Schreibtisch. »Entweder Sie packen jetzt aus oder ich …«

»Auspacken?« Bucher stützte sich auf den Tisch. »Ich soll auspacken? Was denn? Ich bin hier der Polizist. Ich habe gar nichts auszupacken.« Er atmete schwer, als er sich wieder hinsetzte. »Bitte lassen Sie mich endlich in Ruhe arbeiten.«

Nore Brand trat einen Schritt zurück. Sie ließ ihn nicht

aus den Augen. »Sobald Sie mir alles gesagt haben, was Sie wissen, lasse ich Sie in Ruhe.«

»Ich weiß nichts, gar nichts.«

Nore Brand hielt ihren Blick auf ihn gerichtet und wartete. Die Wanduhr hämmerte Schlag um Schlag in die Stille.

Nach dem fünften und letzten Schlag zog Bucher ein großes Taschentuch hervor und wischte sich damit über die Stirn. »Machen Sie doch einfach Ihre Arbeit.« Er wirkte plötzlich müde. »Ich habe ein Attest, ich darf mich nicht anstrengen. Der Chef weiß das.«

Nore Brand schüttelte ungläubig den Kopf. »Ein Arztzeugnis?« Wie praktisch. Auf eine solche Idee war sie noch nie gekommen. »Sie brauchen auch gar keinen Finger zu rühren in dieser Angelegenheit.« Sie atmete aus und zählte dabei langsam auf drei. »Was wissen Sie?«

Bucher verzog sein Gesicht. »Wie oft soll ich Ihnen noch sagen, dass ich überhaupt nichts weiß. Da war nur dieser Anruf gestern Morgen und was diese Frau erzählt hat.«

Nore Brand schüttelte den Kopf. »Irgendjemand ruft Sie an, erzählt Ihnen irgendetwas und Sie packt die Angst?« Sie machte einen raschen Schritt auf seinen Schreibtisch zu und schlug mit der Faust mitten auf den Tisch. »Solange Sie hier oben sind, haben Sie uns noch nie gebraucht. Warum gerade jetzt?«

Bucher saß bewegungslos da, den kleinen, runden Mund leicht geöffnet.

Nore Brand versuchte sich wieder zu fassen. »Gut. Sie wissen also nichts, aber vielleicht weiß der Chef inzwischen mehr.« Sie packte den Hörer und wählte.

Mit einem Ruck riss Bucher den Hörer an sich. »Nein,

nicht«, keuchte er, »nein!« Er hielt den Hörer vor seiner Brust umklammert. »Wenn ich mich da nicht heraushalte, dann wird mein Leben zur Hölle.«

Er rang nach Atem. »Ich habe von Anfang an nichts wissen wollen von der ganzen Geschichte und dann ruft mich diese Ausländerin an. Ich habe nur meine Pflicht getan.«

Er schüttelte verzweifelt den Kopf. »Lassen Sie mich endlich in Ruhe. Sie haben ja keine Ahnung. Sie wissen nicht, wie das ist, hier oben allein zu sein, auf diesem Posten! Gehen Sie doch ins Dorf und fragen Sie. Irgendjemand. Aber lassen Sie mich einfach in Ruhe.« Er schaute sie aus kleinen roten Augen an. Ein verschrecktes Kaninchen, zu müde, um noch Sprünge zu machen.

Nore Brand richtete sich wieder auf.

Vielleicht hatte sie soeben eine Chance gehabt, vielleicht auch nicht. Einen wie Bucher durfte man nicht überfahren, sie hätte sanfter vorgehen müssen.

Er stand mühsam auf. »Wahrscheinlich sehe ich einfach Gespenster.« Er schaute sie kurz an. »Meine Frau sagt das. Ich glaube, sie hat recht. Meine Nerven lassen mich ab und zu im Stich. Es war ein Fehler. Ich war gestern Morgen sehr müde. Ich hatte eine schlechte Nacht«, er suchte nach einer Erklärung, »immer dieser Föhn. Es muss wohl so sein. Ich habe die Lage falsch eingeschätzt und dabei kurz die Übersicht verloren. Wegen der Nerven haben sie mich damals hierher geschickt. ›Die Bergluft wird Ihnen guttun‹, hat der Arzt gemeint.« Er lachte verächtlich. »Bergluft«, wiederholte er bitter.

Er schaute aus dem Fenster. »Wenn man die Dinge genau betrachtet, kommt plötzlich viel Mist zum Vorschein. In meinem Alter weiß man, dass es nicht viel bringt, im Dreck zu wühlen. Dreck bleibt Dreck. Wenn man jung ist, glaubt man die Welt verändern zu können.« Er schnaubte verächtlich. »Gehen Sie doch einfach wieder zurück. Das ist nichts für Sie. Sagen Sie dem Chef, der Bucher hätte Gespenster gesehen.«

»Mist? Was meinen Sie damit?«

»Begreifen Sie doch endlich, heute denke ich anders als gestern. Sie können hier nichts ausrichten, weil es nichts auszurichten gibt.« Langsam drehte er den Kopf zu ihr. »Frau Brand, hat man Sie etwa auch wegen der erfrischenden Bergluft hierher geschickt?«

»Bucher, Sie wissen offenbar nicht mehr, auf welcher Seite Sie stehen.«

»Doch«, schrie er unvermittelt auf, »ich weiß genau, wo ich stehe. Ich will meine Ruhe und die habe ich nur, wenn Sie auf der Stelle verschwinden, Sie und Ihr lächerlicher Assistent.«

Sie ging langsam zur Tür, sie griff nach der Klinke, als sie sich plötzlich zurückdrehte. »Heute Morgen sagten Sie, dass Sie sich nicht ›einmischen‹ wollen. Das ist ein seltsames Wort für einen Dorfpolizisten, wenn er über einen Fall spricht, den er aufklären sollte.«

»Das habe ich nie gesagt«, sagte Bucher erschöpft, »nie habe ich dieses Wort gebraucht, nie.«

»Doch, genau dieses Wort haben Sie gebraucht.« Sie wartete, doch Bucher sagte nichts mehr.

Nore Brand atmete auf, als die Tür hinter ihr ins Schloss fiel.

Sie ging zum Wagen zurück; Nino Zoppas langer Arm

hing aus dem Wagenfenster, mit den Fingern schnippte er einen verworrenen Takt und sang, nein, er sang nicht, er jaulte ein paar Töne, die zu einer fremdartigen Melodie gehörten.

Nore Brand öffnete die Wagentür und ließ sich erschöpft auf den Sitz fallen.

Nino Zoppa zog die Stöpsel aus den Ohren und schaute sie von der Seite an. »Was ist?«

»Bucher wünscht uns zum Teufel.«

»Super. Ein Grund zu bleiben.«

Sie schnallte sich an. »Haben Sie eine Unterkunft gefunden?«

»Ja. Im Gasthof Steinbock.«

»In diesem alten Kasten?«

Nino nickte. »Dort läuft vielleicht noch etwas. Wenigstens am Abend. Sonst krepiere ich. Diese Ruhe in den Bergkaffs. Das hält ja keiner aus.«

»Warten Sie nur, bis Sie ein paar Jährchen älter sind.«

Er schaute sie fragend von der Seite an. »So alt wie Sie?«

»Zum Beispiel.«

»Ich hoffe, dass ich nie so alt werde.«

»Danke«, sagte sie. »Gehofft habe ich das auch einmal, aber das Leben kümmert sich selten um unsere Hoffnungen. Ich suche etwas für mich, bevor ich baden gehe.«

»Baden?«

»Haben Sie nicht gewusst, dass wir uns hier in einem Badeort befinden? Man kann hier gesund werden. Gute Luft, heilendes Wasser.«

»Gesund?«, wiederholte er ungläubig. »Ich werde hier oben krank. Mir ist schon jetzt ganz schlecht.«

Nore Brand startete den Motor. »Ich weiß, wo Sie zu finden sind. Sie werden wohl kaum eine Wanderung unternehmen.«

Nino Zoppa schüttelte angewidert den Kopf. »Der Steinbock ist der einzige Gasthof mit einem guten Flipperkasten. Den werde ich heute Abend traktieren, bis er kollabiert. Übrigens, wenn Sie weiterfahren«, er wies mit dem Zeigefinger die Straße hinauf, »kurz nach der Bäckerei, dort steht ein Bauernhof. Die vermieten Zimmer.«

Nore Brand drehte sich verblüfft zu ihm. »Woher …?«

»Sie sind nicht der Hoteltyp, oder?«

»Eher nicht.«

»Ja. Und die Apotheke schließt gleich, falls Sie noch etwas brauchen.« Er grinste hocherfreut, als er ihr Gesicht sah.

»Warum die Apotheke?«

»Ich kann mich nur mit einer bestimmten Seife waschen, sonst bekomme ich Ekzeme. Markenseife natürlich.«

»Muss ich mir das auch merken?«

»Besser nicht, die Seife ist nur das eine und das andere ist zu persönlich.«

Bevor sie etwas beifügen konnte, hatte er seine Tasche vom Rücksitz gerissen und stand neben dem Auto. »Mein Tag beginnt. Der Flipperkasten schreit nach mir.« Dann schlug er die Wagentür mit einem lauten Knall zu.

Nore Brand sah im Rückspiegel, wie er davoneilte.

Das war also ihr neuer Assistent. Der Zauberlehrling Nino Zoppa. Er sprach ein bisschen kroatisch, leider den falschen Dialekt, er war hartnäckig, er benötigte viel Rücksicht, Toleranz und die richtige Seife. Sein Gesang hörte sich an wie das Jaulen eines jungen Hundes und er war bei der Polizei, weil er heiraten wollte.

Friede, Freude, Eierkuchen.

Und er war cool. Deshalb durfte er keine Leidenschaft haben.

BEGEGNUNG IM KURBAD

Nore Brand ließ den Wagen an der Straße stehen und ging den schmalen Fahrweg, der zum Bauernhof führte, zu Fuß weiter. ›Hans und Johanna Rieder‹ stand bei der Klingel. Sie drückte auf den Knopf und trat etwas zurück. Der große Garten war aus den Fugen geraten. Die Sonnenblumen waren verblüht. Die Vögel hatten sie vollständig geplündert. Nun standen sie nutzlos und schräg im Wind. Schwarze, leer gepickte Sonnen. Das Wetter hatte hier einiges durcheinandergebracht, aber niemand hatte Zeit gehabt, Garten und Umschwung wieder herzurichten. Sie hörte die Tür hinter sich aufgehen. Ein kleiner Junge schaute mit einem Auge durch den Spalt.

»Mama kommt sofort«, meldete er. Die Tür ging dabei keinen Zentimeter weiter auf.

Sie nickte ihm zu.

Der kleine Junge schaute sie eine Weile prüfend an. Plötzlich verschwand er. Kurz darauf wurde die Tür mit einer energischen Bewegung aufgerissen. Auf der Schwelle erschien eine kleine, rundliche Frau mit feuerroten Haaren.

Nore Brand nickte ihr grüßend zu. »Sie vermieten Zimmer?«

»Eigentlich habe ich das Schild eben entfernt«, sagte die Frau und zögerte etwas, bevor sie weitersprach, »ich habe kaum Zeit, mein Mann ist seit gestern …« Sie hielt inne und musterte Nore Brand skeptisch.

»Ich brauche nur ein Dach über dem Kopf. Bedienen müssen Sie mich nicht. Ich mag Hotelzimmer nicht, deshalb bin ich hier.«

Die Frau betrachtete sie einen Moment zweifelnd, bevor sie die Tür freigab. »Kommen Sie. Ich mache Ihnen einen Spezialpreis. Nur damit ich nichts mit Ihnen zu tun habe.« Sie lachte.

Nore Brand folgte ihr erleichtert ins Haus. Überall Stallgeruch, Duft von frischer Wäsche und von gekochten Bohnen mit Speck.

»Ich heiße übrigens Johanna. Wo haben Sie Ihr Gepäck?«

»Ich habe keines. Nur das.« Sie zeigte auf ihre Schultertasche.

Johanna riss die Augen auf. »Sie reisen aber leicht.«

»Es ist nur für eine Nacht.«

»Dann sind Sie nicht zur Erholung hier«, Johanna bedachte sie mit einem bedauernden Blick.

»Nein, leider nicht.«

Der kleine Junge erschien wieder.

»Moritz, komm, zeig Frau …« Sie schaute Nore Brand fragend an.

»Brand, Nore Brand.«

»Zeig Frau Brand, wo sie schläft.«

Nore Brand schüttelte abwehrend den Kopf. »Ich sollte mich beeilen. Ich will ins Kurzentrum baden gehen. Ich fürchte, sie schließen schon bald. Es wird spät.« Sie schaute Moritz bedauernd an.

»Macht nichts, das Zimmer ist oben«, sagte er großzügig. Er stand ruhig vor ihr, die beiden Fäuste in die Hosentaschen gestemmt. Sieben oder acht Jahre alt, schätzte sie.

Der kleine Kerl, genauso rothaarig wie seine Mutter, musterte sie aufmerksam.

Johanna warf einen Blick auf ihre Armbanduhr. »Wenn Sie richtig baden wollen, dann müssen Sie aber los.« Johanna angelte sich einen Schlüssel von einem Nagel hinter der Haustüre. »Hier. Das ist der Hausschlüssel. Wenn ich alleine bin, lasse ich die Haustür nicht offen stehen.« Sie band ihre Schürze los und warf sie auf einen Stuhl. »Vielleicht bin ich noch lange im Stall heute Abend. Ich muss die Geißen herrichten für die Viehschau morgen und mein Mann ist im Militärdienst. Der Armee kann es ja egal sein, dass ich alles alleine machen muss. Aber Frauen traut man das zu, nicht wahr? Stall, Feld und Küche. Und dann noch Kinder.«

Als Nore Brand wegfuhr, sah sie Moritz, der unter der Tür stehen geblieben war und ihr mit großen Augen nachschaute. Sein Staunen hatte ausschließlich mit ihrem Wagen zu tun. Zugegeben, der Wagen brauchte dringend einen neuen Auspuff.

Und eine neue Karosserie. Eine neue Farbe vielleicht auch. Himbeerrot wäre eine Möglichkeit. Vielleicht nicht sehr schön, aber sehr verwegen. Und in ihrem Fall sozusagen eine Tarnfarbe.

Die Frau an der Kasse des Kurzentrums schaute sie prüfend an. Ihre dicken Brillengläser waren verschmiert. Vor ihr stand eine Tasse Kaffee.

»Doch. Vielleicht habe ich etwas für Sie. Ab und zu lässt jemand seine Sachen hier liegen.« Sie bückte sich unter den Tisch und tauchte gleich wieder auf mit einem dunklen, verschlissenen Badekleid, auf dem Brustteil prangte eine leuchtend rote Rose. »Die Größe könnte passen.« Sie zog das schwarze Ding in die Breite. »Elastisch genug ist es noch.«

Diese Frau duldete keine Widerrede.

Nore Brand betrachtete die Rose. »Kann man die nicht abschneiden?«

Die Frau lachte gurgelnd. »Abschneiden?«, echote sie geräuschvoll. »Abschneiden wollen Sie das?« Sie schaute Nore Brand belustigt an. »Das einzig Schöne an diesem Ding?« Sie hielt den Badeanzug auf Augenhöhe und musterte ihn. »Im Wasserdampf sieht sie eh kein Mensch.«

Sie riss einen Karton mit gebrauchten Badehauben hervor. »Große Auswahl. Hygienische Vorschriften eben«, knurrte sie.

Sie lehnte sich vornüber, um die Zigarette auszudrücken. Dann schob sie ihr die Eintrittskarte, einen Schlüssel und das Badekleid zu. »Der Bademeister wird Ihnen nach dem Bad ein warmes Tuch zum Abtrocknen geben. Der Erholungsraum liegt gleich neben dem Wasserbecken.«

In der Garderobe umfing sie warmfeuchte Luft, geschwängert vom beißenden Geruch von Desinfektionsmitteln. Nasse Frauen und Männer tappten tropfend durch die Gänge zwischen den Kabinen auf der Suche nach ihren Garderobenkästchen. Nore Brand trat in die erste freie Umkleidekabine. Als sie die Kabine verließ, sah sie sich in einem Spiegel. Wohin sie schaute, nichts als Spiegel, nichts als Nore Brand. Nein, das wäre nicht nötig gewesen. Nach vierzig waren jedes Jahr zwei Pfunde dazugekommen. Mittlerweile waren das acht überflüssige Pfunde, immerhin gut gegen Faltenbildung. In die dunklen Locken mischte sich die eine und andere graue Strähne. Diskret, aber nicht zu übersehen. Zugegeben, etwas ungewohnt war das schon. Doch verlieh ihr dieser dezente Hauch von Grau nicht eine gewisse Autorität? Das konnte ja auch mal nützlich sein.

»Deine Augen habe ich nie vergessen«, hatte Jacques beim Abschied gesagt. Dazu hatte er gelächelt. So gelächelt, dass Nore für eine Weile keinen klaren Gedanken fassen konnte. Und das mit vierundvierzig. Hörte das denn nie auf? Wenn nur ihre Augen möglichst lange blieben, wie sie waren.

Sie hängte ihre Kleider in den Kasten, der die Nummer ihres Schlüssels trug, befestigte den Schlüssel am Träger des Badekleides und suchte das Wasserbecken auf. Der Boden im kleinen Vorraum war kalt und glitschig. Den ganzen Tag waren hier Menschen ein- und ausgegangen, mit und ohne Fußpilz, mit und ohne Fußschweiß. Sie bemühte sich, nicht auszurutschen. Die Hygienevorschriften betrafen ausschließlich die Kopfhaare.

Eine unbegreifliche Einrichtung.

Ein älterer Herr war wenige Schritte entfernt stehen geblieben, um sie zu betrachten. Unverhohlen starrte er auf die Rose zwischen ihren Brüsten. Sie schaute zurück.

Oh ja, auch seine Badehose hatte mal an einem festeren Hintern gesessen. Der Mann wandte sich hastig ab, so als ob er ihren Gedanken gelesen hätte.

Am Beckenrand standen männliche und weibliche Körper in einer Reihe vor den Düsen.

Wir bitten um Ruhe, stand auf grünen Tafeln rund um das Becken. Vergeblich. Denn Brillen und Hörgeräte waren in den Schließfächern zurückgeblieben.

Nore Brand reihte sich ein.

Durch den Wasserdampf sah sie ein Paar freundliche Froschaugen. Unter der weichen Nase hing ein sehr langes, schlaffes Kinn. Erschöpft vom vielen Reden.

Doch die Augen sendeten andere Signale. Von Erschöpfung keine Spur.

»Das tut gut, nicht wahr?«

Nore Brand nickte.

»Sind Sie zum ersten Mal hier?«

Sie nickte wieder.

»Sind Sie auch im Grandhotel?«

»Ich habe ein Zimmer, unten im Dorf.«

»Aha«, erwiderte die Frau. Das Belvedere kann sich natürlich auch nicht jeder leisten, sagte ihr Gesichtsausdruck.

»Ich komme seit Jahren immer wieder ins Belvedere. Nirgends kann ich mich so gut erholen. Diese Berge und diese Luft.«

Nore Brand sah durch die Fensterwand auf das Panorama. Sie hörte die unangenehme Stimme von Doktor Fischer. »Als letzter Anblick diese Berge.«

In den hohen Laubbäumen des Parks leuchteten Äste in herbstlichen Tönen. Darüber erhob sich der hohe Horizont. Berghänge, begrünte und bewaldete Hügel führten ihren Blick ans Ende des Tals zu den grauen, kahlen Wänden der Riesenkegel. »Sie haben vielleicht noch gar nichts vom Unfall gehört, der sich letzte Woche ereignet hat«, ertönte die Stimme der Frau über dem Wassergeplätscher.

Nore Brand legte die Stirn fragend in Falten. Das würde genügen.

Es genügte.

Die Frau nickte. »Schrecklich. Die arme Frau.«

Der schrille Klingelton trieb die Reihe weiter.

»Frau Ehrsam, sie war eine Millionärin, aus Basel. Sie ist im See ertrunken, letzten Samstagmorgen, ganz früh«, erklärte sie und beobachtete mit ihren neugierigen Froschaugen, welche Wirkung ihre Nachricht auf die neue Bekanntschaft hatte.

Sie schien zufrieden.

»Schlimm«, sagte Nore Brand.

»Ja«, bestätigte die Frau, »schlimm.«

Sie hing am Beckenrand und schaute Nore Brand an. »Sie war immer sehr beschäftigt. Sie legte Patiencen. Im Aufenthaltsraum. Sie war etwas hochnäsig. Sie las immer Zeitungen. Deutsche und so ausländische«, fügte sie missbilligend hinzu. »Das würde ja kein Mensch glauben, aber mein Zimmermädchen sagte, dass Frau Ehrsam nie bezahlte. Sie sei schon immer ein besonderer Gast des Hauses gewesen. Warum ausgerechnet eine Millionärin hier gratis kuren darf, das müsste man mir einmal genau erklären.«

Nore Brand horchte auf. Davon hatte der Direktor nichts gesagt.

»Wie alt war sie denn?«

»Über 80, gegen die 90, vermute ich.«

»Na, ja, in dem Alter«, sinnierte Nore Brand und dehnte ihre Glieder im warmen Wasser.

»Aber einfach so ins Wasser fallen, am frühen Morgen?« Die Frau machte unvermittelt ein paar hüpfende Bewegungen. Das Wasser spritzte ihr dabei ins Gesicht. Einen Augenblick rang sie nach Luft. »Oh, wunderbar, das geht schon wieder und es tut nicht weh«, frohlockte sie hustend und hob ein Bein aus dem Wasser. »Du lieber Himmel, auch das geht wieder.« Die Froschaugen leuchteten. »Ich kann wieder tanzen. Cancan!«

»Eine kleine Schwäche in diesem Alter ist keine Seltenheit.« Nore Brand musste sie beim Thema halten.

»Aber man sagt doch, dass die Alten am Morgen immer noch am frischesten sind. Und wer sich nicht gut fühlt, spaziert doch nicht einfach auf so einen Steg hinaus.«

»Vielleicht hat sie jemand ins Wasser gestoßen«, sagte Nore Brand beiläufig.

Die Frau riss die Augen entsetzt auf. »Was sagen Sie da«, flüsterte sie entsetzt, »Mord? Nein. Das kann nicht sein. Hier sicher nicht.«

»Warum ausgerechnet hier nicht? Millionärinnen leben vermutlich überall gefährlicher als wir.«

Die Frau mit den Froschaugen geriet ins Grübeln.

Plötzlich näherte sie sich mit einer heftigen Bewegung.

»Schauen Sie«, raunte sie Nore Brand zu, »das ist die Russin, sie war früher einmal Primaballerina im Bolschoi. Mein Zimmermädchen weiß alles, was hier läuft. Diese Primaballerina sammelt Geld für ein Waisenhaus in Moskau. Rührend, nicht wahr?«

Nore Brand folgte ihren Augen. Dann sah sie die Ballerina. Bei der Treppe stand sie, eine auffallende Frau, der mädchenhafte Körper passte nicht zum erwachsenen Gesicht. Eine Weile schaute sie unentschlossen ins Wasser, dann setzte sie sich langsam in Bewegung.

»Sie hatte Probleme mit den Knien, deshalb musste sie aufhören.« Sie hob ihr Bein aus dem Wasser und deutete auf ihr knochiges Knie. »Das habe ich auch, obwohl ich nie im Bolschoi getanzt habe«, kicherte sie.

»Man sagt, ihr Mann werde auch kommen. Ein richtiger Schiwago. Sie belegt natürlich die große Suite. Aber es geht ihr deswegen nicht besser. Mein Zimmermädchen räumt auch bei ihr auf. Die sei ganz anders als die russischen Touristen, die man kennt. Immer aufgeräumt, immer ordentlich und gar nicht verschwenderisch. Geizig sei sie, sagte mein Zimmermädchen. Aber eben, bei den Reichen lernt man sparen, sagte meine Mutter immer. Da hatte sie wohl recht.«

Die Froschaugen blieben an der Russin hängen, die nun zögernd ins Wasser stieg. »Vielleicht sollte sie mal ein billigeres Zimmer versuchen«, spotteten die Froschaugen. »Arme werden schneller gesund. Aber diese Millionäre aus dem Osten. Wer hätte das gedacht. Da hört man ein Leben lang, dass die Menschen im Osten nur darben. Die Wirtschaft sei am Boden. Aber jetzt, wo die Kommunisten das Weite gesucht haben, soll alles anders sein. Heute geben die Russen das Geld mit vollen Händen aus. Wo sie das wohl so plötzlich gefunden haben?«

Nore Brand hörte nicht mehr hin. Ihre Augen waren an der Gestalt der Russin hängen geblieben. Nore Brand dachte an den Mord im Schauspielhaus; er lag einige Jahre zurück. Sie erinnerte sich an ihren Schreck, als sie einer Gruppe dieser fleischlosen Frauen gegenüberstand. Aber diese Frau hier erschreckte sie nicht. Im Gegenteil. Sie wirkte hilflos und verloren, wie sie mit kindlichen Bewegungen ins Wasser tappte. Eine ausgehungerte Lolita.

Bei der letzten Düse nickte sie den Froschaugen ein

letztes Mal zu, wünschte ihr einen schönen Aufenthalt und schwamm mit langsamen Bewegungen auf die russische Tänzerin zu. Auf ihrer Höhe angekommen, schaute sie beiläufig in ihre Richtung. Eine, die das Futter schlecht verwertet, würde Onkel Tierarzt sagen.

Nore Brand wandte sich ab und stieg aus dem warmen Wasser.

Nore Brand, dem Bade entsteigend. Sie versuchte, sich an die Namen der griechischen Göttinnen zu erinnern, die immerzu dem Bade entstiegen. Doch vergeblich, diese Sache hatte Frau Bütikofer, ihre Geschichtslehrerin, nicht gründlich genug gemacht.

Der junge Bademeister riss sie aus ihren Gedanken. Als er sah, dass sie im Begriff war, das Wasser zu verlassen, eilte er auf sie zu, um ihr ein vorgewärmtes Tuch um die Schultern zu legen.

»Sie müssen sich erholen, Madame, für das erste Mal waren Sie zu lange im Wasser. Das ist sehr schlecht für den Kreislauf«, erklärte er mit treuem Hundeblick.

Aber ich bin noch keine 90, du Jungspund, nicht einmal halb so viel, dachte Nore Brand verärgert.

Kaum hatte sie sich im Ruheraum hingelegt, schlief sie ein.

Als sie am nächsten Morgen im Haus von Johanna Rieder erwachte, kurz vor sechs, so wie jeden Tag, erinnerte sie sich kaum mehr an den Vorabend. Außer dass sie im Kurbad gewesen war.

Sie war immer noch angekleidet. Sie lag in einem Teenagerzimmer. Die Wände über und über beklebt mit Bildern von Popstars und Pferden. Das aufgemalte rote

Herz mit dem Liebespfeil auf der noch unbehaarten Brust eines strahlenden Popidols zeugte von der Macht einer schwärmerischen Liebe.

Das Zimmer war klein. Zwei größere Schritte und sie war bei der Tür. Von unten drang ein schwacher Lichtschimmer herauf. Rasch fuhr sie sich durch das Haar. Sie zog die Zimmertür hinter sich zu, machte Licht im Treppenhaus und stieg die Treppe hinab. In der Küche saß Moritz am Tisch und zeichnete. Er schaute sie kurz an, dann konzentrierte er sich wieder auf seine Zeichnung.

»Guten Morgen, Moritz«, begrüßte sie ihn.

»Morgen«, antwortete er knapp.

»Hast du gut geschlafen?«

»Das geht dich nichts an.«

Nore Brand blieb verblüfft stehen und schaute auf den runden Kopf herunter. Er umklammerte den Stift so fest, dass die Finger weiß wurden.

Das geht dich nichts an.

Das hatte dieser kleine Kerl tatsächlich gesagt.

Immerhin war das sein kindliches Recht.

»Du kannst dir Kaffee machen, wenn du willst«, erklärte er, ohne aufzuschauen. »Die Milch ist im Kühlschrank.«

»Danke«, sagte sie.

Er malte ein Flugzeug.

Sie setzte sich ihm gegenüber auf einen Stuhl. »Was malst du da?«

»Ein Düsenjäger, FA-18«, erklärte er. ›Du hast sowieso keine Ahnung davon‹, signalisierte sein Ton. »Ein Kampfjet.«

Der Wasserkessel begann zu pfeifen. Sie erhob sich und füllte die Tasse auf. Die Kaffeebüchse stand daneben. Nescafé.

Sie merkte, dass der Kleine sie heimlich beobachtete. Sie setzte sich wieder hin und rührte in der Tasse.

»Warum haben Sie kein Polizeiauto?«, fragte er plötzlich und schaute sie forschend an.

Sie begriff.

Moritz erhob sich und schob ihr einen Zettel hin. »Elsi Klopfenstein, Kiosk beim See. Vielleicht weiß sie etwas. Gruß, Bucher.«

Bucher hatte angerufen. Woher wusste Bucher, dass sie hier war?

In dem Augenblick ging die Türe auf. Johanna Rieder kam herein. Mit dem knappsten Morgengruß. Ihr Blick war kalt. Immerhin deutete sie ein Nicken an. »Warum haben Sie nicht gesagt, dass Sie von der Polizei sind?«

»Das bedaure ich, wenn das ein Problem ist.«

Ich schlafe als Mensch und nicht als Polizistin. Doch sie ließ es. Sie erhob sich, schüttete die heiße Brühe in den Abguss, spülte die Tasse und trocknete sie. Johanna und Moritz schauten ihr schweigend zu.

Nore Brand holte ihre Tasche. Als sie in die Küche zurückkam, starrten die beiden sie schweigend an.

»Wie viel schulde ich Ihnen?«

»50«, sagte Johanna mit bewegungsloser Miene. Sie hatte sich hinter Moritz gestellt, als ob sie ihn beschützen müsste.

›Die Polizei, dein Freund und Helfer‹, dachte sie, als sie den Geldschein herausholte und ihn Johanna entgegenhielt. Johanna machte keine Bewegung. So legte Nore

Brand das Geld auf den Küchentisch, neben den FA-18 von Moritz, den Kampfjet.

»Was ist eigentlich los hier?«, fragte Johanna unvermittelt. »Kommt Bucher nicht mehr allein zurecht?«

»In diesem Fall genügt einer allein offenbar nicht.«

Sie sah, wie Johanna den Mund nochmals öffnete, ihn aber gleich wieder schloss.

Bevor Nore Brand in die kalte Morgenluft hinaustrat, wünschte sie ihr einen erfolgreichen Tag an der Viehschau.

Sie warf keinen Blick in den Rückspiegel, als sie wegfuhr. Es gab hier einige Leute, die keine Polizei wollten. Bucher wusste das und zog es vor, sich nicht einzumischen. Das überließ er seiner Kollegin aus Bern.

Der Tag hatte unerfreulich begonnen. Richtig schlimm war nur der Kaffee gewesen. Nescafé. Das andere kam immer wieder mal vor.

DAS TOTENSEELEIN

Nore Brand fuhr ins Dorfzentrum zurück.

Eigentlich hatte sie vorgehabt, Jelena Petrovic zu besuchen. Vielleicht erinnerte sie sich an weitere Dinge, Kleinigkeiten, die hilfreich waren. Vielleicht hatte sie einen Blick auf den Briefumschlag geworfen, einen Namen gelesen, eine Postleitzahl gesehen.

Doch nun hatte sich Bucher eingeschaltet. Er schickte sie zu Elsi Klopfenstein.

Dass dieser Kerl gewusst hatte, wo sie übernachtete. War das erstaunlich? Der Ort war klein und überschaubar. Hier schienen alle bestens informiert. An diesen Gedanken musste sie sich zuerst gewöhnen.

Sie ließ den Wagen an der Hauptstraße stehen und spazierte zum See.

Die verwitterte Bretterbude von Elsi Klopfenstein war noch geschlossen. ›Die Saison wird um eine Woche verlängert. Ich freue mich, Sie weiterhin bedienen zu können. Wichtig: Morgen wieder Zwetschgenkuchen‹, stand da in großen, etwas ungelenken Buchstaben. Darunter die Unterschrift und das Datum vom vorigen Tag.

Nore Brand ging weiter. Bäume und Gebüsch säumten den Weg. Vom Steg aus war der Blick zum Holzhäuschen von Elsi Klopfenstein nicht frei. Auch wenn sie früh da gewesen wäre, hätte sie nicht erkennen können, was Frau Ehrsam an ihrem letzten Morgen zugestoßen war.

Nore Brand suchte den Boden nochmals ab. Nein, sie hatte nichts Wichtiges übersehen. Nur ein paar neue Fußabdrücke waren dazugekommen.

Der Schreiner hatte die Brüstung inzwischen repariert.

Nore Brand kletterte vom Steg. Fünf Schritte, dann stand sie direkt am Wasser. Ein Stockentenpaar schwamm aufgeschreckt davon.

Hier ertrank niemand einfach so.

Das war klar.

Sie ging ein paar Schritte weiter den See entlang, dann blieb sie stehen. Wie war es möglich, dass dieses Tal so grün war. So ungeheuer lebendig und grün.

Aber hier war der Tod gewesen.

Sie ging den Weg wieder zurück.

»Guten Morgen!«, rief eine Frauenstimme aus der Bretterbude.

Das war sie also: Elsi Klopfenstein.

»Ich habe Sie gestern mit Bucher gesehen. Sie sind von der Polizei, nicht wahr?«

»Brand, Nore Brand«, stellte sich die Kommissarin vor, als sie vor Elsi Klopfenstein stand.

»Ich hatte schon gedacht, dass Sie nicht mit mir sprechen wollen.«

Der Vorwurf war unüberhörbar.

Nore Brand fühlte sich ertappt. »Nein, ganz und gar nicht! Sie waren gestern sehr beschäftigt mit Ihren Gästen.«

Das war eine Notlüge. Nore Brand hatte nichts gesehen, doch normalerweise wurden Tatorte gut besucht. Die Menschen liebten es, düstere Orte aufzusuchen.

»Ja, natürlich. Am Abend waren alle Zwetschgenkuchen gegessen und ich hätte noch viel mehr loswerden können.«

»Bucher hat mir keine Fragen gestellt«, fügte sie nach einer kleinen Pause hinzu. »Das ist doch nicht normal, oder?«

Elsi Klopfenstein schaute in Richtung Steg. »Da ertrinkt eine Millionärin in unserem See und keiner will etwas wissen. Unglaublich. Nur die Journalisten. Die rannten mir die Bude ein. Die kamen wie die Aasgeier. Aber ich habe nur etwas erzählt, wenn sie Schnaps bestellten. Sonst wusste ich von nichts.« Sie lächelte schlau. »Und dann die üblichen Spaziergänger natürlich, die haben viele Fragen gestellt. Seit drei Tagen bin ich beschäftigt wie noch nie in dieser Saison. Ich hätte viel mehr Zwetschgenkuchen verkaufen können. Auch heute werden wir wieder einige Gaffer haben. Mir kann's nur recht sein. Das Wetter soll auch recht angenehm werden. Föhn.« Sie schaute prüfend zum Himmel.

»Dabei wollte ich letzte Woche schließen. Dann passiert das. Man kann die Leute doch nicht allein lassen, sie wollen reden, und so habe ich mir gedacht, ein paar Tage hänge ich noch an. Meiner Kasse tut's auch gut, der Winter wird lang werden, das Alter vermutlich auch. Und das ohne Pension. Warten Sie«, sagte sie, dann war Elsi Klopfenstein im Häuschen verschwunden und kam gleich wieder heraus. In der Hand trug sie einen Lappen. Mit raschen Bewegungen trocknete sie zwei Stühle ab.

»Setzen Sie sich doch.« Sie schob Nore Brand einen Plastikstuhl hin. »Kann ich Ihnen eine Tasse Kaffee bringen? So früh am Morgen macht's nur zwei fünfzig.«

Solche Leute brachten das Land in schweren Zeiten über die Runden. Was für ein erfrischender Eigennutz.

»Ja, sehr gern«, sagte Nore Brand, »mit viel Zucker.«

Einen Augenblick später trat Elsi Klopfenstein wieder aus ihrem Häuschen, in jeder Hand einen braunen Becher mit einem weißen Plastiklöffel. Sie setzte sich umständlich hin. »Die Zwetschgenkuchen kommen leider erst gegen neun Uhr. So lange bleiben Sie sicher nicht, aber Sie können ja später nochmals vorbeischauen.«

Elsi Klopfenstein musterte ihr Gegenüber. Eine Städterin. Natürlich. Das sah man von Weitem.

Nore Brand konnte ihre Gedanken lesen. Ihre nassen und kalten Füße drangen ihr schmerzhaft ins Bewusstsein. Sie rührte dankbar in der heißen Brühe.

Sie würde den Sportladen aufsuchen müssen. Ihre Lederstiefel waren völlig aufgeweicht.

»Ich würde es in der Stadt nicht aushalten«, begann Elsi Klopfenstein ohne Einleitung, »nicht wenn man das hier gewohnt ist.« Sie ließ ihre Augen durch das Tal schweifen.

»Und ich bin eben die Stadt gewohnt. Bern.«

Elsi Klopfenstein warf ihr einen kurzen Blick zu. »Gewöhnung hilft fast immer, fast.«

Reden lassen, erinnerte sich Nore Brand. »Reden lassen«, hatte Bastian Bärfuss bei vielen Gelegenheiten gesagt. »Die Menschen mögen es, wenn man ihnen zuhört. Und wir brauchen Informationen. So ist beiden geholfen.«

Elsi Klopfenstein jedenfalls schien zufrieden. Diese Frau Brand war nicht eine, die mit Fragen über die Menschheit herfiel. »Früher ging ich hin und wieder in die Stadt. Wenn man jung ist, sieht die Welt anders aus. Bern hat sich verändert. Thun auch. Man liest immer von Überfällen, nicht einmal alte Frauen und Kinder werden verschont. Schlimm ist das. Früher war es noch gemütlich in der Stadt, aber das ist endgültig vorbei. Viele Geschäfte, in die ich noch mit meiner Mutter gegangen bin, sicher zweimal im Jahr, die gibt es nicht mehr.« Sie rührte heftig in ihrem Plastikbecher. »Den Berner Bahnhof kenne ich auch nicht mehr. Und überall diese Hast.« Sie schaute die Kommissarin an. »Im Frühling dachte ich, ich könnte es doch wieder einmal versuchen. Ich brauchte einen Sommerrock. Meiner ist etwas eng geworden über den Winter. Eingegangen etwa. Was lange im Schrank hängt, wird mit der Zeit eben etwas eng.« Sie zwinkerte Nore Brand zu. »Und am nächsten Tag stand in der Zeitung, dass ein junger Drogensüchtiger eine alte Frau überfallen habe, niedergeschlagen, und das am hellen Tag mitten in der Stadt. Niemand hat ihr geholfen. Niemand. Die Leute sind an ihr vorbeigegangen, als ob nichts wäre. Niemand will sich einmischen, alle haben Angst. Was ist das für eine Welt.«

Elsi Klopfenstein schüttelte ungläubig den Kopf. »Deshalb bin ich nicht gegangen«, sagte sie und schaute sich um dabei. »Lärm und Hektik ertrage ich nicht mehr. Und den Sommerrock habe ich selbst etwas ausgelassen. Zum Glück haben die Nähte noch etwas hergegeben. Aber jetzt ist Schluss. Mit den Nähten, meine ich«, setzte sie hinzu, bevor sie geräuschvoll ihren Kaffee schlürfte.

Nore Brand lehnte sich im Stuhl zurück und spürte nach, wie das Getränk sie von innen aufwärmte.

»Nicht nur das Teure ist gut«, murmelte Elsi Klopfenstein, die Nore Brand nochmals einer gründlichen Musterung unterzog. Diese Frau war keine von den mageren Stadtweibern, die so oft ins Tal heraufkamen und zum großen Glück immer wieder verschwanden. Sie hatte Fleisch auf ihren Knochen. Schöne Rundungen, wie sie einer richtigen Frau gut standen. Und schöne Augen. Braun und aufmerksam. Walliserblut vielleicht.

Aber die feinen Stadtstiefelchen der Kommissarin, die waren nicht mehr zu retten. Die taugten nichts hier draußen. Wenigstens genoß sie ihren Kaffee. Und 20 war sie längst nicht mehr, hatte wohl auch ihre Sachen erlebt.

Nore Brand ließ die Musterung gleichmütig über sich ergehen.

»Sie waren mit Bucher da. Warum macht der das eigentlich nicht selbst?«

»Ihm fehlt die Zeit dazu.«

»Der«, sagte Elsi Klopfenstein höhnisch, »der und keine Zeit. Der hat für nichts Zeit. Den hat man hergeschickt, weil man glaubt, dass bei uns oben sowieso nichts passiert. Der hätte einen Kuraufenthalt gebraucht.« Elsi Klopfensteins Stimme war lauter geworden. »Und überhaupt, was weiß man in Bern, was sich hier so tut?« Sie warf der Kommissarin einen Seitenblick zu. »Nehmen Sie es mir nicht krumm, aber Sie gehören ja auch dazu.«

Nore Brand lachte. »Was tut sich denn so?«

Elsi Klopfenstein zögerte. Sie schien ihren Ausbruch zu bereuen. »Es gibt Gerüchte.« Sie verstummte und schaute Nore Brand skeptisch an.

»Gerüchte?«

»Üble Sachen«, sagte Elsi Klopfenstein und schaute sich um. »Da kann die Polizei nichts machen, der Bucher schon gar nicht. Glauben Sie mir, wenn Sie wüssten, wären Sie erst gar nicht hergekommen. Man sagt, die Russen-

Mafia habe sich im Belvedere eingenistet. Deshalb hat Bucher doch die Hosen voll. Vielleicht mischen die von Bern auch noch mit und wollen gar nicht zu viele Polizisten hier oben. Denen habe ich noch nie getraut. Weder den Herren von Bern noch den Polizisten.« Elsi Klopfenstein schaute grimmig vor sich hin.

Zu den ›Herren von Bern‹ hatten sich längst auch ein paar Frauen gesellt. Aber egal. Die Schlagzeilen der Boulevard-Presse hatten offenbar auch in diesem abgelegenen Winkel des Landes Nährboden gefunden.

»Eine Schweinerei ist das«, fügte Elsi Klopfenstein nach einer weiteren Runde von düstersten Gedanken hinzu. Dann beugte sie sich verschwörerisch vor. »Im Hotel residiert seit längerer Zeit eine Russin. Mein Neffe sagte, dass sie mit dem Direktor unter einer Decke steckt. Bald werden hier lauter Luxushotels stehen, die der Russen-Mafia gehören. Die kaufen noch mal das ganze Tal.« Sie deutete mit dem Kinn nach Westen. »Das Saanenland ist voll. Bis heute hat der Teufel immer auf den großen Haufen geschissen. Aber bald kommt er zu uns. Das möchte ich nicht mehr erleben, dass wir eines Tages nicht mehr Herr und Meister sind in diesem Tal wie die dort drüben. Aber eben, das ist bei uns nicht anders als bei denen. Da muss nur einer mit einem Bündel Banknoten winken und schon schmeißt jeder seine Mistgabel hin und vergisst Haus, Land und Kühe. Es sind doch alle gleich! Gegen die Mafia kann ein Polizist alleine nicht viel ausrichten.«

Die Mafia, immer wieder die Mafia. Niemand hatte Beweise, aber die Wut fand ihr Ventil. Darum ging es meistens. Nore Brands Laune hob sich langsam und stetig, denn der Kaffee von Elsi Klopfenstein war ungeheuer stark.

Elsi Klopfenstein lachte hämisch. »Bucher stellt sich dumm, der will das gar nicht sehen. Es ist auch bequemer so. Der hat seine Pflicht nie getan. Der lässt alle Reichen im Tal besoffen am Steuer sitzen. Bucher tut nichts. Und all die Fremden, die hier schwarz arbeiten, aber der Bucher tut nichts dagegen. Der vergräbt sich tagtäglich lieber hinter seinem Verwaltungskram und jammert am Stammtisch über seine Arbeit. So ein Schlufi.« Sie beugte sich zu Nore Brand. »Wetten, dass er dafür etwas einstreicht. Der steckt doch mit denen unter einer Decke.«

Elsi Klopfenstein ließ sich in ihrem Stuhl zurückfallen. »Wir wussten von Anfang an, dass der nicht zu gebrauchen ist, aber reklamiert hat keiner. Und ehrlich gesagt, ich auch nicht. Keiner wird gerne kontrolliert. Bei dem war klar, dass er nichts in den Griff bekommt. Der kennt Recht und Ordnung nur aus dem Wörterbuch, aber Sie können lange warten, bis hier irgendeiner dagegen protestiert. Da müsste es erst mal Tote geben.«

»Wie Frau Ehrsam zum Beispiel«, sagte Nore Brand.

Erschrocken hob Elsi Klopfenstein ihr Gesicht. »Frau Ehrsam? Ich weiß nicht. Sie war eine sehr gebildete Frau und mit der Mafia hatte sie ganz sicher nichts zu tun, auch wenn sie Russisch konnte.« Sie schlürfte schweigend ihren Kaffeebecher leer und brütete eine Weile vor sich hin.

»Früher einmal«, sie deutete mit dem Kopf in Richtung See, »nannte man das Wasser dort Totenseelein. Das ist lange her. Ich glaube, man hat den Namen den Kurgästen zuliebe geändert. Wer will denn an einem Totenseelein kuren?« Sie kicherte vor sich hin. »Für meine Kasse wär's auch nicht gut. Aber meine Großmutter hätte gesagt, der See habe sich gerächt, weil man ihm seinen Namen weggenommen hat.«

Sie dachte einen Augenblick nach. »Jaja, das sind Geschichten von gestern, damit kommen Sie nicht weiter. Dieser Polizist Bucher, der müsse sich vor jeder Aufregung hüten, habe ich damals in der Bäckerei gehört. Seine Frau hat es erzählt. Man hat ihn hier hinaufgeschickt wegen der Höhenluft.«

»Und Bucher schickt mich zu Ihnen.«

Elsi Klopfensteins Gesicht wurde lang. »Der? Zu mir?«

»Ja.«

»Und er selbst wollte von mir gar nichts wissen. Nicht eine einzige Frage hat er gestellt.«

»Er denkt offenbar, dass Sie mir weiterhelfen können.«

Über Elsi Klopfensteins Gesicht huschte ein schlaues Lächeln. »Das habe ich soeben auch gemacht. Oder etwa nicht?«

Nore Brand lächelte zurück. »Vielleicht. Obwohl ich etwas anderes erwartet habe. Hat wirklich kein Mensch, außer den Kurgästen natürlich, Ihnen Fragen gestellt?«

Elsi Klopfenstein lehnte sich zurück. »Doch. Der Direktor. Und der Doktor natürlich.«

»Doktor Fischer?«

Elsi Klopfenstein nickte. »Ja. Aber der Direktor hat vor allem selbst geredet. Der redet zu viel. ›So eine traurige

Angelegenheit‹ sagte er immer wieder. Dass der das wirklich meint, glaubt ihm ja kein Mensch.«

»Was wollte er denn wissen?«

Elsi Klopfenstein warf ihr einen kurzen Blick zu. »Nichts Spezielles. Ob jemand in der Nähe gewesen sei, als es passiert sei. Ob jemand etwas gesehen haben könnte.«

»Und? War jemand in der Nähe? Hat vielleicht jemand etwas gehört?«

Elsi Klopfenstein nickte. »Und ob.«

Diese Frau ließ sich bitten. Das war die Strafe dafür, dass man sie hatte warten lassen. Und jetzt nicht drängen, nur nicht drängen, hörte sie Bastian Bärfuss mahnen.

»Würden Sie mir erzählen, wie Sie den Morgen des Unfalls erlebt haben?«

»Sicher.«

ELSI KLOPFENSTEIN ERINNERT SICH

Elsi Klopfenstein berichtete vom vergangenen Samstagmorgen, als sie zum letzten Mal, so dachte sie zumindest, vor Einbruch des Winters auf ihrem Fahrrad den Wald entlang Richtung See radelte, um ihren kleinen Kiosk für die Gäste des Grandhotels Belvedere vorzubereiten. Wie jedes Jahr hatte sie im Sinn, ihr Bretterhäuschen sorgfältig abzuschließen, und zwar um Punkt halb fünf, denn es war der 20. Oktober. Bevor sie auf ihr altes Fahrrad stieg, würde sie die staubige Tafel hinter dem Vorratsschrank hervorholen und wie immer zum Ende der Saison an den großen, rostigen Nagel mitten auf den Fensterladen hängen: ›Bis Ostern geschlossen. Auf Wiedersehen. Elsi Klopfenstein.‹ Als sie frühmorgens losfuhr, hatte sie nicht den geringsten Grund, daran zu zweifeln, dass es an diesem Tag genauso sein würde. Der letzte Arbeitstag der Saison würde um Punkt halb fünf enden.

Elsi Klopfenstein erzählte ausführlich, ohne Eile.

Vor 37 Jahren hatte sie diese Holztafel beschriftet und seither an jedem 20. Oktober hervorgeholt. Nur einmal hatte sie darüber nachgedacht, wie die Tafel aussehen würde, wenn da ein anderer Name draufstünde. Moser. So hatte er geheißen. Aber besser als Klopfenstein klang das nicht, überhaupt nicht. Dieser Gedanke wühlte sie dermaßen auf, dass sie sich augenblicklich hinsetzte und ihrem Verehrer einen Abschiedsbrief schrieb, bevor dieser zur Tat schreiten und ihr seine Liebe gestehen konnte.

Dieser dramatische Einschnitt in ihre Lebensgeschichte hatte ihr nach einem endlosen Winter und einem regnerischen Frühling gedroht, als das Dach plötzlich undicht geworden war und als Folge davon der Regen auf ihren frischen Zwetschgenkuchen tropfte. Da musste auf der Stelle ein Handwerker her. Paul Moser von der großen Dorfschreinerei war es. Er kam und wollte gleich bleiben, denn es gefiel ihm überaus gut hier draußen. Auch Elsi schien ihm recht zu sein; während er sich auf dem kaputten Dach zu schaffen machte, flickte und hämmerte, zwinkerte er ihr vom Dach herunter zu und machte, mit blinkenden Nägeln zwischen den Zähnen, Vorschläge, wie sie den Umsatz steigern könnte. Mit Bier, Schnaps und Wein. Dann würde das Geld vielleicht auch für zwei reichen. Dazu lachte er laut und schaute sie länger an, als ihr angenehm war. Doch als das Dach repariert war, schrieb Elsi Klopfenstein mit heftigem Herzklopfen den wichtigsten Brief ihres Lebens. Sie komme sehr gut allein zurecht, außerdem würde es zu zweit doch unangenehm eng werden in der Bretterbude. Natürlich danke sie für die solide Ausbesserung des Dachs. Hätte sie schreiben sollen, dass er ihr zu unschön war? Nein, so etwas tat man nicht. Es blieb ihr doch noch etwas Zeit, um auf einen Schöneren zu warten. Aber die Jahre vergingen schneller, als sie voraussehen konnte und ein schönerer Mann blieb leider aus – vom Kurhotel kamen nur alte, lahme und gichtige –, und so hing in jedem Winter dieselbe Holztafel an der verschlossenen Tür mit ihrer schiefen Unterschrift: Elsi Klopfenstein.

Das war ihr im Grunde nicht unrecht so. Wenn sie sich in ihrer Umgebung umschaute, dann war nicht immer nur lustig, was die Männer im Leben einer Frau so alles anrichteten.

An Paul Moser erinnerte sie nur hin und wieder die Tatsache, dass sie nun Schnaps anbot. Im Tee, im Kaffee oder einfach so, rein, mit nichts und so war er ihr mittlerweile sogar am liebsten. Für etwas hatte sich diese Sache, die ja eigentlich fast eine Art Liebschaft gewesen war, also doch gelohnt.

Elsi Klopfenstein erinnerte sich natürlich sehr genau an jenen Morgen, als man die Leiche von Frau Ehrsam fand. Ja, Frau Ehrsam trank ihren Kaffee mit viel Milch und zwei gehäuften Löffeln Zucker und im Herbst bestellte sie immer ein großes Stück Zwetschgenkuchen dazu. Trotzdem war diese Frau all die Jahre gertenschlank geblieben, bis ins hohe Alter. Die hatte sicher ein Geheimnis. Oh ja, die hatte zweifellos das eine oder andere Geheimnis gehütet in ihrem Leben.

Elsi Klopfenstein stieß einen Seufzer aus. An jenem Tag hatte sie keinen Zwetschgenkuchen mitgebracht. Frau Ehrsam kam nicht jeden Tag. Außerdem war ihr der Schlagrahm am Vorabend ausgegangen und für den letzten Tag kaufte sie aus Prinzip nichts Frisches. Das Zeug konnte man ja nicht für den nächsten Frühling auf die Seite legen; also hatte sie es gleich bleiben lassen. Man musste ja nicht gleich jedes Maß verlieren und wegwerfen war ihre Sache nicht. Es hatte auch nicht mit Geiz zu tun, ganz und gar nicht, es war nichts als gesunder Menschenverstand und den hatte man ihr von klein auf tüchtig eingebläut. Wer Nahrung wegwarf, wurde bestraft, mit einer schallenden Ohrfeige, sodass die Wangen so lange feuerten, bis die Botschaft tief und unvergänglich ins Bewußtsein eingebrannt war.

Nein, Elsi Klopfenstein hatte kein schlechtes Leben, doch es wäre viel erträglicher gewesen, wenn die Hüftgelenke noch eine Weile mitgemacht hätten. Ihre Mutter, ihre Großmutter und ihre Urgroßmutter hatten dasselbe Leiden gehabt und sie waren trotzdem steinalt geworden dabei. Die Aussicht auf ein langes Alter ließ sie laut aufseufzen. Vielleicht mutete sie sich doch etwas viel zu, jedes Jahr während der langen Saison am See draußen, von morgens früh bis abends spät. Man war auch nicht mehr die Jüngste. 68. Andere setzten sich in diesem Alter zur Ruhe und ließen sich kurieren, in teuren Hotels, wie das Grandhotel Belvedere eines war. Aber das konnten sich nur die Reichen leisten. Wer Geld hatte, brauchte nicht zu leiden. Oder zumindest etwas weniger dank teuren Medikamenten und dabei in einer schönen Umgebung, bei gutem Essen, in einem weichen Bett.

Da spürte Elsi Klopfenstein, wie der Trübsinn sie wieder einfing: der Herbst. Da konnte die Luft noch so frisch und klar sein, die Blätter noch so leuchten und Funken sprühen, die Kälte hing drohend über dem Tal und seinen Bewohnern, sie breitete sich langsam aus, kroch herunter vom ewigen Eis und Schnee, von den Berghängen, um sich für viele Monate hier unten festzuhocken und den Alten die Schmerzen aus den Knochen zu reißen.

Die Kälte hatte ihre Boten früh geschickt in diesem Jahr. Vor Wochen schon war in einer Nacht bis weit ins Tal hinunter Schnee gefallen. Die Kurgäste standen mit leuchtenden Augen an den Fenstern, als sich an jenem Morgen die Berge blendend weiß gegen den blauen

Himmel abhoben. Nur Elsi Klopfenstein hatte keine Freude daran gehabt. Wenn der Winter kam, dann blieb er lange im Tal, viel zu lange, und bis er da war, verdarben Nässe, Kälte und Dunkelheit die Tage und es wurde ihr kalt und trüb, bis in die tiefste Seele hinein.

Elsi Klopfenstein erinnerte sich genau, wie sie das Fahrrad, so wie jeden Morgen, an die Bretterwand stellte, ein großes kariertes Taschentuch hervorzog und sich schnäuzte, dabei den Nebelschwaden nachschaute, die sich an der gegenüberliegenden Talseite über die Höhen hinweg zurückzogen.

Der See lag friedlich da. Die grüne Haube eines Erpels leuchtete in den ersten Sonnenstrahlen auf. Ein unscheinbares Weibchen folgte ihm. Seltsam, dass nur die Männchen so silbergrün glänzten. Sonderbare Natur. Schön ja, auch schön, aber Schönheit brachte nicht immer nur Freude.

Ein langer Tag lag vor ihr. Die stechenden Schmerzen hatten sich mittlerweile auch in den Fingergelenken festgesetzt. Sie steckte das Taschentuch weg, rieb sich die eiskalten Knöchel und wärmte sie in ihren Achselhöhlen. Auch ihr dickes Holzfällerhemd war nicht mehr warm genug. Sie hatte das grünschwarze angezogen, es war etwas neuer als das rotschwarze und deshalb eine Spur dicker und wärmer. Die Jeans, die sie vor Jahren auf dem Markt gekauft hatte, waren mit der Zeit etwas dünn geworden. Trotzdem waren diese Hosen ihrer Ansicht nach das einzig Gute, was die Amerikaner zustande gebracht hatten. Sogar ihre Präsidenten, die immer lächelten mit ihren großen, weißen Zähnen, auch wenn sie eben dabei waren, die Welt zu bombardieren, ließen sich in Jeans fotografieren. Im Frühling und im Herbst trug Elsi Klopfenstein ihre grünen Gummistiefel, weil die Regennässe um ihre Bude herum nicht mehr trocknete.

Elsi Klopfenstein schaute zum See hinüber. Es war sehr still und das hohe Schilf bewegte sich kaum. Die unheimliche Stille zwischen zwei Stürmen. Alles so still und bewegungslos. So still, wie es auf Dauer nicht auszuhalten wäre.

Sie schaute nach dem frühen Wanderer aus, der jeden Tag kam, um den großen Reiher zu beobachten und dabei so bewegungslos verharrte wie der Vogel selbst. Aber da war nichts, kein Reiher und kein Wanderer, als ob sich alle vor dem kommenden Winter bereits auf die Socken gemacht hätten. Hatte sie sich etwa im Datum geirrt? Nein, das konnte nicht sein. Das würde ihr nie passieren.

Als sie die Tür zu ihrem Bretterhäuschen mit einem Ruck, ohne diesen Ruck ging nichts, öffnete, war ihr, als ob ihr etwas entgangen war. Irgendetwas. Sie hielt den Atem an, schaute sich um und horchte eine Weile. Doch da war nichts. Es musste die Tür sein, die rostigen Angeln.

Plötzlich hörte sie Schritte, die hastig näher kamen. Also doch, da war etwas gewesen. Sie riss den Fensterladen auf und streckte neugierig den Kopf hinaus.

So schnell ging hier selten jemand. Neugierig trat sie aus dem Bretterhäuschen. Im gleichen Augenblick sah sie den frühen Wanderer heraneilen, der Feldstecher schlug ihm bei jedem Schritt hart an die Brust. Als er vor ihr stand, pfiffen seine Lungen, Schweißperlen glänzten auf seiner geröteten Stirn. Ausgerechnet der. Einer von denen, die immer ganz stur vorbeigingen, ohne sie zu grüßen.

»Da, da – draußen. Im Schilf. Eine –« Er griff sich an die Brust und rang mühsam nach Luft. »Eine Leiche im Wasser – und bewegt sich nicht.«

»Haben Sie etwa schon eine Leiche gesehen, die sich bewegt?«, schrie Elsi Klopfenstein den erschrockenen Mann an.

Elsi wartete nicht auf seine Antwort, sie drehte sich wie ein Kreisel um und verschwand im Innern des Häuschens. Kurz darauf drang ihre raue Stimme durch das offene Fenster.

»Hier ist Elsi Klopfenstein. Ist dort die Polizei?«

Der Wanderer ließ sich auf die Türschwelle fallen, öffnete sein Hemd und wischte sich mit einem großen Taschentuch über das Gesicht. Er atmete auf, als er das Wort ›Polizei‹ hörte.

»Da liegt jemand im Wasser, beim Steg. Eine Leiche«, schrie sie in den Apparat.

Dann schoss Elsi Klopfenstein an ihm vorbei auf den Weg. Sie schaute auf den See hinaus, der im bleichen Morgenlicht schimmerte. Die Stockenten zogen ihre Kreise, sonst sah sie nichts.

»Wo liegt die Leiche?«, fragte sie barsch.

»Beim Steg«, stieß er, immer noch heftig keuchend, hervor.

Elsi Klopfenstein schaute ihn unfreundlich an. Dieser Kerl war schließlich auch noch nie bei ihr eingekehrt. Kein Mensch, der ihre Freundlichkeit verdiente.

»Ich brauche ein Schnäpschen«, bat er keuchend. »Ich habe noch nicht einmal Kaffee gehabt, ich mache meine erste Runde immer vor dem Frühstück. Aber jetzt brauche ich etwas, ich bitte Sie.«

Elsi Klopfenstein übersah seinen Hundeblick. »Zuerst zeigen Sie mir, wo die Leiche liegt. Bisher haben Sie meinen Schnaps auch nie gebraucht und stehen Sie endlich auf, damit ich die Türe schließen kann.«

Als der Wanderer schwer atmend wieder auf die Beine gekommen war, zog sie die Türe mit einem heftigen Ruck zu, schloss sie ab und stapfte los. Vergessen waren Kälte und Schmerzen. Die Neugier war ihre beste Medizin.

»So warten Sie doch, ich kann nicht so schnell«, rief der erschöpfte Wanderer und eilte hinter ihr her.

Kurze Zeit später trat Elsi Klopfenstein auf den Steg hinaus, beugte sich über die dunkle Holzbrüstung und schaute forschend ins Wasser hinunter. Ihr Herz pochte heftig, als sie das Wanderkostüm von Frau Ehrsam sah, den dicken grauen Wollstoff, den sie seit Jahren trug, im Frühling und im Herbst, um den Hals hatte sie ein Halstuch aus Kaschmir geschlungen, ›ein Weihnachtsgeschenk meiner jüngsten Enkelin‹, das hatte sie ihr neulich erzählt.

Elsi Klopfenstein schüttelte den Kopf. Sie dachte an die Armbanduhr, die zweifellos ein Vermögen gekostet haben musste. Das lag nun im Wasser, diese teuren Sachen. Frau Ehrsam würde nie mehr bei ihr einkehren. Nie mehr Zwetschgenkuchen. Doch genau bedacht, war Frau Ehrsam nicht mehr als dreimal pro Woche bei ihr eingekehrt.

Zum Glück hatte sie nicht noch extra Schlagrahm eingekauft. Der wäre endgültig für die Katz gewesen.

Aber dass Frau Ehrsam da unten lag. Solche Sachen gab's doch nur im Fernsehen, wenn man wollte, siebenmal am Tag, aber hier draußen, so nah bei ihrer Bude …

Deshalb war es heute so unheimlich still gewesen hier draußen.

So still, dass es kaum auszuhalten war, auch wenn man Stille gewohnt war. Aber eben, sie war gute Stille gewohnt, nicht diese tödliche. Elsi Klopfenstein hätte schwören mögen, dass dieser Morgen ganz anders gewesen war als alle andern Morgen ihres Lebens. Sie hatte den Tod gespürt. Ihr schauderte.

Sie riss sich von diesem traurigen Anblick los. Nun brauchte auch sie sehr dringend ein Schnäpschen.

Sie ging auf den Wanderer zu, der auf dem Weg stehen geblieben war, auf seinem Gesicht stand immer noch das blanke Entsetzen. Er tat ihr auf einmal leid. »Kommen Sie, aber denken Sie ja nicht, dass der Schnaps bei mir gratis ist. Es ist der beste weit und breit. Das werden Sie gleich merken, aber er hat seinen Preis.«

Mit weit ausholenden Schritten machte sie sich auf den Weg zurück. Der Schmerz war vergessen, denn heute würden nicht wenige an ihrem Häuschen vorbeigehen und sich etwas genehmigen. Schreck und Freude trieben die Leute zum Essen und Trinken. Das war ein Naturgesetz. Vielleicht hätte sie doch Zwetschgenkuchen bestellen sollen und frischen Schlagrahm einkaufen, aber heute würden die meisten mit einem Schnäpschen darauf anstoßen wollen, dass sie noch am Leben waren.

Elsi Klopfenstein kannte die Menschen und Schnäpschen hatte sie immer auf Vorrat.

Elsi Klopfenstein setzte sich wieder aufrecht hin und schaute die Kommissarin an. In ihren Augen lag aufrichtiges Bedauern. »Ich glaube es immer noch nicht.

Da lag sie mit ihrem schönen Halstuch, das sie von ihrer Enkelin erhalten hatte. Hoffentlich musste sie nicht lange leiden.«

»Ist dieser Wanderer, der sie entdeckt hat, seither wieder hier gewesen?«

»Nein. Der ist nicht mehr gekommen.« Elsi Klopfenstein legte ihre Stirn in Falten. »Daran habe ich noch gar nicht gedacht. Glauben Sie etwa, der …?«, sie verstummte und schaute Nore Brand kopfschüttelnd an. »Nein. Das können Sie vergessen. So einer tut so etwas nicht. Sein Herz würde so etwas nicht aushalten. Der ist auf meiner Schwelle hier vor lauter Schreck fast gestorben und das trotz meines Schnäpschens.«

Nore Brand schaute zum See. »Vielleicht hat er nichts damit zu tun. Aber vielleicht hat er etwas gesehen, was uns nützlich sein könnte. Sie wissen nicht, wie er heißt?«

»Nein, er war ja nie mein Gast. Das ist einer, der ohne Gruß vorübergeht. Das fällt auf hier oben. Der kam und ging immer allein. Ein richtiger Einzelgänger und immer in aller Herrgottsfrühe.«

»Wenn er wieder auftaucht, dann sagen Sie ihm doch bitte, er soll sich beim Polizeiposten melden.«

»Wenn er wiederkommt. Ja. Aber das weiß man ja nie. Nach einem solchen Schreck.«

»Sagen Sie ihm, er soll sich sofort bei mir melden, wenn er wieder auftaucht.« Nore Brand fiel ein, dass sie im Moment gar keine Adresse hatte. »Schicken Sie ihn besser gleich zu Bucher.«

Elsi Klopfenstein kniff ihre Äuglein zusammen. »Vielleicht kommt er ja wieder. Der Kerl weiß jetzt immerhin, dass ich guten Schnaps habe. Doch, ich glaube, der wird wieder auftauchen.«

»Wie lag Frau Ehrsam denn im Wasser, als Sie sie fanden?«

Elsi Klopfenstein versuchte die Stellung nachzumachen. »So. Ein bisschen gekrümmt. Sie muss vornüber ins Wasser gefallen sein.«

»Wo lag ihre Uhr?«

»Ihre Uhr?«, echote Elsi Klopfenstein nachdenklich. »Ihre Uhr?«

»Die Bernstein-Uhr«, präzisierte Nore Brand.

»Jaja, ich weiß davon. Sie hat mir mal erzählt, dass der Uhrmacher Bernstein für das Zifferblatt gestohlen habe, dabei war gerade das Zifferblatt so hässlich. Bernstein.« Elsi Klopfenstein kicherte vor sich hin. »Frau Ehrsam machte manchmal solche Witze. Natürlich glaubte ich ihr nicht.« Sie zog ein kariertes Taschentuch aus ihrer Jacke und schnäuzte sich heftig. »Ich werde mich noch erkälten, wenn ich nicht bald aufhöre mit dieser Arbeit. So lange hat meine Saison noch nie gedauert.« Sie stopfte das Taschentuch weg. »Aber ich kann mich beim besten Willen nicht erinnern, die Uhr irgendwo im Wasser gesehen zu haben. Ich habe sie natürlich nicht gesucht. Wer hätte das getan. Schließlich lag Frau Ehrsam leblos darin.« Sie schaute Nore Brand fragend an. »Die Männer, die sie geholt haben, müssten sie gefunden haben, oder nicht?«

»Nein, die Uhr ist verschwunden.«

»Wer fragt denn nach einer Uhr, wenn jemand so ums Leben kommt?« Elsi Klopfenstein war entsetzt über die Herzlosigkeit der Polizei.

Nore Brand wechselte das Thema. »War sie oft hier, bei Ihnen?«

Elsi Klopfenstein nickte. »Wenn sie zur Kur da war, kam sie fast jeden Tag, dann trank sie immer eine Tasse Kaffee bei mir. Mit viel Zucker und Kaffeerahm. Manchmal ging sie dann nochmals eine Weile an den See, setzte sich auf die Bank, immer auf die äußerste, weil dort die Sonne zuerst hinkam. Sie liebte die Wärme. Einmal erzählte sie mir, dass sie viel mehr fühle und höre, seit sie schlechter sehe. Früher habe sie nicht gewusst, dass die Natur so viele schöne Geräusche und Töne von sich gebe.«

»Sie sah nicht gut?«

»Sie müsse nach der Kur dringend zum Optiker, hat sie mal gesagt. Aber sie lachte darüber. Sie brauche weniger Zeit, um sich morgens herzurichten. Sie sei schneller zufrieden mit der Frisur und mit allem, seit sie so unscharf sehe. Sie sah immer gut aus, das sage ich Ihnen, immer. Sie gehörte nicht zu den Alten, die sich vernachlässigen.«

»Trug sie die Uhr immer?«

Elsi Klopfenstein schaute sie erstaunt an. »Selbstverständlich. Was denken Sie!«

Sie schwiegen eine Weile.

Elsi Klopfenstein ließ den Blick über den Weg gleiten. »Heute Morgen hatte ich das Gefühl, dass sie kommen wird, wie immer. Ihr Geist natürlich, der Körper ist ja weg, Feuer, Rauch und weg, der nützt ihr ja nichts mehr«, fügte sie hinzu. »Und Kaffee braucht sie auch keinen mehr.« Elsi Klopfenstein machte eine Pause. »Diese Frau kann einem leidtun.«

»Warum?«, fragte Nore Brand, »sie spürt doch nichts mehr.«

»Nein«, reagierte Elsi Klopfenstein ungestüm. »So schnell geht das nicht. Ich spüre das, es ist noch nicht vorbei.«

»Was ist nicht vorbei?«

Elsi Klopfenstein schaute sie leicht verärgert an. »Über diese Sachen soll man nicht reden. Die sind einfach so. Heute hat man keine Ahnung mehr vom Leben. Vom Tod noch weniger. Nur eines ist sicher, hier im Tal warten die Toten länger als anderswo, bevor sie in der Ewigkeit verschwinden.«

In diesem Augenblick leuchtete der gegenüberliegende Berghang hell auf. Die Sonne hatte ein Wolkenfenster gefunden. Der Nebel stieg aus der Talmulde auf und vermischte sich mit den tief hängenden Wolken.

Elsi Klopfenstein schaute zum Himmel. »Der Föhn wird den Regen noch einige Stunden aufhalten. Das ist gut fürs Geschäft.«

»Hat Frau Ehrsam jemals eine körperliche Schwäche erwähnt?«

Elsi Klopfenstein zuckte mit den Schultern. »Nichts Besonderes. Manchmal das Herz, glaube ich, aber sie hat nicht geklagt. Die Kurgäste hier jammern doch dauernd, das hat sie nie getan. Sie wirkte eigentlich gesund. Fast gesünder als ich«, fügte sie bei. »Sie hat auch nie diese Arbeit verrichten müssen. Nein, ihr ging es immer gut. Aber dass sie so sterben musste.«

»Wie würden Sie Frau Ehrsam beschreiben?«

»Stolz war sie, aber ich glaube, das hatte nichts mit dem Geld zu tun. Manchmal dachte ich, sie könnte mir ein paar Fränklein zustecken, wo sie doch so viele hat. Das wäre ihr wohl nie in den Sinn gekommen. Dann hätten viele etwas von ihr gewollt. Überhaupt glaube ich, dass Geld sie langweilte. Alles wird langweilig, wenn man zu viel davon hat, oder?«

»Vielleicht«, erwiderte Nore Brand. »Kam sie immer allein?«

»Ja, das hat vor Jahren manche gewundert. So viele finden hier Kameraden, spazieren zusammen, füttern gemeinsam die Enten und trinken Kaffee zusammen, spielen Karten. Da fällt auf, wenn jemand allein bleibt. Aber Frau Ehrsam war nicht einsam. Sie wollte nur nicht mit Weibern, genau so sagte sie das, zusammenhocken und tratschen. Immer diese Krankengeschichten und vor allem diese elenden Geschichten über die verstorbenen Ehemänner. Das war ihr ein Graus. Sie hatte ja einen guten Mann gehabt.« Sie dachte nach. »Aber für mich ist das gut: Je länger sie erzählen, um so mehr trinken sie.«

Elsi grunzte zufrieden. »Wenn Sie wüssten, was mir hier zu Ohren kommt. Wenn meine Ohren dabei wachsen müssten, dann hätte ich Ohren wie sieben Elefanten zusammen. Aber Frau Ehrsam brauchte niemanden. Sie wurde auch nie besucht. Sie wollte es nicht. Sie wollte wenigstens ein paar Wochen im Jahr ihre Ruhe haben. So war sie. Wenn sie im August hier war, dann ging sie häufig in die Konzerte der musikalischen Sommer-Akademie. Im August fiedelt und dudelt es überall im Dorf. Sie liebte klassische Musik. Nach einem besonders schönen Konzert saß sie manchmal am See und trällerte vor sich hin. Mozart war immer richtig für sie. Für mich muss es eher ein lüpfiger Ländler sein, ein Örgeli-Quartett mit einer flotten Bassgeige.«

»Sie hatte also niemanden hier oben, außer Ihnen?«

Elsi Klopfenstein wurde leicht verlegen, sie musste diese Frage für ein Kompliment halten. »Vor vielen Jahren sprach sie oft vom Direktor, vom Sohn, meine ich natürlich. Der kam zurück, weil sein Vater sich zurückziehen wollte. Das muss vor 20 Jahren gewesen sein. Vielleicht auch etwas mehr. Meine Güte, die Zeit vergeht ja so schnell. Ganz schwindelig wird einem dabei. Aber«, sie hob den Zeigefinger und machte eine bedeutungsvolle Pause. »Ich glaube, sie hat ihn ganz gern gesehen. Er war auch noch schöner damals und hat vielen Frauen den Kopf verdreht. Das war weit herum bekannt. Er hat die Welt bereist und in Australien viele Jahre lang ein Hotel geführt.«

Den angelsächsischen Tweedstil hatte er sich also dort angeeignet.

»Zugegeben, er ist ein charmanter Mann. Wenn er nur nicht so dummes Zeug daherreden würde. Wer weiß, vielleicht wollen die Leute, dass ein Hoteldirektor das tut.«

»Sonst hat sie von niemandem gesprochen?«

»Nein, ich kann mich nicht erinnern. Wir haben etwa über das Wetter gesprochen, über Gott und die Welt. Nichts Besonderes.« Mitten im Satz richteten sich ihre Augen auf den Weg, Stimmen und Schritte näherten sich.

Nore Brand begriff. Das Gespräch war zu Ende. Elsi Klopfenstein musste sich ihren Lebensunterhalt verdienen. Zwei ältere Frauen kamen zielstrebig des Weges, direkt auf die Bretterbude zu.

»Jetzt muss ich aber an die Arbeit«, sagte Elsi Klopfenstein entschlossen.

Nore Brand erhob sich. »Falls Ihnen noch etwas einfällt …«

»Ich glaube nicht. Ich habe alles gesagt. Vielleicht kommen Sie ja noch mal vorbei!«, rief sie über die Schulter zurück.

Nore Brand nickte den beiden Spaziergängerinnen zu und trat auf den Weg, als Elsi Klopfensteins Stimme durch das offene Fenster ertönte.

»Frau Brand, warten Sie. Da ist noch etwas.«

Nore Brand blieb stehen und sah Elsi Klopfenstein wieder auf der Schwelle erscheinen mit einem bunten Abwaschtuch in der Hand. »Letzthin hat sie etwas von einer Frau erzählt. Ich kann mich aber nicht mehr an den Namen erinnern. Er klang so fremdländisch.«

»Etwa Petrovic? Jelena?«

»Ja, mit Itsch am Ende.«

»In welchem Zusammenhang hat sie diesen Namen erwähnt?«

»So genau weiß ich es nicht mehr. Sie war erstaunt, dass jemand mit so viel Grips im Kopf eine so erniedrigende Arbeit machen muss, aber mehr weiß ich nicht, weil wieder jemand kam und ich Kaffee holen musste.«

Nore Brand ging zu ihrem Wagen zurück. Unterwegs hatte sie einen Gedanken, den sie, kaum gedacht, rasch verwarf.

Trotzdem. Wäre Elsi Klopfenstein zwecks Aufbesserung der Saisoneinkünfte zu so einer Tat fähig? Bei dem Geschäftssinn, den diese Frau an den Tag legte.

Morden, damit die Kasse stimmt. Das war unheimlich viel naheliegender als so manches. Diese Frau war vollauf beschäftigt mit Zwetschgenkuchen-und-Rahm-Erwägungen. Schließlich hing ihre Existenz davon ab.

Nore Brand verwarf diesen Gedanken. Elsi Klopfenstein fuhr mit ihrem Messer mit größter Wahrscheinlichkeit lieber durch frische Fruchtkuchen als durch die Kehlen alter Millionärinnen.

Nore Brand umfuhr das Dorf, um an die andere Talseite zu gelangen. Sie hielt auf dem Vorplatz eines Bauernhofs an, von dem aus man den See und die Umgebung leicht überschauen konnte.

Ein Brunnen und ein schmaler Vorplatz trennten die Straße vom Haus. Kaum hatte sie angehalten, trat ein Mann aus dem Stall. Er blieb einen Augenblick stehen und ging dann weiter zum Hofbrunnen, wo er die Arme bis zu den Ellbogen ins kalte Wasser tauchte.

Nore Brand stieß die Wagentür auf und stieg aus.

Der Mann packte das Handtuch, das auf dem Brunnenrand lag, dann wandte er sich fragend zu ihr um.

»Guten Morgen. Ich bin Nore Brand. Kriminalpolizei.«

Er nickte überrascht.

»Darf ich Sie kurz etwas fragen?«

»Wenn es schnell geht.«

Er hatte eine gesunde Gesichtsfarbe, die blonden Haare standen widerspenstig von seinem Kopf ab.

»Sie haben bestimmt von diesem Unfall gehört?«

»Letzten Samstag? Ja, natürlich, das ist immer noch das Dorfgespräch«, sagte er. »Eine sehr reiche Frau soll sie gewesen sein.«

»Ja, das kann man sagen.«

»Das Belvedere ist ja auch nichts für Arme«, spottete er, doch sein Gesicht blieb ernst. »War es etwa kein Unfall?«

»Das versuchen wir herauszufinden.«

»Etwas spät für Abklärungsarbeiten, oder nicht?«

Nore Brand antwortete nicht. Sie schaute ins Tal hinunter. »Von Ihrem Hof aus sieht man weit. Man hat freie Sicht auf den See.«

»Und nun denken Sie, ich könnte ein Zeuge sein.« Er kratzte sich am Hinterkopf und schaute sie belustigt an. »Aber kommen Sie mit mir«, sagte er und ging ihr voraus durch den Garten, der sich auf der rechten Seite über den Hang erstreckte. Die Erde roch nach Herbst. In den Beeten standen fette Kohlköpfe, ergraute Stockrosen und müde Sonnenblumen. Das andere Grünzeug kannte sie nicht mit Namen.

Am unteren Zaun, der den Garten von der Wiese trennte, blieb der Mann stehen. »Es ist so, wie Sie sagen. Von hier aus sieht man bis zum Steg. Aber schauen Sie, die Entfernung ist zu groß. Mit bloßem Auge erkennt man nur wenig.«

Ihre Augen suchten die Gegend ab. Ihr fiel ein Pfad auf, den sie unten am See nicht gesehen hatte. Er führte den Wald entlang und auf der Höhe der Seemitte hinunter auf den Jagd- und Trampelpfad der Kurgäste. »Was ist das für ein Weg?«

Er war ihrem Blick gefolgt. »Früher gingen viele Kurgäste etwas oberhalb des Sees spazieren, weil der untere nicht befestigt war.«

Eine Kuh hatte sich dem Zaun genähert. Ein dumpfer Laut drang aus ihrem runden Leib. Der Bauer brummte ihr etwas zu und kraulte sie am Hals.

Er wies auf die Hauswand, die Fenster, die ins Tal zeigten. »Das ist unsere Wohnstube. Dort sitzen wir nur am Abend, und auch wenn wir dort gewesen wären … man müsste ja genau im richtigen Moment hinschauen, oder? Auch dann … wer würde seinen Augen trauen, auf diese Entfernung …

Sie gehen von einem Verbrechen aus?«, fragte er, als sie durch den Garten zurückgingen.

»Ja, wir müssen das annehmen.«

»Entschuldigen Sie, aber warum kann Bucher das nicht selbst erledigen?«

»Überbelastung, er hat gesundheitliche Probleme.«

Der Bauer schmunzelte, doch seine Augen blieben ernst. »Ich hätte auch gesundheitliche Probleme, wenn man mir derart auf der Nase herumtanzen würde.«

»Was meinen Sie damit?«

»Bucher wird nicht ernst genommen. Ich sage Ihnen nur, was ich gehört habe, als ich mit meiner Familie vor fünf Jahren hierher zog. Genau betrachtet, sind wir hier noch nicht ganz angekommen. Kühe, Kälber und Rinder gedeihen prächtig, unsere Kinder auch«, fügte er nach einer kleinen Pause lachend bei. »Immerhin hat die Natur uns willkommen geheißen, nur die Menschen lassen sich noch etwas Zeit.«

Nore Brand fuhr zurück. Unten auf dem Dorfplatz herrschte Hochbetrieb. Viehwagen fuhren vor, Ziegen wurden aus den Wagen gezerrt, gejagt oder herausgelockt. An der Mauer, die den Dorfplatz von der Durchgangsstraße abschloss, drängten sich Touristen und einheimische Schaulustige. In den allgemeinen

Lärm mischte sich aufgeregtes Ziegengemecker. Die Viehschauer gingen, sich ihrer Wichtigkeit sehr bewusst, mit gestreckten Rücken, engen Augen und skeptisch zusammengekniffenen Lippen zwischen den Viehreihen auf und ab. Hin und wieder blieben sie stehen, um ein paar Worte mit den Besitzern zu wechseln. Am Ende des Platzes stand ein Karussell, die steifen Zirkuspferdchen warteten in gestrecktem Galopp auf die kleinen Reiter, die vorläufig noch beschäftigt waren mit den lebenden Tieren. Aus einem Wohnwagen roch es nach Kaffee und Würsten. Eine Marktfrau warf einen kritischen Blick zum Himmel. Sie beschloss, dass es trocken bleiben würde, und begann mit energischen Bewegungen, Stühle und Tische aus weißem Plastik aus ihrem Wohnwagen zu zerren. Zwischen dem Karussell und dem Imbissstand hatte ein Käser seine Produkte aufgestellt und wartete auf Kundschaft. Am anderen Ende des Platzes erkannte Nore Brand Johanna Rieder; sie stand mit einer anderen Frau in ein Gespräch vertieft. In ihrer Nähe tollte sich Moritz mit ein paar gleichaltrigen Buben; sie tobten zwischen den Tieren hin und her und neckten die jungen Böcke. Nore Brand schaute zwei kleinen Böcken zu, die sich auf einen nachbarlichen Kampf eingelassen hatten. Zornig stellten sie sich auf die kurzen Hinterbeine und warfen sich mit gesenkten Hörnern aufeinander. Sie übten für den großen Kampf. Kinder tanzten schreiend und lachend um sie herum, bis eine kleine stämmige Frau in braunen Kordhosen und weiter Daunenjacke die beiden kampflustigen Tierchen voneinander trennte. Ein großer Bock in der Nähe würdigte den aufgeregten Kampf keines Blickes; er widmete sich gefräßig den Geranien, die vor seiner Nase herunterhingen.

Zwei Frauen in Wanderschuhen und karierten Blusen blieben hinter Nore Brand stehen.

»Wie diese Böcke stinken. Das ist ja nicht zum Aushalten«, rief die eine.

»Frag mal eine Geiß, ob der Bock stinkt«, schrie die andere zurück.

Laut lachend marschierten sie in Richtung Bergbahn davon.

DIE RUSSEN-MAFIA

Ein schlanker junger Mann schob ein Gestell, voll behängt mit Jacken, Pullovern und Hemden, vor das Geschäft, betrachtete die Auslage und verschwand wieder im Laden. Auf der andern Seite des Einganges stand ein Tisch mit Sportschuhen und Winterstiefeln bereit. Bunte Schilder verkündeten den Preissturz der Saison.

Nore Brand parkte den Wagen. Vielleicht erfuhr sie hier etwas. »Guten Morgen«, grüßte sie.

Der Ladenbesitzer, vielleicht 30 Jahre alt, schaute ihr lächelnd entgegen.

Seiner Gesichtsfarbe nach verbrachte er jede freie Minute an steilen Bergwänden. Sein Körper war biegsam und leicht. Er musste über genau diese Beweglichkeit verfügen, nach der Nore Brand sich sehnte, wenn sie mal für kürzere Zeit ihre mangelhafte Disziplin überwand.

»Heute Morgen waren Sie am See spazieren. Ich habe Sie gesehen.«

Er verschränkte die Arme vor der Brust. »Ich musste ein bisschen joggen. Man ist doch erst ein Mensch, wenn man morgens so richtig geschwitzt hat.«

»Entschuldigen Sie, aber ich bin nicht privat hier.« Sie zog schnell ihren Ausweis aus der Tasche und hielt ihn unter seine Augen. »Und am Samstag? Waren Sie da auch am See?«

Die Steilfalte zwischen seinen Augen wurde tiefer. »Ich kann Ihnen leider nicht behilflich sein in dieser Sache. In den letzten drei Wochen habe ich eine kleine Fußverletzung auskuriert. Laufen lag nicht drin. Erst heute Morgen bin ich wieder unterwegs gewesen. Für ein leichtes Footing. Zum Angewöhnen. Aber ich hätte Ihnen gerne geholfen.« Er zwinkerte ihr zu.

»Sie wissen also nichts Genaueres?«

Er schien verwirrt. »Ich habe gehört, dass die Frau auf ihrem Spaziergang einen Herzanfall erlitten hat. Das ist alles.«

»Haben Sie hier je etwas von der Russen-Mafia gehört?«, fragte sie unvermittelt.

Er überlegte kurz und lachte dann. »Ja, es gibt ein paar Spinner, die darüber reden und der Ansicht sind, dass diese russische Tänzerin im Hotel Belvedere der Kopf der Organisation sein soll. Aber sie ist ja krank, sagt man.« Er verzog sein hübsches Gesicht. »Panikmacherei, nichts als Panikmacherei. Man hat schon von der Türken-Mafia gesprochen, als ich noch in die Schule ging. Der Mann, der damals tätlich angegriffen wurde, ist heute im Gemeinderat und er fördert die einheimische Folklore. Ein Türke sorgt dafür, dass hier alles beim Alten bleibt. Einige seiner ursprünglichen Gegner finden heute, er sei der nächste Gemeindepräsident. Letzthin hat er sich an einer Versammlung gegen die Aufnahme von weiteren Asylanten gewehrt. Er hat den größten Applaus gehabt. Sein politischer Instinkt ist erstaunlich. Er wird es sehr weit bringen. Haben Sie sein Geschäft gesehen? Eine Goldgrube.« Er zeigte seine gesunden Zähne. »Dass ausgerechnet ein Türke das Edelweiß wiederentdeckt.« Er schüttelte den Kopf. »Und heute rennen alle Touristen seine Bude ein. Alle wollen Ware mit Edelweiß.« Er schaute sich in seinem Geschäft um. »Bei mir werden Sie kein Edelweiß entdecken. Ich setze auf Marken für die Jungen und ich lebe nicht schlecht. Es geht auch ohne Edelweiß.«

Als sie das Sportgeschäft verließ, warf sie einen Blick auf die Uhr. Da war doch noch etwas?

Nino. Sie hatte Nino Zoppa vergessen. Sie fuhr auf direktem Weg zum Gasthof Steinbock.

»Herr Zoppa?«, brummte der Steinbockwirt und kratzte sich am Hinterkopf. »Wo haben wir den untergebracht?« Er blätterte in seinen Papieren. Seine Glatze leuchtete im künstlichen Licht. Das Hemd war fleckig und zerknittert. Nore Brand schaute sich um. Dieser Gasthof war eindeutig abbruchreif, der Zahn der Zeit war heftig am Werk gewesen, an den Wänden, am Treppenhaus, an der Bar und an Tischen und Stühlen. Auch an den Besitzern.

»Was suchst du?« Die Frau, die hinter dem Wirt auftauchte, erinnerte Nore Brand an ein Zirkuspferdchen, so wie man sie früher ausstaffierte. Die Ketten um den Hals und die Handgelenke klimperten unablässig. Unter den stark geschminkten Augen hingen dicke Tränensäcke.

»Wo haben wir Zoppa untergebracht?«

Die Wirtin lachte laut. »Der pennt sicher noch.«

»Der Kerl war nicht vom Flipperkasten wegzubringen«, sagte die Wirtin. Ihre Stimmbänder mussten irgendwann einmal unter eine Schleifmaschine geraten sein. Sie schaute Nore Brand eine Weile skeptisch an. »Wenn Sie den brauchen, dann müssen Sie ihn aus dem Bett holen. Erster Stock, Zimmer 103. Da, die Treppe hoch.«

Der Gang war lang und dunkel. Nore Brand suchte

vergeblich nach einem Lichtschalter. Sie ging von Tür zu Tür und ertastete sich die Nummern. Als sie eine Drei fühlte, klopfte sie energisch an. Sie horchte. Nichts bewegte sich. Sie klopfte stärker, dann legte sie ihr Ohr an die Tür und wartete. Wieder nichts. Insgeheim schrieb sie seinen Versetzungsantrag.

Sie schlug mit der flachen Hand auf die Tür. Endlich hörte sie, wie sich jemand an der Tür zu schaffen machte. Dann erschien er.

»Was ist los?« Mit verklebten Schlafaugen versuchte er im Dämmerlicht zu erkennen, wer an seiner Tür stand. »Frau Brand?«

»Wer denn sonst? Ich warte unten. Und vergessen Sie nicht, etwas anzuziehen.«

Nino Zoppa blinzelte sie verwirrt an. »Anziehen?«

»Ja. Das wäre vielleicht besser.«

Er schaute verwirrt an seinem nackten Körper hinunter. »Scheiße«, murmelte er und schloss rasch die Tür.

Nore Brand eilte die knarrende Treppe hinab und suchte sich einen freien Tisch in der Gaststube.

»Das kann noch eine Weile dauern«, meinte die Wirtin, »was darf ich Ihnen inzwischen bringen?«

»Ein Frühstück mit Milchkaffee, bitte«, antwortete Nore Brand und begann in ihrer Tasche nach etwas zu suchen. Sie wusste nicht was, aber sie befürchtete ein Kreuzverhör, falls sie dieser Frau die geringste Möglichkeit zu einem Gespräch gab.

Die Wirtin begriff und zog ab. Ihre Kettensammlung klingelte empört auf. In einer Ecke des Saals stand ein auf Hochglanz polierter Wurlitzer, daneben der Flipperkasten. Als Nore Brand die Wirtin mit einem beladenen

Tablett wieder herkommen sah, erhob sie sich und ging zum blitzenden Wurlitzer.

Sie studierte die Titel.

Die Musik ihrer Jugend. Rolling Stones. Damals skandalös und aus heutiger Sicht beschämend harmlos. Ihre Mutter hatte einen Abend lang laut geheult, als ihre Eleonora verkündete, dass sie nach Zürich fahre, für ein Rockkonzert.

Nore Brand warf eine Münze ein.

She's like a rainbow, dieses Stück mit dem melodiösen Anfang und den Ohren verstörenden Misstönen am Schluss. Sie liebte es immer noch. Und Jagger sang immer noch, diese Rockmumie.

Nore Brand ging zum Tisch zurück, setzte sich hin und bediente sich.

Drei Minuten später erschien Nino Zoppa. »Es tut mir leid«, murmelte er, als er saß.

»Was denn?«, fragte Nore Brand neugierig. »Was tut Ihnen leid?«

»Dass ich vorher nichts anhatte.«

»Das ist mir egal, aber Verspätungen liegen von nun an nicht mehr drin.«

Nino Zoppa dachte eine Weile nach. »Ja, gut. Man kann immer mal probieren.«

»Übrigens, zum Frühstücken bleibt nicht viel Zeit.«

Nino Zoppa schaute sie ungläubig an. »Sie sind knallhart«, murmelte er, »knallhart, dabei habe ich doch erst …«

Nore Brand zerknüllte die Papierserviette und warf sie in den Teller. »Ich war eben am See. Ich wollte zuerst zu Frau Petrovic wegen dieses Briefs, aber Bucher hat mich heute früh zu Elsi Klopfenstein geschickt.« Nore Brand erzählte kurz, was sie an diesem Morgen erfahren hatte.

Beim Stichwort ›Russen-Mafia‹ wurde Nino Zoppa auf einen Schlag hellwach.

»Nicht mehr als Gerüchte im Moment. Also, zurück zu Jelena Petrovic. Es wird höchste Zeit, dass wir mit ihr sprechen. Vielleicht erinnert sie sich an die Adresse auf dem Briefumschlag.«

Nino Zoppa beugte sich über den Tisch und senkte seine Stimme. »Der Wirt hat mich gestern gefragt, warum ich hier sei. Ich sagte ihm einfach, ich würde mich heute im Belvedere vorstellen. Als Kellner. So ein Laden sucht doch immer Personal. Oder?« Er schaute sie von unten herauf an. »Und wissen Sie, wie der reagiert hat? Ausgelacht hat er mich, laut ausgelacht. Ich könne ja mal versuchen, aber vorher solle ich mir Zöpfchen wachsen lassen und einen tollen Arsch anfressen. Der Oberkellner bestimme dort, wer herkomme. Dieser Kerl sei hinter allen Frauen her. Natürlich bevorzugt er Blondinen. Aber wenn die Haare lang genug seien, spiele auch die Farbe keine Rolle.«

»Was für eine Überraschung.«

»Denken Sie, dass Jelena sich so etwas gefallen lässt?«

»Woher soll ich das wissen? Es gibt Frauen, die das mögen.«

»Jelena nicht, das kann ich mir nicht vorstellen.«

»Das ist aber nicht unser Problem. Los jetzt, ins Grandhotel. Zuerst kommt der Direktor dran und dann sprechen wir hochoffiziell mit Jelena Petrovic. Das wird sie schützen, falls sie überhaupt Schutz braucht.« Sie erhob sich. »Wir haben noch immer nichts Handfestes. Möglicherweise machen wir uns bereits etwas lächerlich.«

»Lächerlich? Und wenn schon. Falls es wirklich so ist, dann profitieren wir davon. Es ist vielleicht ganz praktisch, wenn wir nicht so clever wirken, oder?«

»Erzählt man neuerdings solche Dinge in der Polizeischule?«

»Nein«, grinste er, »das ist reine Lebenserfahrung.«

PRIVILEGIEN IM GRANDHOTEL

In der Eingangshalle des Grandhotels Belvedere schaute sich Nore Brand genauer um als am Vortag. Sie musste ihre Sinne wach rütteln. Genauer hinschauen, genauer riechen und spüren. Aber nie verbissen, ja nie zu verbissen, hatte Bastian Bärfuss gesagt. »So als ob dich das Ganze im Grunde gar nichts angehen würde. Erst dann siehst du die wichtigen Dinge.«

Nore Brand hatte nichts in der Hand. Das hier würde kein Sonntagsspaziergang werden. Sie dachte an Buchers Panik.

Der junge Mann am Empfang begrüßte sie mit der sanften Liebenswürdigkeit, die zu den roten Samtvorhängen passte.

Er verzog keine Miene, als sie ihm ihre Dienstmarke zeigte. Möglicherweise war es sogar derselbe junge Mann, der am Vortag hier gestanden hatte. Aber Vergesslichkeit war Alltag in diesem Paradies der Alten und Reichen. Er bat sie, sich einen Augenblick hinzusetzen und verschwand durch eine Tür. Nore Brand blieb stehen, sie musste aufmerksam bleiben.

Nach einer Weile kam er zurück. Mit einer Botschaft, die den Gast beglücken würde. »Der Direktor verabschiedet einen Gast. Er wird Sie gleich empfangen.«

Er sagte es so, als ob er ihr ein unverdientes Geschenk überreichen würde.

»Vielen Dank«, sagte Nore Brand freundlich.

Sie blickte sich nach Nino Zoppa um. Er stand unten an der geschwungenen Treppe, die in die erste Etage führte, aber offensichtlich kaum benützt wurde. Der rote Teppich war makellos. Er winkte sie zu sich und deutete auf die Bilder an den Wänden.

»Schauen Sie sich das mal an. So etwas kaufen diese Reichen, die hier logieren. Diese Preise. Die spinnen ja.«

Nore Brand folgte seinem Blick. Ja, auch das galt als Kunst: Clowns mit fürchterlichen Grimassen.

Plötzlich hörte Nore Brand die Stimme des Direktors hinter sich. Er streckte ihr die Hand entgegen. »Guten Morgen, Frau Brand. Haben wir noch einige Fragen?«

»Haben wir noch einige Fragen?«, äffte Nino Zoppa ihn leise nach. »Fiese Ratte.«

Nore Brand zuckte zusammen.

Der Direktor hielt ihre Hand einige Sekundenbruchteile zu lange fest. »Ich war gestern der festen Überzeugung, dass sich die Sache geklärt hat und dass wir Frau Ehrsam in Frieden ruhen lassen können.« Er lächelte. »Sie sehen erfrischt aus. Die Höhenluft tut Ihnen gut.«

»Wenn sie Frau Ehrsam nur halb so gut getan hätte, dann würden wir nicht hier stehen«, erwiderte sie und schaute direkt in sein Gesicht. »Leider sind da noch ein paar Fragen aufgetaucht.«

»Dann darf ich Sie in mein Büro bitten?« Mit einer schwungvollen Bewegung bat er die beiden, ihm zu folgen. »Unter vier Augen oder unter sechs?«

Aus seiner Betonung sprach der Wunsch, mit ihr allein zu sprechen. Damit hatte sie gerechnet.

»Unter sechs. Es handelt sich ja um eine Routineangelegenheit. Nichts Besonderes. Aber wenn Sie gerne möchten ...?«

»Nein, nein, ganz und gar nicht. Es war selbstverständlich nur eine Frage wegen der Stühle. Assistenten müssen doch Gelegenheiten zum Lernen bekommen.« Rasch schob er einen dritten Stuhl an den Tisch.

Nein, er hatte sie nicht mehr erwartet, aber er zeigte Haltung. Geübt und geschliffen im alltäglichen Umgang mit anspruchsvollsten Gästen, die sich als gut bezahlende Patienten Rechte herausnahmen, auch Rechte der unangenehmsten Art.

»Ich habe erfahren, dass Frau Ehrsam in diesem Hotel eine sehr privilegierte Stellung genoss. Sie war im wahrsten Sinn des Wortes hier zu Gast.«

Der Direktor hob fragend seine Augenbrauen.

»Sie bezahlte ihren Aufenthalt nicht«, präzisierte sie.

»Ach ja, natürlich. Das hatte ich ganz vergessen. Diese Geschichte ist so alt, dass sie mir nicht mehr bewusst ist. Frau Ehrsam war in der Tat, wie Sie sagen, privilegiert in diesem Haus.«

Er beugte sich über den Tisch. »Da muss ich etwas ausholen. Frau Ehrsam personifiziert, leider muss ich heute sagen ›personifizierte‹, eine alte Tradition bei uns. Sie stammt aus der Zeit, als mein Vater dieses Hotel führte. Ein großzügiger Mann und gleichzeitig sehr geschäftstüchtig. Das muss in unserer Branche Hand in Hand gehen, sonst geht nichts. Vor einigen Jahrzehnten hatten wir Probleme. Die goldenen Jahre sind längst vorbei. Die Krisenzeiten und die beiden Kriege. Mein Vater überlegte sich damals, dass es eine lohnende Sache wäre, in gewissen Kreisen natürlich«, er lächelte um Verständnis bittend, »solche Geschenke, wenn ich das so nennen kann, zu machen. Er hoffte, damit ihre Bekannten anzulocken. Frau Ehrsam hat wirklich ihr Leben lang davon profitiert. Es gab zwei oder drei wichtige Persönlichkeiten, die in den Genuss dieser Großzügigkeit kamen. Es war sozusagen eine Win-win-Situation. Wenn Sie verstehen, was ich meine.«

»Win-win«, flüsterte Nino Zoppa und schnippte mit den Fingern einen Takt dazu.

Der Direktor würdigte ihn keines Blicks. Über sein Gesicht legte sich wieder ein Ausdruck des Bedauerns. »Frau Ehrsam war die Letzte dieser Privilegierten. Sie verstehen bestimmt, dass man heutzutage keine solchen Geschenke mehr machen kann. Unser Betrieb hat keine existenziellen Probleme, noch nicht, aber wer Luxus will, muss ihn bezahlen können. Und wer hat, bezahlt gerne und redet auch davon, was er sich leisten kann.« Er lehnte sich im Stuhl zurück und schaute sie an.

Dieser Mann sah nicht so aus, als ob ihm ein kalter Wind um die Nase wehen würde. Wer um sein wirtschaftliches Überleben kämpfte, sah anders aus.

»Ich möchte die Sache zum Abschluss bringen, so rasch wie möglich.«

Er schaute sie fragend an.

»Ich bin auf Ihre Unterstützung angewiesen: Das heißt, wir müssen hier noch einige Gespräche führen. Ich nehme an, dass ein paar Ihrer Angestellten regelmäßig Kontakt mit Frau Ehrsam hatten.«

Der Direktor nickte ihr zu. »Ich werde Ihnen selbstverständlich nichts in den Weg legen. Je schneller wir die Sache erledigt haben, desto besser.« Er lächelte wieder. Sein Gebiss war zweifellos Schweizer Qualitätsarbeit.

»Wer hatte Kontakt mit ihr?« Er schaute zur Decke.

»Lassen Sie mich einen Augenblick nachdenken.« Er erhob sich und holte Papiere aus einem Schrank. »Das sollten wir gleich haben.« Er ging, leise die Namen vor sich hinflüsternd, eine lange Liste durch. »Ich denke, dass Sie mit Herrn Benvenuto sprechen sollten, er ist seit vielen Jahren unser Maître de Service.«

Nino Zoppa wurde unruhig und begann mit den Füßen unter dem Tisch zu scharren. Dann stieß er Nore Brand an. »Und Jelena«, zischte er leise.

Der Direktor las weiter. »Und mit Angela Lopez. Einem unserer Zimmermädchen.« Er legte die Liste wieder in den Schrank zurück, schloss ab und setzte sich wieder hin. »Herr Benvenuto und Frau Lopez könnten Ihnen Auskunft geben, denn sie hatten regelmäßig Kontakt mit Frau Ehrsam. Ich werde veranlassen, dass Sie mit den beiden so schnell wie möglich reden können. Wir haben einen kleinen Sitzungsraum, den wir Ihnen sehr gerne zur Verfügung stellen.«

»Danke«, sagte Nore Brand. »Aber gehört nicht auch Jelena Petrovic zu den Personen, mit denen wir uns unterhalten sollten?«

»Jelena Petrovic? Jelena Petrovic? Ach ja, sie hat heute frei, deshalb bin ich nicht auf sie gekommen. Ja, ja, vielleicht kann auch Jelena Petrovic Ihnen behilflich sein.«

»Ich habe gehört, dass Frau Ehrsam ihren Namen öfters erwähnt hatte.«

Die kleine Übertreibung konnte man durchgehen lassen.

»Entschuldigen Sie mich einen Augenblick. Ich möchte das gleich klären.« Er erhob sich und eilte aus dem Raum.

Warum hatte er nicht das Telefon auf seinem Schreibtisch benutzt?

An der Wand hinter seinem Schreibtisch hing ein Stich. Eine Stadtansicht. Nore Brand stand auf und beugte sich etwas vor. Der Newski Prospekt. St. Petersburg.

Plötzlich stand der Direktor wieder im Raum. Rasch und lautlos war er zurückgekommen. Er folgte ihrem Blick. »St. Petersburg«, sagte er.

Nore Brand nickte.

Der Direktor setzte sich hin. »Es tut mir leid, aber ich konnte nicht in Erfahrung bringen, wo Frau Petrovic sich an ihren freien Tagen aufhält. Ich werde Ihnen auf jeden Fall Frau Lopez und Herrn Benvenuto bestellen.«

»Würden Sie veranlassen, dass Frau Petrovic mit uns Kontakt aufnimmt, sobald sie wieder im Haus ist?«

»Selbstverständlich.« Er kam um den Tisch herum auf sie zu und lächelte sie an. »Es wäre eine große Erleichterung für uns alle, wenn Sie diese Sache rasch abschließen könnten. Wir sollten Frau Ehrsam wirklich in Frieden ruhen lassen. Herr Bucher ist sicher sehr froh über Ihre Unterstützung. Er wirkt in letzter Zeit oft abgearbeitet.« Er zögerte unmerklich. »Manchmal auch etwas verwirrt. Die Arbeit scheint ihm über den Kopf zu wachsen. Ob das wirklich nur mit der Arbeit zu tun hat, weiß ich nicht.«

»Das Übliche, Abnutzungserscheinungen«, sagte sie. Ein Phänomen, mit dem der Direktor nie zu kämpfen haben würde. Er gehörte zu den Menschen, die sich ihr Leben gut einzurichten wussten, und dies ganz bestimmt auf Kosten anderer.

Plötzlich fühlte Nore Brand Nervosität in sich aufsteigen; ihr war, als ob jemand im Begriff war, ihr den Teppich unter den Füßen wegzuziehen. Aus irgendeinem Grund hatte sich eben etwas verändert.

Sie nickte dem Direktor zu und verließ sein Büro. Nino Zoppa ging hinter ihr her wie ihr langer Schatten.

»Der Herr vom Empfang wird Sie zum Sitzungszimmer führen und ich veranlasse gleich, dass Frau Lopez und Herr Benvenuto sich bei Ihnen melden.«

Dann war der Direktor weg.

»Nicht einmal angeschaut hat mich diese Krawattenratte«, zischte Nino Zoppa, als der Direktor außer Hörweite war.

»Wundert Sie das? Sie haben ja auch den Wortschatz eines Achtjährigen. Ich werde mit Herrn Benvenuto und Frau Lopez sprechen. Und Sie finden Jelena Petrovic. So schnell wie möglich.«

Nino Zoppa stob davon.

Warum war ausgerechnet Jelena Petrovic nicht im Haus?

Nore Brand hatte sich am Morgen von Bucher von ihrem Plan ablenken lassen. Er hatte sie zu Elsi Klopfenstein geschickt. Mit Absicht?

Ausgerechnet die einzige Person, die vermutlich mehr wusste als alle anderen Angestellten, war nicht da.

Nore Brand spürte feurige Stiche im Magen. Da war er wieder, dieser altbekannte Wettlauf mit der Zeit, der ihren Beruf zur Hölle machte. Aber diesen Wettlauf gewann nur, wer nicht mitlief, wer den Nerv hatte, die Rennbahn zu ignorieren.

Der Herr vom Empfang schien Ordre bekommen zu haben. Er führte sie in einen kleinen Raum gegenüber der Eingangstür, in dessen Mitte ein runder Tisch mit fünf Stühlen stand. Antik natürlich. Die Vorhänge leuchteten so golden wie der Bezug der Stühle. Auf dem Tisch stand ein Aschenbecher aus Porzellan. Er war so sauber, dass es einer Schandtat gleichkäme, ihn mit Asche zu beschmutzen. Der freundliche Mann, auf dem Schildchen an seiner Brust stand ›Viktor Heller‹, zog einen Stuhl zurück. Hoffentlich klappte es diesmal.

»Darf ich Ihnen etwas zu trinken bringen?«

»Einen doppelten Espresso, bitte.«

Viktor Heller verließ den Raum, lautlos und dienstbeflissen.

Sie dachte an die Bemerkung des Direktors, dass Bucher etwas verwirrt wirke. Nein, es war Angst, die reine Angst. Bucher gehörte zu der Sorte Polizisten, die ihre Arbeit peinlich genau ausführten, er war ein Spürhund, die Nase unablässig an der Spur, bis das Ziel erreicht war. Dazu brauchte er viel Zeit, denn er wollte präzise arbeiten. Er befolgte alle Vorschriften, hielt sich an sämtliche Regeln und ging unter dabei, weil kein einziger Chef für diese Sintfluten von technokratischen Meldungen an Rettungsringe gedacht hatte. Kein Tag verging ohne Anpassungen von unzähligen Vorschriften, von denen niemand etwas wusste. Doch die Anpassungen mussten sein.

Buchers Ziel war Qualitätsarbeit. Daran litt er. Die Zeit, die er zum Studium der neuen Weisungen brauchte, erlaubte ihm kaum, die Alltagsarbeit zu bewältigen. Die andere Seite seines Problems lag im Dunkeln, doch es hatte auch mit dem Tod von Klara Ehrsam zu tun. Er hatte eine Untersuchung versäumt, nein, nicht versäumt, eher unterlassen. Das wusste er ganz genau und er lebte sehr schlecht damit.

Nore Brand erhob sich vom Stuhl und trat an das Fenster, das auf den Parkplatz hinauszeigte. Sie dachte an die Begegnung mit Jelena Petrovic. Keine 24 Stunden waren seither vergangen.

Eine silbergraue Limousine verdeckte ihren Volvo. Hier war das gut so.

Ein junger Mann in einer blauen Schürze fegte Herbstblätter auf einen Haufen. Nore Brand schaute auf zu den Baumkronen. Vieles war noch grün, nur einzelne Äste trugen verfärbte Blätter, gelb und rot. Der arme Kerl würde noch einige Wochen mit den bunten Blättern beschäftigt sein, bis der Schnee alles zudeckte und das monatelange Schneeschaufeln losging.

Sie drehte sich um, als die Tür hinter ihr lautlos aufging. Viktor Heller nickte ihr zu und stellte ein silbernes Tablett auf den Tisch. Die Tasse mit der vielversprechenden dunkelbraunen Brühe, daneben eine silberne Zuckerschale, auf einem Tellerchen Konfekt und Pralinen.

Sie dachte an Bastian Bärfuss. Wie er im Büro saß, vor sich die hübsche Zuckerschale. An seiner Pfeife kauend.

»Herr Benvenuto wird gleich hier sein.«

»Herr Heller, haben Sie Frau Ehrsam gekannt?«

Viktor Heller lächelte verunsichert. »Nnnein. Das kann ich nicht sagen, das wäre übertrieben. Wir haben bloß ab und zu einige Worte gewechselt.«

»Wie würden Sie Frau Ehrsam beschreiben?«

Viktor Heller dachte angestrengt nach.

»Sie brauchen niemanden zu schonen.«

»Sie war etwas seltsam, ich weiß nicht, wie viele Frauen in diesem Alter so sind. Sein können«, fügte er rasch bei.

»Was meinen Sie mit seltsam?«

»Sie kommandierte uns herum, offenbar war sie es gewohnt zu befehlen. Sie konnte überhaupt nicht anders als herumbefehlen.« In seinen Augen blitzte Ärger auf.

»Und das ärgerte Sie, weil Sie wussten, dass Frau Ehrsam Gast des Hauses war?«

»Ja, ich fand das unverschämt. Aber die anderen hatten sie nie anders erlebt. Ich bin neu hier.«

»Gespräche gab es also nicht?«

»Nein.«

»Sie überwachen die Telefonate, nicht wahr?«

»Ja, aber Frau Ehrsam brauchte sie nicht zu bezahlen.«

»Aber Sie wissen trotzdem, ob sie in den letzten Tagen öfter telefoniert hat.«

Er hob die Schultern und zog die Mundwinkel herunter. »Das ist immer so, kurz bevor die Gäste abreisen, telefonieren sie mit ihren Angehörigen. Viele werden abgeholt, aber manche telefonieren oft hin und her, bis jemand Zeit für sie hat. Viele sind natürlich mit dem eigenen Wagen da.«

»Haben Sie zufälligerweise«, Nore Brand betonte das letzte Wort, »mitbekommen, mit wem Frau Ehrsam zuletzt telefoniert hat?«

Viktor Hellers Gesicht zog sich zusammen. Was für eine ungeheuerliche Anschuldigung.

»Nein«, sagte er knapp.

»Danke, Herr Heller«, sagte Nore Brand und setzte sich hin.

»Hoffentlich ist der Kaffee nicht kalt geworden«, murmelte er, bevor er die Tür leise hinter sich schloss.

Viktor Heller war ein sehr gut erzogener junger Mann. Seine Sprache gepflegt.

Doch die heutige Jugend glich Nino Zoppa, damit hatte sie sich abzufinden. Dieser Viktor Heller war eine die Regel bestätigende Ausnahme. Trotzdem, er musste ein schrecklicher Langweiler sein. Eine häufige Nebenwirkung von bester Erziehung. Das wussten viele Eltern nicht.

Ein kurzes Klopfen riss sie aus ihren Gedanken. Das rundliche Gesicht eines viel zu gut genährten Mittvierzigers schaute sie entschuldigend an.

Pralinen und Konfekt mussten warten.

Der Mann schob sich herein, seine ganze Haltung bat um Verzeihung. »Ich wollte Sie wirklich nicht beim Kaffee stören. Der Direktor hat mich hierher geschickt. Ich hätte gewartet, wenn ich gewusst hätte, aber …«

Nore Brand winkte ab. Sie erhob sich, um ihn zu begrüßen. Seine Hand war feucht und heiß. Vielleicht war das in seinem Fall nichts Besonderes. »Herr Benvenuto?«

»Ja, sozusagen. Es ist mein Künstlername.«

»Setzen Sie sich.«

Dieser Mann schien sich in seinem privatesten Bereich ertappt zu fühlen. Helle Haarsträhnen versteckten die kahlen Stellen auf seinem runden Kopf. Sein Schnurrbart war sorgfältig geschnitten, sodass die vollen Lippen etwas bedeckt waren.

»Wie heißen Sie?«

»Mein wirklicher Name ist Schmied, Richard Schmied. Aber seit ich hier bin, nenne ich mich Ricardo Benvenuto. Ich liebe italienische Namen, weil sie gut klingen. Der Direktor fand das eine gute Idee.«

Kulissen, Kulissen. Nore Brand zeigte keine Regung. Aber sie gab ihm recht. Antonella Ferruci, Mara Lamborghini oder etwas in der Art würde klanglich auch mehr hergeben als Nore Brand.

»Der Direktor hat Sie zu mir geschickt, weil Sie mit Frau Ehrsam Kontakt hatten.«

Auf seinem Gesicht zeigte sich Bestürzung. Nore Brand bezog dies automatisch auf das Schicksal von Frau Ehrsam. Sie irrte sich.

»Das verstehe ich nicht.« Seine Augen wurden rund. »Ich hatte mit Frau Ehrsam keinen Kontakt. Ich habe mit ihr gesprochen, wie ich es mit allen Gästen tue.«

Nore Brand zweifelte daran, aber sie ließ sich nichts anmerken. »Frau Ehrsam kommt seit vielen Jahren, Jahrzehnten muss man sagen, hierher zur Kur.«

»Ja, so ist es, aber ich hatte nie ein persönliches Gespräch mit ihr. Die üblichen Höflichkeiten.«

Sie war weder jung noch blond, dachte Nore Brand.

»Wenn das Essen aufgetragen wird«, fuhr Benvenuto weiter fort, »haben wir keine Zeit für Gespräche und Frau Ehrsam ging immer sofort in ihr Zimmer zurück. Manchmal las sie in der Halle ihre Zeitungen. Man hat extra für sie die Prawda bestellt. Und russische und englische Kunstzeitschriften, nur für Frau Ehrsam. Sie hatte auch einen Samowar in ihrem Zimmer. Man tat alles, damit sie sich wohlfühlte. Alles. Frau Ehrsam legte viel Wert auf die russische Seele in ihrer Umgebung.«

Was er offensichtlich für eine Geldverschwendung hielt.

Nore Brand erinnerte sich an ihr Ritual. Sie zog ihr Notizbüchlein hervor, schlug es auf und begann zu kritzeln. Sie spürte Benvenutos Blick auf ihren Fingern.

»Haben Sie irgendeine Veränderung in ihren Gewohnheiten beobachtet?«

Benvenuto zog ein weißes Taschentuch aus seiner Jacke und tupfte die Stirn ab. »Nein, sie war immer gleich. Sie konnte gut befehlen, wie ein General, aber im Lauf der Jahre gewöhnt man sich daran. Wer reich ist, darf befehlen, nicht wahr?«

»Aber Frau Ehrsam bezahlte ihren Aufenthalt nicht, sie war Gast des Hauses.«

»Reich sein genügt. Da werfen sie einem alles hinterher.« Sein Lächeln war leer.

Nore Brand antwortete ihm nicht. Waren alle im Hotel darüber informiert? Vielleicht legte die Direktion sogar Wert darauf, dass dies bekannt war. In diesem Hotel-Mikrokosmos blieb mit Sicherheit nichts geheim, da gab es zu viele Verbindungen, zu viele Möglichkeiten und Gelegenheiten, Geheimnisse weiterzugeben.

Die Tatsache, dass Frau Ehrsam im wahren Sinne des Wortes Gast war, musste Neid auslösen bei den weniger privilegierten Kurgästen, die sich den Aufenthalt zusammengespart hatten. Doch vielleicht nährte sie zugleich die Hoffnung, auch einmal vom Schicksal auserwählt zu werden, und genau diese Hoffnung hielt die Lästerzungen zurück, so wie der Lotto-Millionengewinn eines Einzigen sogleich bei allen anderen Mitspielenden

den Glauben an das eigene große Glück verstärkte, das in der Zukunft jedes Hoffenden wartete.

»Jelena Petrovic arbeitet unter Ihrer Leitung«, stellte Nore Brand übergangslos fest.

Benvenutos Gesichtsausdruck veränderte sich, das Unterwürfige verschwand augenblicklich.

»Ja«, sagte er. »Das ist so.«

Weil die Kommissarin nicht reagierte, sprach er weiter. »Sie hat heute frei.«

Sie schwieg weiter.

»Normalerweise würde sie heute arbeiten, aber es gab eine Änderung.«

»Die Sie vorgenommen haben«, sagte sie beiläufig.

»Nein«, reagierte Benvenuto, ohne zu zögern, »der Direktor. Ich vermute, der Direktor hat gesehen, dass Frau Petrovic etwas durcheinander war, sie war die Einzige, die öfter mit Frau Ehrsam sprach.«

Ah, das war endlich etwas Interessantes. Mehr als das. Der Direktor sorgte sich um eine Angestellte, die sich von einem Todesfall beeindrucken ließ, und gab ihr einen freien Tag.

Nore Brand hoffte inständig, dass Nino Zoppa seiner Aufgabe gewachsen war.

»Wie würden Sie die Beziehung zwischen Frau Ehrsam und Frau Petrovic beschreiben?«

Etwas Hinterhältiges hatte sich in sein Gesicht geschlichen.

Auch gut. Jetzt, wo es um Frau Petrovic ging und nicht um seine Person, zeigte er sich plötzlich hämisch entspannt.

»Frau Ehrsam hatte die Gewohnheit, uns alle herumzubefehlen, auch den Direktor, aber der ließ das mit sich geschehen, ja, er lachte darüber, er kannte die alte Dame. Nur die neuen Angestellten hatten Schwierigkeiten damit. Zu Beginn ließ Frau Petrovic sie links liegen, obwohl sie Frau Ehrsam bedienen musste. Das war eine ziemlich unangenehme Sache.« Benvenuto grinste. »Daraufhin hat sich Frau Ehrsam beim Direktor beschwert, das gehe nicht an, worauf ich Frau Petrovic rügen musste.« Benvenuto lehnte sich befriedigt zurück.

Das hatte ihm Spaß gemacht. Was für ein Widerling.

»Und dann?«

»Und dann?«, wiederholte er verständnislos. Sein Teil der Geschichte schien abgeschlossen.

»Sie machen sich strafbar, wenn Sie Informationen zurückhalten«, äußerte Nore Brand mit Nachdruck. Paragrafen würden ihn vermutlich beeindrucken. Wie die meisten. Vielleicht hatte er schon unangenehme Erfahrungen gemacht. Das wäre leicht zu überprüfen.

Er richtete sich auf. »Strafbar?«

Nore Brand schwieg.

Ricardo Benvenuto räusperte sich. »Sie hatten plötzlich einen freundlichen Umgang miteinander. Manchmal redeten sie länger. Das war eigentlich sehr erstaunlich, denn das tat Frau Ehrsam mit niemandem sonst.«

»Was war Ihrer Meinung nach der Grund dafür?«

»Ich habe Frau Petrovic für ihr unmögliches Verhalten getadelt und daraufhin hat sie zweifellos ihr Verhalten geändert. Frau Ehrsam hat sich jedenfalls nicht mehr beim Direktor beklagt. Es war offenbar nötig, dass jemand Frau Petrovic maßregelte.«

Seine Selbstzufriedenheit war unerträglich.

Nore Brand schaute an ihm vorbei zum Fenster hinaus. Die Wolkendecke war wieder schwerer geworden. Der Föhn würde bald nachgeben.

»Und Frau Petrovic? Hatte Frau Petrovic keinerlei Gründe, sich zu beklagen?«

Ein Ruck ging durch Bevenutos Körper. »Frau Petrovic?«

»Ja«, sagte sie leichthin. Ihr Blick ging zurück zu ihm.

»Ich wüsste nicht, warum. Sie hat hier eine Arbeit gefunden. Sie hat nicht den geringsten Grund, sich zu beklagen.« Sein Gesicht hatte sich gerötet.

»Frau Petrovic ist eine schöne Frau«, lächelte Nore Brand, so wie es eine Frau tat, die für männliche Schwächen durchaus Verständnis hatte.

»Schön?« Er lachte nervös. »Vielleicht.«

Genau so lachte ein Mann, der eine Abfuhr erlitten hatte.

Nore Brand klappte ihr Notizbuch zu. Das genügte ihr für den Moment.

Sie warf einen Blick auf die Uhr. »Leider muss ich unser Gespräch hier abbrechen.« Sie erhob sich und streckte ihm die Hand entgegen. Seine Hand war kalt und feucht. Verunsichert trat er zur Tür.

»Ich hoffe, dass ich Ihnen weitergeholfen habe.«

»Ja, das haben Sie, in jeder Hinsicht.«

Er starrte sie einen Augenblick an, erstaunt, auf seine Floskel eine Reaktion erhalten zu haben, doch sie entließ ihn, ohne einen Versuch zu seiner Beruhigung zu unternehmen.

Nein, dieser Kerl verdiente etwas ganz anderes. Eine

Tracht Prügel, die ihm offenbar noch keiner verpasst hatte.

Kaum hatte Benvenuto den Raum verlassen, klopfte Frau Lopez an der Tür. Eine freundliche junge Frau, die bereitwillig Auskunft gab. Auf die Frage, ob ihr in den letzten Tagen etwas aufgefallen wäre, gab sie zu verstehen, dass Frau Ehrsam früher als ursprünglich geplant abreisen wollte.

»Sie sagte immer packen, packen, packen. Aber ich konnte nicht immer nur bei ihr sein.«

»Wie war Frau Ehrsam?«

Sie dachte einen Moment nach, wobei sie die Nase leicht rümpfte. »Für uns war Frau Ehrsam immer Chef, mehr Chef als Hotelchef«, lächelte sie entschuldigend, »sie war nicht böse, aber immer Chef. Aber«, sie brach ab und suchte nach Worten, »Frau Ehrsam war wie eine Großmutter für Jelena. Am Montag musste Jelena auf die Post für Frau Ehrsam. Ganz schnell. Ich habe rasch gearbeitet, damit sie gehen kann.«

»Auf die Post?«

»Ja, einen Brief bringen.«

»Hat sie gesagt, für wen dieser Brief war?«

Frau Lopez schüttelte bedauernd den Kopf.

»Ist Ihnen aufgefallen, dass die Uhr von Frau Ehrsam verschwunden war?«

»Die teure Uhr? Verschwunden?«

»Es sieht so aus.«

Nore Brand hielt ihr die Schale mit den Pralinen hin. »Hier. Nehmen Sie.«

Frau Lopez lächelte dankbar, warf einen Blick auf ihre

rundlichen Hüften, griff aber nach der dicksten Praline. »Die sind aber nur für Gäste von Hotel.«

»Dann nehmen Sie alle«, forderte Nore Brand sie auf.

Frau Lopez zögerte keinen Augenblick.

Als sie wieder allein war, riss Nore Brand das Fenster auf.

Wo blieb Nino Zoppa?

Es regnete wieder. Die schmutziggrauen Wolken hingen tief ins Tal herunter.

Jelena Petrovic war die Schlüsselfigur, aber wusste sie das auch?

In diesem Moment wurde die Türe aufgerissen.

Nino Zoppa stand im Türrahmen.

Sein Gesicht war kreidebleich. »Jelena ...«, begann er.

Nore Brand schnellte vom Stuhl hoch, packte ihn am Arm und riss ihn wortlos hinter sich her durch die Empfangshalle. Viktor Heller, der eben mit einer älteren Dame beschäftigt war, schaute den beiden völlig entgeistert hinterher. Sie eilten durch den Regen auf den Parkplatz hinaus. Nore Brand fluchte, der Motor ließ sich Zeit. Wie immer, wenn es eilte.

»Diese blöde Mühle. Wo ist Jelena?«

Nino Zoppa holte tief Luft. »Sie muss heute Morgen losgefahren sein.« Er flüsterte mehr, als dass er sprach. »Sie hatte ja frei. Man hat den Wagen auf dem Bahngleis bei Därstetten gefunden.«

Nino liefen die Tränen über die Wangen. Sie fuhren los. Der Regen klatschte gegen die Frontscheibe. »Ich habe die Spurensicherung angerufen. Sie schicken Klaus Zinnstag.

Er hatte in Interlaken zu tun. Er sollte unterwegs sein, aber Jelena ist tot«, sagte er mit erstickter Stimme.

Nore Brand atmete auf.

Klaus Zinnstag. Alle nannten ihn Bruder Klaus, weil er immer sehr ernst, geradezu feierlich aussah. Aber alle mochten ihn.

»Ich habe mich von Bucher ablenken lassen. Verdammt noch mal, das hätte nicht geschehen dürfen.« Sie schlug wütend auf das Steuerrad.

»Wenn ich nicht die ganze Nacht geflippert hätte.«

»Auch das hätte nichts genützt.«

Das war herzlos, aber es traf zu.

Wäre sie doch zuerst, aber nein, es war nun mal so und nicht anders.

Sie drückte wütend das Gaspedal durch. »Der Kerl kann etwas erleben.«

DIE ZWEITE TOTE

Bucher fuhr aus seinem Stuhl hoch, als Nore Brand plötzlich im Türrahmen stand.

»Es ist in der Kurve unterhalb von Därstetten passiert. Diesen Leuten sollte man den Fahrausweis entziehen«, schrie er zornig, »ich habe die Nase gestrichen voll. Unfälle hat nur, wer zu viel säuft oder nicht fahren kann.« Buchers Gesicht war ziegelrot vor Wut. »Die Frau ist tot, weil sie nicht fahren konnte. Sie lag auf dem Bahngleis. Tot. Herrgottnocheinmal. Die Ambulanz war natürlich zu spät. Warum können die Leute heutzutage nicht mehr richtig Auto fahren. Und der Assistent heult. Das ist doch nicht zu fassen. Früher …«

»Ich habe die Spurensicherung informiert«, schrie Nino Zoppa zurück.

»Die Spurensicherung?«, japste Bucher. »Wozu die Spurensicherung? Das ist doch ein klarer Fall.«

Nore Brand zog die Luft tief ein. »Bucher«, begann sie. Ihre Stimme drohte zu versagen, »Sie sind einfach ein Riesen …« Mitten im Wort versagte ihre Stimme.

»Wir gehen«, sagte sie tonlos und zog Nino aus Buchers Büro. Dann knallte die Tür hinter ihnen zu.

»Jetzt sind wir …«

»Mitten in der Scheiße, oder?« Nino Zoppa wandte ihr sein nasses Gesicht zu. Sein Grinsen missriet kläglich. »Bucher, Sie sind ein Riesen …«, murmelte er, »Riesenarschloch wollten Sie sagen. Das war so cool.«

»Nichts habe ich gesagt«, wehrte sich Nore Brand

erschrocken, »Riesenidiot wollte ich sagen. Oder Riesenhornochse oder so etwas. Riesendepp.«

»Nicht einmal richtig lügen können Sie. Was für eine Schande für eine Polizistin. Riesenarschloch«, wiederholte er nach einer Weile zutiefst beeindruckt, »das Einzige, das passt.«

»Schluss jetzt«, fuhr Nore Brand ihn an, »zuerst suche ich mir ein Zimmer und dann geht's wieder an die Arbeit.«

»Ein anderes Zimmer?«

»Ja, man hat mich rausgeschmissen. Die mögen die Polizei nicht besonders.«

»Rausgeschmissen? Spitze, das habe ich noch nie geschafft. Kommen Sie doch auch in den Steinbock. Außer mir ist da kein Schwein. Die hätten bestimmt nichts gegen einen zweiten Gast einzuwenden und es ist gar nicht so übel dort.«

Nore Brand blieb vor ihrem Wagen stehen. »Vielleicht. Ja.« Sie legte die Arme auf das Dach ihres Wagens und starrte Richtung See.

Nino Zoppa folgte ihrem Blick. »Wir hätten schneller sein müssen.«

»Ja. Sicher. Aber es gibt immer wieder Dinge, die wir zu keinem Zeitpunkt verhindern können. Ich wüsste gern, ob Bucher mich ablenken wollte. Wir wissen immer noch nichts, aber jetzt werden sie uns zumindest nicht mehr so schnell los. Unsere Arbeit hat erst richtig angefangen.«

»Jelena hatte die gleichen Augen wie meine Freundin«, sagte Nino Zoppa leise. »Ich kann mir ein Leben ohne sie nicht mehr vorstellen.«

Sie schauten einander an.

»Übrigens, ich bin Nore.«

»Nino«, erwiderte er verlegen, »ich bin Nino. Freut mich.«

Sie lächelte ihm zu.

»Bevor wir zur Unfallstelle fahren, halten wir bei der Post. Vielleicht hat jemand einen Blick auf den Briefumschlag geworfen. Auch Frau Lopez wusste von dem Brief.«

Nore Brand wartete im Wagen, blätterte in ihrem Notizbuch und versuchte ihre Gedanken zu ordnen. Immer wieder drängte sich Bärfuss dazwischen. »Nie allzu ordentlich umgehen mit den Gedanken, vor allem nichts in Schubladen stecken, es muss immer alles durchlässig bleiben, damit sich verbinden kann, was zusammengehört. Das ist das Geheimnis der Rekonstruktion.«

Es dauerte nicht lange, bis Nino Zoppa die Wagentür aufriss und sich auf den Beifahrersitz fallen ließ.

»Und?«

»Bingo.«

»Das heißt?«, drängte Nore Brand.

»Die Frau auf der Post war begeistert darüber, endlich mal auspacken zu dürfen. Sie hätte doch gleich gewusst, dass mit dieser Ausländerin etwas nicht in Ordnung sei. Auch sie weiß natürlich von der russischen Mafia. Sie tat also nichts als ihre heilige Pflicht, als sie den Briefumschlag studierte. Das sagte sie mindestens dreimal. Man müsse doch im Bilde sein, was los sei. Man lese täglich von anonymen Drohbriefen und Briefbomben.« Nino grinste. »Als pflichtgetreue Staatsbürgerin hat sie also genau gelesen, an wen der Brief adressiert war. Stell dir vor, sie hat sich die Adresse sogar notiert.«

Nino Zoppa zog den Zettel aus der Brusttasche. »Hättest du das gedacht? Wir leben in einem richtigen Schnüffelstaat.«

Nore Brand las und gab Nino Zoppa den Zettel zurück. »Ja, die Frau vom Postschalter ganz bestimmt.«

»Die macht einen großen Teil der Menschheit aus. Ich meine, die meisten sind doch so. Stinkgemein und verlogen. Oder?«

»Ja, und es werden vielleicht noch einige dazukommen, von denen das noch nicht bekannt ist.«

»Einen Moment dachte ich mir, dass diese Alte am Schalter einfach ihr Gedächtnis trainieren müsse und deshalb alle Adressen auswendig lerne. Sie muss weit über 90 sein, so wie die aussieht.«

»Das Alter von Menschen einzuschätzen, gehört wohl nicht zu deinen starken Seiten. Du wirst heute noch alles über diesen Anwalt Merian herausfinden. Hoffentlich bist du gut im Surfen.«

»Kein Problem. Wenn ich in diesem Kaff einen Computer finde.«

Nore Brand startete den Motor und fuhr los. »Die Bibliothek ist im Dorfzentrum.«

»Müsste zu finden sein.«

»Die haben sicher einen Computer. Such alles zu den Stichworten Grandhotel Belvedere, Klara Ehrsam und Anwalt Merian.«

»Ich bin der beste elektronische Spürhund der nördlichen Halbkugel.«

»Genügt dir das?«

Nino Zoppa grinste. »Ich kann besser werden. Vielleicht sogar unter deinen Fittichen.«

»Fittichen«, wiederholte Nore Brand. »Weißt du überhaupt, was das heißt?«

»Nein, aber es tönt doch cool, oder?«

Kurze Zeit später waren sie beim Unfallort.

Klaus Zinnstag von der Spurensicherung ging ihnen entgegen. »Unfallwagen und Ambulanz sind bereits weg und der Pathologe an der Arbeit. Sie haben eine Ferienvertretung geschickt. Einen Übereifrigen«, fügte er missbilligend hinzu.

Er verschonte sie mit Details über den Zustand der Leiche.

»Wer arbeitet mit dir?«

»Nino Zoppa«, stellte Nore Brand vor.

Klaus Zinnstag nickte ihm zu. »Wir kennen uns noch nicht, oder?«

»Wüsste nicht warum, bin ganz frisch ab Presse«, erwiderte Nino.

Klaus Zinnstags Augen leuchteten belustigt auf. »Ja, so siehst du auch aus«, sagte er freundlich, dann deutete er auf die Kurve.

»Diese Frau ist kriminell schnell gefahren. Aber dass sie die Abschrankung durchbrechen konnte, das verstehe ich nicht. Dafür hat dieses Auto viel zu wenig Gewicht und zu wenig PS.«

Nore Brand schaute den Hang hinunter. Der Wagen lag auf dem Dach; er sah aus wie ein toter Käfer auf dem Rücken.

»Die Züge fahren in den nächsten drei Stunden nicht mehr.« Bruder Klaus beugte sich auf die Straße nieder. »Hier, schaut mal diese Spuren. Sie hat noch gebremst.

Im letzten Augenblick. Das müsste die Wucht vermindert haben. Hat es aber nicht. Das ist unbegreiflich. Außer wenn ein anderer Wagen sie von hinten in den Abgrund geschoben hätte …« Er schob seine Basketballmütze in den Nacken und dachte nach.

»Ein anderer Wagen?«

»Das werden wir sehen. Am Wagen selbst. Hier, auf der Straße kann ich nichts Eindeutiges erkennen. Zu viel Regenwasser.«

Nino Zoppa kletterte die Böschung hinauf und schaute ins Tal hinunter.

Bruder Klaus schaute ihm nach. »Hier gibt's immer wieder Unfälle. Die Kurve ist gefährlich. Die Einheimischen wissen das nur zu gut.«

Er räumte das Messmaterial weg. »Ich bin gleich so weit. Alles im Kasten und aufnotiert. Und«, er schaute einen Moment auf, »ich glaube, diese Frau ist heute sehr früh losgefahren. Wir werden das bald haben. Früh und schnell. Auf der Flucht etwa? Aber das ist eure Sache.« Er nickte den beiden zu. »Ihr hört von mir.« Dann fuhr er davon.

Sie schauten dem Wagen nach, bis es still wurde.

»Und jetzt?« Von Ninos Kinn tropfte Regenwasser auf die Jacke.

»Du hörst dich im Dorf um und ich quartiere mich im Steinbock ein.«

DIE STEINBOCKWIRTIN SPENDIERT EINEN TEUREN WHISKY

Der Steinbockwirt starrte seine Frau an; sie saß an der Bar und blätterte in einer alten Zeitschrift. Vor ihr das übliche Glas Weißwein. Sie trug viel zu viele Ketten und Kettchen. Nicht echte Ware, das lag bei ihnen nicht drin, aber sie fand das nur halb so schlimm. Wenn es nur glänzte und klingelte.

Er mochte das nicht. Das ganze Zeug erinnerte ihn daran, wie schnell die Zeit verging. Immer wieder eine Kette, immer wieder ein Ring.

Sie spürte seinen Blick und schaute auf. »Was ist?«

Er schüttelte den Kopf und beugte sich wieder über das Anmeldeformular.

»Wir müssen nehmen, was kommt. In diesen Zeiten dürfen wir nicht wählerisch sein, und wenn die Polizei sich bei uns einquartieren will, müssen wir uns glücklich schätzen. Die bezahlen schließlich auch.«

Er lachte kurz. »Wählerisch waren wir ja noch nie.«

Sie kicherte vor sich hin. »Weißt du, warum ich hier sitze?«

Sie hatte ihm nicht zugehört.

»Weil sonst keiner hier sitzt und das ist mir zu deprimierend.« Sie prostete ihm zu und trank das Glas in einem Zug aus.

»Wäre es nicht besser, du würdest am Morgen einfach Kaffee trinken?«

Sie schaute ihn aus Augen an, die wie zerquetschte

Pflaumen wirkten. »Am Morgen? Was heißt da, am Morgen? Schau mal auf die Uhr. Gleich ist Mittag. Zeit für etwas Richtiges.«

Er riss ein Kalenderblatt ab, so heftig, als ob so die Zeit zu beschleunigen wäre.

An Weihnachten würde es wieder etwas besser werden. Dann kamen die Skitouristen und mit ihnen Arbeit und Geld. Die Arbeit würde sie – vorübergehend zumindest – daran hindern, mehr zu trinken, als für sie gut war, und das Geld brauchten sie für schlechte Zeiten. Zeiten wie jetzt.

Immer noch hoffte er auf DIE Idee, die alles verändern würde. Doch mit dieser Hoffnung war er allein, denn sie hatte längst resigniert und vertrieb ihre trüben Gedanken mit Wein.

Die Dielen über seinem Kopf knarrten, dann fiel eine Türe ins Schloss. Er setzte den Stift an und trug den Namen des neuen Gastes ein. Die Kommissarin war dabei, ihr Zimmer zu erkunden. Manche reklamierten sofort und kamen nie wieder. Aber die Kommissarin würde bleiben; sie war nicht zur Erholung da. Trotzdem hatte er ihr das beste Zimmer gegeben.

Nore Brand schaute sich um. Dieses Zimmer war die Antwort auf die Frage, warum sie Hotelzimmer nicht ertrug. Der ungepflegte Holzboden. Der billige Teppich zwischen Badezimmer und Bett war zerfressen. Horden von Hunden mussten daran gekaut haben. Der Bettüberwurf war übersät mit kleinen, runden Löchern mit braunen Rändern. Über dem Doppelbett hing schief eine kitschige Malerei, eine Winterszene, die untergehende

Sonne im Hintergrund, vorne trabte ein Pferdegespann, schwarze Pferde im rötlich schimmernden Schnee.

Die Vorhänge hatten die Farbe von Nikotinschwaden. Nore Brand riss ein Fenster auf, der Griff fühlte sich klebrig an. Die Tür zum Badezimmer war offen. Man würde sie besser geschlossen lassen. Der Vorhang, der Lavabo und Toilette trennte, war übersät mit Flecken. Sie trat ins Badezimmer und drehte den Wasserhahn auf. Sie setzte sich auf den Rand der Badewanne und ließ das Wasser eine Weile fließen. Es dauerte eine Weile, aber es wurde tatsächlich heiß. Sie drehte den Wasserhahn wieder zu und trat ins Zimmer zurück.

Das gefilterte Licht schmerzte in den Augen. Aus dem Vorhang wehte ihr ein Geruch entgegen, der Geruch von vielen abgestandenen Jahren. Und hinter dem Geruch die große Einsamkeit, die in jedem Hotelzimmer lauerte. Sie stand eine Weile am Fenster und schaute hinaus.

Kurz darauf ging sie durch die Gaststube. Nino Zoppa wartete auf sie. »Und? Wie ist das Zimmer?«

»Ein Alptraum.«

Nino Zoppa grinste ihr aufmunternd zu. »Schlafen tut man jedenfalls nicht übel. Es ist ruhig, sobald ich den Flipperkasten nicht mehr traktiere, und hier wirst du garantiert nicht rausgeworfen.«

In diesem Augenblick rutschte die Wirtin vom Barhocker und bewegte sich leicht wankend auf ihre Gäste zu. »Was kann ich Ihnen bringen?«

»Für mich einen doppelten Espresso, bitte.«

»Für mich auch«, sagte Nino, »ausnahmsweise.«

Sie warteten schweigend, bis die Wirtin ihnen das Gewünschte herbeigeschafft hatte.

Nore Brand riss die Zuckertüte auf und schüttete den Inhalt in die Tasse. Sie betrachtete einen Augenblick die Fichte, die auf der Zuckertüte abgebildet war, dann warf sie diese in den Aschenbecher. Sie begann rasch und konzentriert zu rühren.

»Wir brauchen gar nicht erst auf den Bericht zu warten. Das war Mord. Es kann nicht anders sein.«

Nore Brand schaute auf. »Und wie kommst du auf diese Idee?«

»Jelena Petrovic hat etwas gewusst. Vielleicht ist sie sogar Zeugin gewesen. In irgendeiner Sache.«

Nino schaute sie von unten herauf an. »Im Dorf erzählt man sich, dass sie eine Affäre mit der Frau des Direktors hatte.«

»Von wem hast du das?«

Nino Zoppa deutete mit dem Kinn zur Bar, wo die Wirtin lustlos herumhantierte.

Aha.

»Der Direktor ein Mörder aus Eifersucht?«

Oh nein, der Direktor war kein dramatischer Mensch. Ein Mord aus Eifersucht passte schlecht zu ihm, so wenig wie ein lausig sitzender Tweedanzug. Vielleicht wäre er zu Mord fähig, vielleicht, aber es musste dabei um mehr gehen als um eine Frau.

»Wenn es eine Affäre war, bedeutet dies, dass das Ende absehbar war. Das heißt, der Direktor brauchte nichts zu befürchten. Wenn es sich tatsächlich nur um eine Affäre handelte«, setzte sie dann hinzu.

Nino starrte in seine leere Kaffeetasse. »Vielleicht hat die Frau Direktor selbst Hand angelegt. Vielleicht war die Sache nicht so einfach, wie sie es sich vorgestellt hatte.«

Er erhob sich entschlossen. »Ich gehe in die Bibliothek. Surfen. Ich habe einen Auftrag. Vorläufig bin ich dort.«

»Und ich unterhalte mich mit der Wirtin. Wer weiß. Sie gehört offenbar nicht zum Dorfklüngel. Ich hoffe, sie hat keinen Grund zu schweigen.«

Nino Zoppa nickte ihr zu und verließ die Gaststube.

Nore Brand wartete bei der Bar, bis die Wirtin wieder auftauchte.

»Ein kleiner Whisky?«, fragte die Wirtin. Die kalte Zigarette hing nachlässig in ihrer rechten Mundecke.

»Warum nicht. Bei diesem Wetter.«

Die Wirtin ließ ein heiseres Lachen ertönen. »Etwas gegen drohende Erkältungen also?«

Nore Brand ließ die Augen über die Flaschenreihe gleiten. »Einen ganz kleinen, aber den besten, den Sie haben.«

Die Wirtin zog bedauernd die Schultern hoch. »Der beste Whisky wird bei uns nicht mehr getrunken. Unsere Kundschaft kann sich den nicht mehr leisten.« Sie schaute Nore Brand prüfend an und zögerte. »Warten Sie einen Augenblick.« Dann verschwand sie hinter einer Tür. Einen Augenblick später war sie wieder da.

»Speyburn, aus der Hausbar. Den trinke ich nur an Silvester.« Sie verzog ihr Gesicht zu einem Lächeln und zeigte dabei eine Reihe von Nikotinzähnen. »Sozusagen ausschließlich an Silvester.«

Sie suchte zwei saubere Gläser. »Vor vielen Jahren hat sich ein Gast aus Schottland in unsere Bardame verliebt und nun schickt er immer vor Weihnachten eine Flasche Speyburn. ›Für die Bardame meiner Träume‹, schreibt er jedes Mal dazu. Er ist älter geworden und Ski fahren liegt nicht mehr drin. Die Bardame ist längst nicht mehr bei uns. Aber saufen kann ich auch selbst.« Die Wirtin schaute vor sich auf die Theke nieder. »Es gibt sie noch, die Treuen, nicht wahr?«

Nore Brand lächelte ihr zu. »Hoffen wir mal.«

»Hoffen, ja, hoffen ist immer gut«, wiederholte die Wirtin und ließ ein kehliges Lachen ertönen.

Diese Frau musste einmal hübsch gewesen sein. Alles wischten die vielen Jahre nicht weg.

»Die Hoffnung ist immer das Letzte, was der Mensch wegschmeißt«, sagte die Bardame und steckte sich mit einer unnachahmlichen Geste die Zigarette an. Wie eine Diva in einem alten französischen Film. Dabei schaute sie die Kommissarin prüfend an und schob ihr das Glas zu.

»Ich lade Sie ein. Sie sind schließlich zum ersten Mal Gast in unserem Haus. Ich könnte wetten, dass Sie von sich aus nicht hier ein Zimmer genommen hätten. Für eine Frau wie Sie sind wir doch etwas heruntergekommen. Ich täusche mich doch nicht, oder?«

Nore Brand schwieg. Diese Frau war bereits benebelt vom Alkohol, aber sie machte sich auch so nichts vor.

»Das soll kein Vorwurf sein. Wenn Sie erlauben, trinke ich ein wenig mit.« Sie nahm ihr Glas auf und lehnte sich über die Theke. »Nino Zoppa ist ein netter Kerl. Sie seien eine gute Polizistin, die beste, die er kenne. Das hat er gestern Abend erzählt. Stur wie ein Esel, aber schwer in Ordnung, sagte er.«

›Stur wie ein Esel!‹ Das amüsierte sie. Er war nicht der erste Mensch, der so von ihr dachte. »Er kennt ja nicht viele andere.«

»Was wissen Sie schon? Ich an Ihrer Stelle wäre stolz auf so ein Kompliment. Die Jungen meckern und motzen doch sonst lieber den ganzen Tag herum.«

»Nach einem Bier oder zwei sagt man allerhand«, erwiderte Nore Brand.

»Aber man kommt auch zum Wesentlichen.«

Nore Brand schaute der Wirtin zu, wie sie die Flasche wieder verschloss. In ihrem Glas war Whisky für dreimal Silvester.

Die Wirtin hob das Glas. »Tun wir so, als ob heute Silvester wäre.« Sie setzte das Glas an und trank die goldene Flüssigkeit wie Wasser. »Wissen Sie, dass Sie dabei sind, in ein gigantisches Wespennest zu stechen?«

Nore Brand hob ihren Blick. »Wie meinen Sie das?«

»Ich weiß nichts Genaues. Mein Mann und ich gehören längst nicht mehr dazu. Zum Dorfleben, meine ich. Wir werden auch nicht hier bleiben, bis wir sterben. Das hoffe ich wenigstens.« Sie lachte kurz auf. »Ich erzähle Unsinn, das sagt mein Mann jedenfalls immer.« Ihr Gesicht wurde mit einem Schlag ernst. »Ich weiß nichts, aber die Kulisse vom Belvedere ist so schön, dass ganz bestimmt ein riesengroßer Haufen Dreck dahinter ist.«

Die Wirtin schaute bedauernd in ihr leeres Glas. »Es gab eine Zeit, da verfluchte ich meinen Mann, weil er immer alleine wirtschaften wollte. Wir haben keinen Dreck am Stecken, aber auch sonst nichts. Kein Geld, kein Erspartes«, sie hob den Blick an die dunkelbraune Decke, »und diese Hütte da fällt uns nächstens über dem Kopf zusammen. Das Beste daran ist der Standort. Und wenn das Saanenland«, sie deutete mit dem Kinn nach

Westen, »ausverkauft ist, dann werden die Preise bei uns auch steigen. Hoffentlich leben wir so lange.«

Nore Brand trank langsam; sie spürte die Flüssigkeit, wie sie brennend den Weg in ihre Mitte fand. »Die Russen-Mafia?«

Die Ketten klingelten plötzlich ganz aufgeregt. »Ich weiß nicht, welche Mafia. Russen, Schweizer, Türken, Italiener. Sind doch alle gleich, oder? Einigen Leuten geht es plötzlich gut in diesem Dorf. Sie werden zwar gehasst, aber das kümmert die nicht. Die Geldquellen sind unbekannt. Das ist schon eine Weile so. Früher kam Bucher manchmal noch zu uns. Er machte immer Andeutungen, wenn er etwas getrunken hatte. Der Kerl war trinkfest, sag ich Ihnen. Er weiß manches oder vermutet zumindest einiges. Dass er seine Pflicht vernachlässigt, wissen alle. Er selber auch. Das macht ihn fix und fertig. Bucher ist nicht aus Stein. Im Gegenteil. Seine Frau hatte Schwierigkeiten, musste wiederholt in die Psychiatrische. Das hat ihm zugesetzt. Plötzlich ist ihm alles über den Kopf gewachsen. Darum hat er Sie gerufen. Er hat Angst. Ich habe mich immer gefragt, wie lange er es noch aushält. Und nun kann er nicht mehr weg, es ist zu spät für ihn.« Sie ließ ihren Blick wehmütig über die Theke gleiten, über die Gläser und Flaschen. »Für uns ist es vielleicht auch zu spät.«

Als sie die Kommissarin anschaute, war ihr Gesicht fahl und leer. »Seien Sie mir ja nicht dankbar für meine Ehrlichkeit. Wenn es uns heute gut ginge, so wie nicht wenigen im Dorf, würde ich bestimmt nicht mit Ihnen sprechen. Ich würde Sie rauswerfen, damit Sie mir mein Glück nicht zerstören.«

Nore Brand schwieg.

»Übrigens. Diese Ausländerin vom Belvedere, die heute Morgen verunglückt ist, die hatte eine Affäre mit der Frau des Direktors.«

Nore Brand hob ihr Gesicht. »Wissen Sie das sicher?«

Die Wirtin schaute Nore Brand über den Glasrand hinweg an. »Ja. Dass so ein Huhn auch noch lesbisch ist. Oder bi oder was. Das habe ich fast nicht glauben wollen. Elsi Klopfenstein wusste davon. Sie wohnt hinter uns. Fünf Schritte die Gasse hinauf.« Die Wirtin lachte heiser. »Sie hat eben noch nie zwei Frauen gesehen, die sich richtig küssen, leidenschaftlich eben. Sie meinte tatsächlich, dass solche Sachen nur im Fernsehen vorkommen.«

»Haben Sie Kontakt mit Frau Klopfenstein?«

»Ja. Ab und zu. Sie fährt jeden Tag hier vorbei. Manchmal hält sie an für einen kleinen Schwatz.«

»Wann hat sie von den beiden Frauen erzählt?«

»Das muss im Juli gewesen sein.«

»Ihr Whisky ist wirklich gut.«

Als sie den Gasthof verließ, spürte sie die Augen der Wirtin in ihrem Rücken.

Die Wirtin wusste, wohin Nore Brand ging.

Die Kommissarin musste sich diese Puppe vornehmen. Die Frau des Direktors. Diese Schlange.

Die Wirtin lächelte schadenfroh. Vielleicht war mit diesen beiden seltsamen Vögeln aus der Stadt so etwas wie Gerechtigkeit ins Tal zurückgekommen.

DIE UHR DER MILLIONÄRIN TAUCHT WIEDER AUF

Die graue Wolkendecke hing immer noch dunkel und schwer über der Talmulde, als Nore Brand wieder vor der Eingangstür des Grandhotel Belvedere stand. Links und rechts standen hohe, dünne Tannen wie grüne Wächter, die das Tor zu einem Mausoleum bewachten. Kaum hatte sie die oberste Stufe erreicht, ging – sie war es inzwischen gewohnt – wie von Geisterhand die Glastür auf. Sie eilte durch die Eingangshalle. Der junge Mann am Empfang hob sein Gesicht und grüßte sie freundlich. Er erinnerte sich an ihren Namen. Sie nickte ihm freundlich zu und schämte sich dafür, dass sie den seinen vergessen hatte. Etwas Heldenhaftes war in seinem Namen, das wusste sie noch, nicht viele junge Männer hießen heutzutage so. Als sie vor ihm stand, warf sie einen Blick auf sein Schildchen. Natürlich, Viktor Heller, Viktor, der Sieger.

Sie sah ihre Lateinlehrerin vor sich in ihrem azurblauen Häkelkleid, die Haare prächtig gewellt, wie Doris Day in ihren besten Tagen.

»Können Sie mir sagen, wo ich die Frau des Direktors finde?«

Viktor Heller stand leicht nach vorn gebeugt und lächelte sie an. »Kein Problem. Heute Nachmittag hat sie Therapie. Sie ist nicht immer voll besetzt. Am besten gehen Sie gleich diese Treppe hinunter. An den Türen sind die Namen der Therapeuten angeschrieben.« Er verbeugte sich leicht. Es machte ihm offensichtlich Spaß, den

Menschen zu dienen. Kaum hatte Nore Brand sich umgedreht, klingelte das Telefon. Herr Heller meldete sich, seine Stimme war klar wie frisch gegurgelt.

Sie ging die Treppe hinunter. Je tiefer sie stieg, desto stärker roch es nach Desinfektionsmitteln, heilenden Salben und Ölen. Stühle standen in Reihen vor den Therapieräumen; zwei ältere Frauen saßen wartend da, eingewickelt in dicke, weiße Bademäntel, die Füße in Plastiksandalen. Ihre Haare waren feucht, die Gesichter leicht gerötet. Sie kamen aus dem warmen Bad und warteten auf eine entspannende Massage. Sie unterhielten sich über das Essen und das erfreuliche Talent der Barpianistin, die zweifellos aus einem der vielen berühmten Staatsorchester stammte, von denen es in Osteuropa einmal nur so gewimmelt hatte.

Als sie Nore Brand erblickten, verstummten sie und schauten ihr erwartungsvoll entgegen.

»Können Sie mir sagen, wo der Therapieraum ist?«

Die beiden Frauen nickten eifrig und zeigten den Gang hinunter. »Der letzte auf der rechten Seite«, sagten sie im Chor und amüsierten sich köstlich über ihr Duett.

Nore Brand bedankte sich und ging an den beiden vorbei. Sie wusste, dass sie ihr nachschauten. In diesen Kurhäusern schaute man allen Neuen hinterher. Man war gierig nach Gesprächen. Vor allem konnte man nicht genug bekommen von der Schilderung der eigenen Leiden.

»Haben Sie es auch im Rücken?«, rief ihr eine triumphierende Stimme nach.

»Manchmal, ja«, erwiderte Nore Brand und wandte sich halb um.

»Die Frau Direktor stellt Sie im Handumdrehen wieder her, das garantiere ich Ihnen«, rief die andere. »Ich habe es selbst erlebt.«

Nore Brand nickte den beiden zu und ging weiter. Sie konnten nicht wissen, dass Nore Brand selbst Hand anlegen wollte. Auf ihre Art eben.

Als sie vor der letzten Tür angelangt war, hatten die flauschigen Bademäntel ihr Geschwätz wieder aufgenommen.

Nore Brand blieb stehen. Eine weibliche Stimme, laut und herzlich, drang durch die Tür in den Korridor hinaus. Offenbar hatte sie Glück. Frau Direktor hatte eine Pause oder Feierabend. Niemand wartete vor ihrer Tür. Nore Brand lehnte sich an die gegenüberliegende Wand und wartete.

Wie viel wusste sie?

War sie arglos?

War sie eine Mörderin?

Mit einem Ruck ging die Türe auf und eine Frau im weißen Bademantel trat heraus. Auf der Schwelle drehte sie sich um.

»Vielen Dank, Frau Direktor. Sie sind wirklich eine Künstlerin.«

Aus dem Zimmer ertönte helles Lachen. »Ach was. Passen Sie in Zukunft bloß etwas besser auf sich auf. Gönnen Sie sich vor allem mehr Pausen.«

Die Frau im Bademantel schaute Nore Brand an. »Jetzt sind Sie dran. Wie ich Sie beneide.«

Eine kleine Blondine mit modisch gelierter Kurzhaarfrisur faltete ein Badetuch.

»Frau Direktor? Haben Sie einen Moment Zeit für mich?«

Die Frau zuckte leicht zusammen und drehte sich hastig um. »Entschuldigen Sie, ich habe nicht gemerkt, dass noch jemand da ist.« Sie warf einen Blick auf die Tabelle an der Wand. »Ein Spontanbesuch?«, fragte sie professionell lächelnd.

Nore Brand blieb mitten im Zimmer stehen. Der Massagetisch stand vor einem Fenster, das auf den Park hinaus zeigte. »Ich bin nicht für eine Therapie angemeldet. Mein Name ist Nore Brand.«

Die kleine Frau streckte ihr die Hand entgegen. »Die Kommissarin?«

»Ja.«

»Mein Mann hat von Ihnen erzählt.« Ihr Gesicht veränderte sich kaum. »Leider kann ich Ihnen keinen Stuhl anbieten«, bedauerte sie dann munter.

War diese Munterkeit gespielt?

»Hier liegt oder steht man. Die Rollen in diesem Zimmer sind klar verteilt.« Sie lachte.

»Stehen macht mir nichts aus«, erklärte Nore Brand, »ich habe nur ein paar Fragen.«

»Also los, ich hatte schon befürchtet, dass ich übergangen werde«, forderte die kleine Frau sie entschlossen auf. Sie hatte etwas leicht Irritierendes, wie alle Frauen, die wie mit Batterien betriebene Spielzeuge funktionierten.

»Jelena Petrovic ist tot.«

Die kleine Frau riss ihren geschminkten Mund auf und starrte die Kommissarin an. Die Batterie stockte.

»Jemand hat sie verfolgt, als sie mit dem Auto unterwegs war«, fuhr Nore Brand rasch weiter fort, »sie verunglückte tödlich. Das Auto überschlug sich und fiel auf das Bahngleis. In der Kurve unterhalb von Därstetten.«

Sie führte im Indikativ aus, was Bruder Klaus vorsichtigerweise im Konjunktiv formuliert hatte. Der Unterschied lag bloß in der Grammatik. Das konnte man vernachlässigen. Zu diesem Zeitpunkt sowieso.

»Jelena?«, stieß sie ungläubig hervor. Ihr Gesicht war aschfahl. »Sie hatte frei. Mein Mann hat ihr freigegeben. Er dachte, sie sei etwas verwirrt, weil …« Die Frau verstummte und schaute überrascht an Nore Brand vorbei.

»Ich habe soeben gehört, dass Sie meine Frau suchten. Da habe ich gedacht, auch ich könnte Ihnen behilflich sein«, ertönte die Stimme des Direktors durch den Raum. Er atmete heftig, er musste sich sehr beeilt haben.

Nore Brand drehte sich um. Sie verstand sofort. Viktor Heller hatte schnell gearbeitet. Der Leibgardist des Direktors offensichtlich.

»Frau Brand sagt, Jelena sei tot, ermordet.«

»So ein Unsinn. Wer sollte sie denn umgebracht haben?«

Die Frau des Direktors hob die Schultern. »Ja, lächerlich, das kann nicht sein.«

»Warum kommen Sie damit zu meiner Frau?« Er war verärgert und versuchte dies auch nicht zu verbergen.

»Jelena Petrovic und meine Frau …«, fuhr er weiter fort, doch da lachte seine kleine Frau laut auf. »… das ist vorbei, längst vorbei.« Ihr Lachen brach so abrupt ab, wie es eingesetzt hatte. »Jelena wollte es nicht begreifen. Es war nichts, ich hatte mich eben getäuscht, in mir selbst natürlich.«

Sie schaute Nore Brand direkt an. ›Sie sind doch sicher nicht von gestern. Man darf doch noch etwas ausprobieren im Leben.‹ So etwas Ähnliches sagten ihre Augen.

Nore Brand schüttelte den Kopf. »Es geht nicht um Ihre Affäre mit Jelena Petrovic, Frau Direktor. Ich möchte von Ihnen nur wissen, ob Frau Petrovic Ihnen gegenüber jemals über eine drohende Gefahr gesprochen hat.«

Die Frau schüttelte verständnislos den Kopf. »Eine Gefahr?«

»Es gibt nichts zu wissen«, warf der Direktor ein. »Wahrscheinlich hat sie den Personalwagen absichtlich zu Schrott gefahren. Ich habe zu viele Erfahrungen machen müssen mit diesen …«

»Woher wissen Sie, dass der Wagen abbruchreif ist?« Nore Brands Frage war pfeilschnell gekommen.

Der Direktor war einen Augenblick verwirrt. »Alle wissen es, das ganze Dorf spricht darüber. Hier wissen immer alle sofort Bescheid.«

»Ihre Frau wusste es nicht.«

Er starrte sie zornig an. »Frau Brand, Sie haben einen Auftrag zu erledigen. Es geht um Frau Ehrsam und um nichts anderes. Ich stehe Ihnen jederzeit und überall zur Verfügung, aber lassen Sie meine Frau aus dem Spiel.«

»Seit heute geht es auch um Frau Petrovic. Sie ist tot. Nur das kümmert mich.« Sie wandte sich zum Gehen.

Da machte der Direktor einen hastigen Schritt auf sie zu. »Die Sache mit meiner Frau hat mich, ehrlich gesagt, etwas aus der Ruhe gebracht, aber das ist nun vorbei. Selbstverständlich stehe ich Ihnen weiterhin zur Verfügung.« Er legte ihr kurz die Hand auf den Arm. »Könnte es denn sein, dass Frau Petrovic in einem Anfall von Verzweiflung versuchte, ihrem Leben ein Ende zu setzen? Ich glaube, sie hat meine Frau sehr …«, er suchte nach einem

Wort, das ihm für diese Gefühlslage geeignet schien. Doch ohne Erfolg.

Er wandte sich an seine Frau. »Wir hätten unbedingt mit ihr sprechen müssen. Leider haben wir ihre Situation nicht ganz erfasst.«

»Frau Petrovic wirkte absolut nicht lebensmüde. Sie hatte Pläne.«

»Was für Pläne denn?«

»Sie wissen nichts?«, fragte Nore Brand zurück.

»Woher sollte ich etwas wissen? Die meisten gehen zurück in ihre Heimat, manche kommen wieder, andere nie mehr.«

»Frau Petrovic studierte Medizin, in Zagreb. Sie hatte vor, dort nach ihrem Studium eine Praxis zu eröffnen.«

»Eine Praxis?« Das Gesicht des Direktors wurde lang.

»Sie studierte Medizin.«

Der Direktor schüttelte den Kopf und schaute seine Frau ratlos an.

Sie zögerte. »Ich weiß nicht«, sagte sie schließlich, »ja, doch, vielleicht hat sie einmal so etwas erwähnt.«

Sie log.

»Jelena Petrovic hatte Kontakt mit Frau Ehrsam.« Nore Brand machte eine kleine Pause.

Der Direktor wischte sich über die Stirn. Nore Brand hatte den Eindruck, einen Stein losgetreten zu haben, aber sie wusste nicht, wohin er rollte.

Wer befand sich in der Rollbahn dieses Steins?

»Ich möchte mich kurz im Zimmer von Frau Petrovic umschauen.«

Der Direktor machte die Andeutung einer Verbeugung.

»Am besten komme ich gleich mit.« Er nickte seiner Frau zu und bedeutete der Kommissarin, ihm zu folgen. Schweigsam gingen sie die Treppe hinauf, durchquerten die Eingangshalle, dann einen weiteren Aufenthaltsraum, in dem zwei ältere Damen Patience legten, und verließen das Gebäude durch eine Art Dienstbotenausgang. Ein paar Schritte bergaufwärts befand sich ein unauffälliges Haus, eine Mischung aus Kaserne und Ferienkolonie mit grauer, unansehnlicher Fassade. Der Direktor war ihrem Blick gefolgt.

»Nächstes Jahr wird das renoviert. Es sieht so aus, als ob wir die finanzielle Talsohle bald durchschritten hätten.« Er lächelte zufrieden, öffnete die Tür und ließ sie eintreten. Die Diele war klein, eng und schmucklos, der Teppich abgeschabt und die Farbe nicht mehr zu erkennen. Der Direktor ging mit einem kleinen Schwung an ihr vorbei.

»Hier«, er zeigte mit der Hand nach rechts. Sie folgte ihm den Korridor hinunter. Vor einem Zimmer blieb er stehen, klopfte und horchte.

»Frau Petrovic teilt, entschuldigen Sie, teilte das Zimmer mit Frau Gomes. Sie hat Zimmerstunde. Ich hoffe, dass wir sie nicht allzu sehr stören.« Er horchte wieder an der Tür. Niemand antwortete. Plötzlich näherten sich rasche Schritte, dann tauchte eine Frau mit Putzkessel und Lappen auf. Als sie die beiden erblickte, blieb sie erschrocken stehen.

»Wissen Sie, ob Frau Gomes außer Haus ist?«

Die Frau nickte heftig. »Ja, einkaufen, in Interlaken«, sagte sie mit hoher Stimme. »Aber Zimmer nie geschlossen. Jelena und Frau Gomes nie schließen. Schlüssel fehlt«, erklärte sie eifrig und hob bedauernd ihre Schultern, als ob sie auch daran schuld wäre.

Als die Frau merkte, dass sie nicht mehr gebraucht wurde, schob sie sich mit kleinen, hastigen Schritten vorbei.

Der Direktor legte die Hand auf die Türklinke, die sofort nachgab. Er warf Nore Brand einen Seitenblick zu und schob die Tür auf.

Er ging ohne zu zögern hinein, auch dieses Zimmer war sein Revier. Auch hier war er der Platzhirsch. Die Zurückhaltung soeben war gut gespielt gewesen. Nore Brand blieb auf der Schwelle stehen. Das Zimmer war nicht viel größer als eine Zelle. Dreimal so tief wie breit. Die beiden Betten standen mit den Fußenden gegeneinander an der rechten Wand. Ein schmaler Schrank trennte sie voneinander. Der Tür gegenüber zeigte ein Fenster auf den dunklen Tannenwald hinaus. Der Direktor schaute sich um, als ob er etwas Bestimmtes suche. Dann besann er sich.

»Hier«, sagte er und schob stolz einen Plastikvorhang beiseite, »hier ist das Badezimmer. Die meisten unserer Angestellten sind es nicht gewohnt, im Zimmer fließendes Wasser zu haben, der reinste Luxus für sie.«

Nore Brand ging an ihm vorbei. Sie schaute sich schweigend um.

»Auf jeder Etage befinden sich Toilette und Dusche.«

Ihr Schweigen schien ihn zu irritieren. Sie stellte sich vor das Fenster. So viel Dunkelheit ging von einem Tannenwald aus. Wer in diesem Zimmer lesen wollte, musste Licht haben, auch mitten am Tag.

Der Direktor räusperte sich. »Selbstverständlich steht

den Angestellten ein Aufenthaltsraum zur Verfügung mit Fernseher und Bibliothek.«

»Selbstverständlich«, murmelte Nore Brand. Sie drehte sich um. Ihr Blick glitt über die Wände. Die Wand beim Fenster war leer. Über dem Bett, das bei der Türe stand, hing eine Kollektion von Familienfotos, Kinder im Sonntagsstaat, Familienfeste, Schleier und dunkle Anzüge. Ohne Zweifel das Bett von Frau Gomes. Jelena Petrovic hatte beim Fenster geschlafen. Vielleicht hatte sie den Himmel gesehen, wenn sie im Bett lag.

An einer großen formlosen Tasche entdeckte sie ein Schildchen. ZAGREB stand da. Sie öffnete den Schrank. Links hingen Röcke und Blusen in allen Farben. Frauenkleider in Kindergröße. Das musste Frau Gomes gehören. Im rechten Abteil sah sie ein Arbeitskostüm, schwarzer Rock und weiße Bluse. Jelena Petrovics Arbeitskleidung.

Über der Kleiderstange war ein schiefes Brett angebracht für Slips, Socken, Büstenhalter. Die beiden Frauen hatten sich den Schrank gerecht aufgeteilt, obwohl die Stapel von Frau Gomes um einiges höher waren und schiefer.

Der Direktor war bei der Türe stehen geblieben und schaute ihr zu. Er würde sie nicht allein lassen, das war klar. Sie hatte keinen Durchsuchungsbefehl.

Ganz hinten im Schrank lagen Bücher. Sie zog eines hervor. Ein medizinisches Fachbuch. Englisch.

Der Direktor stand plötzlich neben ihr. Etwas ging in ihm vor.

»Sie muss in ihrer Freizeit Fachliteratur studiert haben.«

»Sie wissen ja jetzt, wie sie ihre Freizeit verbracht hat,

diese …«, er brach ab, um gleich weiterzureden. »Medizinstudentin. Das kann jede sagen. Vielleicht gehörte auch sie zu diesen Verbrecherbanden aus dem Osten, die unsere ganze Umgebung unsicher machen. Bisher haben sie ihre Beute in den Wäldern versteckt, so stand es in der Zeitung.« Er tastete das Brett ab, durchwühlte die Kleider und warf die Schranktür wütend zu, als er nichts fand. Er schaute sich wieder im Zimmer um, war mit einem Schritt beim Bett, hob die Matratze auf, tastete die Bettdecke ab, riss die Schubladen einer Kommode auf und warf den Inhalt auf das Bett. Es war wenig. Einige Quittungen, drei Lippenstifte, ein englisches Taschenbuch, zwei Kugelschreiber, Briefumschläge, einen Bleistiftstummel und eine Packung Papiertaschentücher.

Der Direktor hielt inne und richtete sich auf. »Manchmal habe ich einfach die Nase voll von diesem Gesindel.«

Als sie zur Kontrolle nochmals mit der Handfläche die leere Brettseite abtastete, sie war über ihrer Augenhöhe angebracht, stießen ihre Finger auf etwas. Nore Brand zog einen Briefumschlag hervor. Er war schwer und unförmig.

Nore Brand riss ihn auf und warf einen Blick hinein.

Eine Uhr.

Die Uhr?

Sie ließ sie vorsichtig auf die Kommode gleiten.

Sofort war er an ihrer Seite. »Die Uhr«, stieß er hervor. Er streckte seine Hand nach dem Schmuckstück aus.

»Halt«, sagte sie und schob seinen Arm weg. »Wollen Sie, dass man Ihre Fingerabdrücke darauf findet?«

Rasch zog er die Hand zurück. »Nein«, stammelte er, »nein, natürlich nicht.«

Er starrte die Uhr eine Weile sprachlos an. »Diese Diebin.« An seinen Schläfen traten die Adern hervor.

»Gehört sie nicht Frau Petrovic?«

»Frau Petrovic?«, wiederholte er empört. »Die hatte nichts, rein gar nichts. Zumindest als sie kam. Diese Uhr gehört Frau Ehrsam.«

Er schlug mit der Faust die Schranktür weg und suchte. »Vielleicht hat sie noch mehr gestohlen.« Er machte einen Schritt auf sie zu und hob triumphierend den Zeigefinger. »Da haben Sie es. Diese Frau war eine Kriminelle. Auch wenn sie Medizinstudentin war, ändert das wohl nichts an dieser Tatsache.«

Nore Brand steckte die Uhr vorsichtig in ihre Tasche. »Das war's also«, sagte sie, »danke für Ihre Hilfe.«

Jelena Petrovic war eine Medizinstudentin gewesen, nicht dass sie daran gezweifelt hätte, aber es war immer gut, eine Bestätigung zu erhalten. Noch besser war zu wissen, dass diese Tatsache dem Direktor offensichtlich sehr nahe ging.

EIN KÜNSTLER NAMENS JEREMIAS MATTHÄUS SIMMER

Als Nore Brand eine halbe Stunde später das Belvedere verließ, stand Nino Zoppa beim Wagen.

»Die Bibliothekarin hat Mittagpause. Ich kann erst in einer Stunde an den Computer. Gibt's bei dir etwas Neues?«

»Ja. Die Uhr ist aufgetaucht.«

»So plötzlich? Wo denn?«

»In Jelenas Zimmer.«

»In Jelenas Zimmer?«

Nore Brand nickte. »Leider ja. Der Direktor hält sie für eine Diebin. Für ihn gehört sie zu den Diebesbanden aus Osteuropa, die ihre Beute in unseren Wäldern verscharren und irgendwann, wenn die Luft rein ist, die ganze Herrlichkeit abholen und nach Hause transportieren.«

»Sie studierte doch Medizin!«

»Es gibt auch unter den Medizinern Kriminelle.«

»Ich weiß nicht«, sagte Nino, »ich kann nicht mehr denken. Ich muss etwas essen, sonst falle ich um vor Hunger.«

Nore Brand stocherte in ihrem Teller herum. Sie dachte über Jelena Petrovic nach. Sie versuchte sie sich als Mitglied einer Diebesbande vorzustellen, die nebenbei Millionärinnen umbrachte. Ihr war, als ob sie nie einen absurderen Gedanken gehabt hätte. Und doch …

Sie begann sich zu misstrauen. Woher nahm sie die

Gewissheit? Auch sie hatte Partei ergriffen für diese Frau. Sie stand immer auf der Seite der Wehrlosen und wer war wehrloser als die Toten?

Doch wie war diese Uhr in Jelenas Schrank gekommen?

Nore Brand lehnte sich zurück und strich sich die Haare aus der Stirn. Am Nebentisch saßen vier Männer in orangefarbenen Dienstkleidern tief über ihre Teller gebeugt und schaufelten schweigend das Essen in sich hinein.

»Hat es geschmeckt?«

Nore Brand schreckte auf. Sie hatte nicht gemerkt, dass die Wirtin an ihren Tisch getreten war. Rasch warf sie einen Blick auf den Teller. Der Rand war leicht grünlich. Klar, Spaghetti mit Pestosauce war es gewesen. Sie erinnerte sich an etwas Öliges. Wer immer in diesem Haus kochte, hatte heute nicht den besten Tag erwischt.

»Danke«, sagte sie gedankenlos.

Die Wirtin beugte sich über den Tisch und griff nach dem leeren Teller.

»Würden Sie mir noch einen Espresso bringen?«

»Gerne«, sagte die Wirtin und verschwand mit watschelndem Schritt hinter der Theke. Dann hörte man Wasser plätschern und Teller klappern.

»Hast du überhaupt gemerkt, was du gegessen hast? Das war grauenhaft. Ein Rattenfraß«, zischte Nino ihr zu.

»Stimmt, aber wir sollten es nicht mit allen verderben in diesem Dorf. In unserer Situation sowieso nicht.«

Draußen regnete es in Strömen.

Nore Brand holte den Umschlag mit Fotos aus der Tasche, der in dem Buch gesteckt hatte, und schaute die

Bilder noch einmal durch. Auf einem Bild waren die Eltern abgebildet; beide festlich gekleidet. Jelena Petrovic hatte die Gesichtszüge ihres Vaters, aber die Haarfarbe und die Lippen ihrer Mutter. Der Vater hatte seine Arme um die Hüfte seiner Frau gelegt und schaute sie von der Seite lächelnd an. Jelena flirtete mit dem Fotographen. Auf einem anderen Bild saß Jelena Petrovic mit den Eltern am Tisch. Es musste ein Geburtstagsfest sein. Vor ihr stand eine Torte, sie hielt ein Paket in der Hand und strahlte vor sich hin. Ihre Wangen noch mädchenhaft rund, die Haare etwas kürzer. Das Zimmer, in dem die Aufnahme gemacht wurde, war bescheiden eingerichtet, aber nicht ärmlich. Auf der rechten Seite konnte man die Hälfte eines Männergesichts sehen, jedoch zu wenig, um eine verwandtschaftliche Beziehung zu erkennen.

Warum hatte Jelena Petrovic Bucher benachrichtigt? Falls sie die Diebin war, warum hatte sie die Bernstein-Uhr in ihrem offenen Zimmer liegen gelassen? Hatte der Liebeskummer ihr tatsächlich den Verstand geraubt?

»Hier«, hörte sie die Wirtin sagen. Sie stellte die Tasse geräuschvoll auf den Tisch.

Nore Brand hob kurz ihre Augen. Sie konnte sich nicht erinnern, einen Kaffee bestellt zu haben, aber sie bedankte sich mit einem Nicken. Sie riss die Zuckertüte auf und schüttete den Inhalt in die Tasse.

»Ich kenne niemand, der so wild in den Tassen rührt wie du.«

Nore Brand schaute Nino Zoppa erstaunt an. »Tu ich das?«

»Ja. Und das nervt total.«

»Aber es hilft beim Denken.«

»Du denkst schon wieder? Ich habe Mittagpause. Mein Gehirn steht auf Stand-by.«

Nach der Durchsuchung von Jelena Petrovics Zimmer hatte sie sich in der Hotelhalle hingesetzt, um sich ein paar Notizen zu machen. Auf einmal fühlte sie sich beobachtet. Sie hob ihre Augen und sah einen sonderbaren kleinen Mann, der sich ihr unbemerkt genähert hatte. Unter dem Arm trug er die Neue Zürcher Zeitung. Er lächelte sie entschuldigend an, als er an ihr vorbeiging. Im letzten Augenblick blieb er etwas abgewandt von ihr stehen. Er kratzte sich mit der Spitze des Zeigefingers verlegen am Kinn.

»Gehören Sie auch zu den liebenswürdigen Menschen dieser Welt, die meinen Tag unbedingt retten wollen?«

»Davon weiß ich noch nichts«, erwiderte Nore Brand überrascht. Sie lachte widerwillig.

»Das ist aber schade, und dabei habe ich geträumt, dass heute mein Glückstag ist.«

Sie schaute ihn genauer an. Was war das für ein Witzbold.

»Darf ich mich vorstellen? Jeremias Matthäus Simmer.«

Simmer, wiederholte sie für sich, Simmer. So hieß doch der große Künstler. Doch der war seit einigen Jahren tot.

Als er ihren Blick auffing, wehrte er ab. »Nein, ich bin nicht der große Isidor Samuel Simmer. Nur der kleine Bruder.«

»Brand«, sagte sie, »freut mich.« Ihren Vornamen konnte sie in diesem Fall ruhig verschweigen. Sie war keine Künstlerin.

Jeremias Matthäus Simmer? Einer der vielen kleinen

Brüder dieser Welt. Er fristete schuldlos ein Schattendasein, weil der Ruhm dem anderen gehörte: Isidor Samuel Simmer. Das Aushängeschild der modernen Kunst. Weit über die Landesgrenzen bekannt und gefeiert. Sein Tod war das Ende einer Epoche gewesen. Und nun trat der jüngere Bruder hoffnungsvoll ans Tageslicht, um sein Talent zu zeigen?

Eine alte Geschichte. Er wird daran zerbrechen, weil der Tod den Mythos des Bruders übermächtig gemacht hatte.

»Ich habe nicht gewusst, dass Isidor Samuel Simmer einen Bruder hatte.«

»Zwei Schwestern und drei Brüder. Ich bin der Jüngste der Familie, der Einzige, der noch lebt. Emma Barbara, Amalia Viktoria, Isidor Samuel, Friedrich Maximilian«, er brach ab. »Ich will Sie nicht langweilen.«

»Das tut mir leid«, sagte Nore Brand, als ob sie ihn trösten wollte. Es musste an seiner hilflosen Art liegen, wie er vor ihr stand. Mit hängenden Schultern und bettelnden Augen. Ein Kind, ein kleiner Junge, der Familienjüngste, war alt geworden und beklagte sich darüber, dass für ihn nichts abgefallen war. Sie begriff, diesen Mann brauchte sie nicht zu bedauern, das tat er offensichtlich selbst und er schien darin sehr geübt.

»Ach was«, wehrte er ab, »das ist das Leben. Einer muss übrig bleiben und zum Erbe schauen.« Er setzte an zu einer großen Geste, die mitten in der Bewegung verunglückte. »Das sind alles meine Bilder.«

So sah er also aus, der Maler, der diese seltsamen Clowns geschaffen hatte. Er war ja selbst einer. Sie nickte ihm zu, in der Hoffnung, es würde auf irgendeine unbestimmbare Weise anerkennend wirken. Wie zeigte man einem Künstler, dass man seine Werke nicht besonders mochte, ohne seine zarte Seele zu verletzen? Er ließ seinen Blick über sein Werk gleiten. Seine Kordhose hing weit um seine mageren Hüften, das Hemd war eng und die Ärmel zu kurz. Die obersten Knöpfe standen offen und zeigten das spitze Schlüsselbein und einige graue Brusthaare. Die schwere Hornbrille hatte eine rote Rinne in seine weiche Knollennase gedrückt. Alkohol, dachte sie. Wer keine Muse hat, trinkt Alkohol. Vielleicht hat er sie darin ersäuft. Arme Muse.

»Heute Morgen habe ich zwei verkauft.«

»Ich gratuliere.«

»Ich weiß nicht«, sagte er zweifelnd, »es waren nicht meine eigenen. Mein Bruder hat mir eine ganze Reihe geschenkt und die Leute sind natürlich hinter denen her. In seiner letzten Lebensphase hat er gemalt wie ein Verrückter, Tag und Nacht. Er war ein Besessener. Auch das weiß die ganze Welt.« Er lächelte entschuldigend.

Wofür entschuldigte er sich? Dass sein Bruder arbeitswütig gewesen war, dass er es selbst nicht war?

»Und«, fuhr Jeremias Matthäus Simmer fort, »als er keinen Platz mehr hatte, bat er mich, eine Serie zu mir zu nehmen. Ich hatte Platz. Er hatte das Talent und ich gute Platzverhältnisse. Man kann nicht alles haben, oder? Aber wer hätte nicht lieber das große Talent und den Erfolg. Doch auch ich werde älter. Und gescheiter.« Er lachte und kratzte sich am Kinn. »Also versuche ich Menschen zu finden, die glücklich darüber wären, eines seiner Bilder zu erstehen. Gute Bilder brauchen gute Besitzer.«

Der beste Besitzer ist derjenige, der am besten bezahlt.

Deshalb bist du hier, wo alle die Reichen hinkommen, du Schlaumeier, dachte Nore Brand. Wer wollte sich in diesen Zeiten nicht mit einem echten Isidor Samuel Simmer schmücken?

Er schaute zu Boden, als er weitersprach. »Es gibt aber auch einige, die meine Clowns mögen«, sagte er mit einem schüchternen Lächeln. »Sind Sie zur Kur hier?«, fragte er ohne Überleitung.

Nore Brand war dankbar für den Themenwechsel. »Sehe ich etwa so aus?«

»Nein, nein«, sagte er verlegen, »überhaupt nicht. Ich habe Sie bloß noch nie gesehen in diesem Haus.«

»Ich bin nur zu Besuch hier.«

Jeremias Matthäus Simmer hatte es auf sie abgesehen. Das musste seine Masche sein, so bändelte er mit zukünftigen Kunden an, das bedeutete für sie, dass sie hier nicht in aller Ruhe weiterkritzeln konnte.

»Ihr Tagebuch?«

»Ja, so etwas Ähnliches«, sagte sie und steckte ihr Notizbuch in die Jackentasche, erhob sich und streckte ihm die Hand entgegen. »Ich wünsche Ihnen viel Erfolg mit Ihrer Ausstellung.«

»Danke, danke«, sagte er zerstreut und ging langsam weiter. Sie knöpfte ihre Jacke zu und schaute ihm nach. Am Ende des Korridors blieb er ratlos stehen. Er tat ihr leid. Bei ihr hatte er sein Glück nicht gemacht. Sie verdiente nicht genug, um diese Preise zu bezahlen. Es waren horrende Summen. Wie war es möglich, dass dieser kleine, schüchtern wirkende Mann den Mut hatte, solche Preise festzulegen? Aber was wusste sie schon, was ein solches Bild wert war. »Wenn es teuer ist, ist es auch wertvoll«, hatte Maria Volta, die Kunsthändlerin gesagt, »nicht umgekehrt.«

Nore Brand lehnte sich zurück und schaute Nino Zoppa an. Die Kaffeetasse war längst leer. Er hatte seine schwarzen Stöpsel im Ohr und wiegte sich wie üblich in einem seltsam verworrenen Takt. Er fing ihren Blick auf und zog die Stöpsel heraus.

»Ist was?«

»Da sind doch diese Gemälde im Hotel.«

»Gemälde? Lauter grauenhafte Schmierereien sind das!«

»Im Moment sind viele Menschen bereit, ihr Bankkonto zu plündern, um an so eine Kostbarkeit zu kommen.«

»Kostbarkeit?«, wiederholte Nino Zoppa. Seine Stimme überschlug sich dabei.

»Ich habe soeben den Künstler kennengelernt.«

»Den Künstler? Künstler sagst du? Verhaften sollte man einen, der so malt. Und was ist mit ihm?«

Nore Brand erzählte von der merkwürdigen Begegnung.

»Hat der etwas mit unserem Fall zu tun?«, wollte Nino wissen, als sie fertig war.

»Ich weiß nicht, aber ich habe das Gefühl, dass hier ein paar Geschichten durcheinandergeraten sind. Die Puzzlesteine, die wir bisher haben, gehören nicht alle zum gleichen Spiel.«

»Und wie viele Spicle haben wir bis jetzt?«

»Keine Ahnung. Für die Antwort auf diese Frage würde ich mittlerweile sehr viel bezahlen.«

DIE GESCHICHTE VON DEN DREI TOTEN

Kurze Zeit später lief Nore Brand in Richtung See.

Es hatte aufgehört zu regnen, in den Straßenrinnen flossen schmutzige Bäche. Der Wind hatte ein Fenster in die Wolken gerissen, das so unnatürlich grellblau leuchtete, dass sie den Blick davon abwenden musste. Die Helligkeit schmerzte wie ein Blitz in den Augen.

Als sie beim Holzhäuschen eintraf, saß Elsi Klopfenstein im Türrahmen. Auch ihre Arbeit hatte mit viel Warten und viel Geduld zu tun. In einer Hand hielt sie ein Sandwich, in der anderen einen Kaffeebecher.

Sie winkte Nore Brand zu. »Kommen Sie vorwärts mit Ihrer Arbeit?«

»Wenigstens tut die frische Luft gut«, entgegnete Nore Brand.

»Zu viel müsste auch nicht sein, oder?«

Nore Brand blieb stehen.

»Und? Haben Sie etwas herausgefunden?«

»Nein.«

»Ich glaube, ich kann die Saison abschließen. Heute war niemand da. Die interessieren sich nicht mehr für Frau Ehrsam. Kein Wunder bei dieser Nässe.«

Elsi Klopfenstein deutete auf die Boulevard-Zeitung, die auf ihrem Schoß lag. »Sie schreiben über Diebesbanden, die überall ihr Unwesen treiben. Die stehlen alles, von der Zahnbürste bis zum Tresor. Wie wäre es, wenn Sie auch diesen Leuten mal auf die langen Finger klopfen würden?«

Nore Brand warf einen Blick auf die Schlagzeile. Der Direktor hatte heute vermutlich dieselbe Zeitung gelesen.

Elsi Klopfenstein biss in ihr Schinkenbrot. »Gesindel aus dem Osten«, sagte sie kauend. »Im Osten scheint es entweder Gesindel zu geben oder Millionäre. Aber nichts Normales.«

Nore Brand holte einen trockenen Stuhl und setzte sich zu Elsi Klopfenstein. In ihrer Nähe roch es nach Schinken mit scharfem Senf.

Elsi Klopfenstein warf ihr einen missmutigen Blick zu. »Ich habe Ihnen doch alles gesagt.«

»Ich bin Ihnen dankbar für alles, was Sie gesagt haben«, begann Nore Brand vorsichtig.

Vermutlich hatte Elsi Klopfenstein zu viele Zwetschgenkuchen bestellt und wurde sie nun nicht mehr los.

»Sie haben mir das gesagt, wovon Sie glauben, es könnte die Polizei interessieren.«

»Natürlich habe ich das«, erwiderte Elsi Klopfenstein. Sie kaute heftig weiter.

»Manchmal sind es kleine, unscheinbare Dinge, die uns weiterhelfen, irgendeine Bemerkung, die unwichtig scheint.«

»Das haben Sie mir bereits einmal gesagt. Ich bin doch nicht taub.«

Nore Brand überging diese Bemerkung. »Meistens übersieht man etwas und wird dann bestraft dafür. Ich kenne das nur zu gut. Trotzdem passiert mir das immer wieder. Ich kehre immer wieder an bedeutsame Orte zurück und spreche mit den wichtigen Menschen.«

Die letzten drei Worte verfehlten ihre Wirkung nicht.

Die meisten Menschen waren bei aller Kompliziertheit immer wieder überraschend einfach zu handhaben.

»Hm«, brummte Elsi Klopfenstein. »Die Petrovic ist tot, habe ich gehört. Ich würde mit meinem Kiosk besser nach Därstetten ziehen, in die Kurve dort, um meine Ladung Zwetschgenkuchen loszuwerden.« Sie schwieg einen Moment. »Aber da ist noch etwas. Der Mann, der die Leiche von Frau Ehrsam entdeckt hat, war wieder da. Der geht immer den großen Fischreiher beobachten. Nimmt mich wunder, was daran so spannend ist. Er hat mir versprochen, dass er sich bei Ihnen melden wird.«

Nore Brand fuhr hoch. »Und wann das?«

»Das weiß ich nicht. Aber er wird es tun. Wenn er Zeit hat eben.«

»Wie heißt dieser Mann?«

»Das gehe mich gar nichts an, meinte er.«

Die Wolken zogen sich wieder über die Berge zurück.

»Gestern habe ich über den Tod nachgedacht. Er kann nicht plötzlich kommen. Er kommt langsam, so langsam, dass man sich immer weniger fürchtet. Denken Sie manchmal an den Tod? An Ihren Tod?«

»Nein.« Nore Brand war überrascht. »Warum auch?«

»Letzthin sagte Frau Ehrsam einmal, dass sie nicht mehr hierher kommen werde. Sie habe ihre Arbeit bald erledigt.« Elsi Klopfenstein rückte sich in ihrem Stuhl zurecht. »Ich frage mich, was sie damit meinte. ›Arbeit‹, sagte sie. Sie kam doch zur Kur. Aber vielleicht bedeutete das für sie Arbeit. Dabei war sie früher immer so gerne gekommen. Das habe ich mehr als einmal gehört von ihr. Frau Ehrsam würde nicht so rasch eine Gewohnheit aufgeben. Sie muss gewusst haben, dass ihr Leben zu Ende geht.«

»Wäre es möglich, dass ihr das Hotel oder dieser Ort nicht mehr passten?«

Elsi Klopfenstein nickte. »Im Hotel hat es ihr gar nicht mehr so gut gefallen, glaube ich. Aber hier draußen war sie gerne. Sie liebte diesen Ort hier. Sie kannte sich so gut aus. Als sie noch rüstig war, ging sie oft wandern, bis weit hinauf. Später ging sie nur noch bis zu den Wasserfällen und in letzter Zeit nur noch bis zum See. Sie kannte jeden Stein hier.«

»Was war denn mit dem Hotel?«

Elsi Klopfenstein überlegte lange. »So richtig geredet haben wir nie. Immer kam wieder jemand und ich musste bedienen. Aber Namen hat sie nie genannt. Da war sie immer hochanständig.«

»Hat der Direktor sie geärgert?«

Elsi Klopfenstein zuckte mit den Schultern. »Keine Ahnung. Sie sagte mal etwas von einer Augenoperation und sie wollte unbedingt nach St. Petersburg, zu einer Fossilienausstellung, ich kann mich nicht ganz genau erinnern, aber sie hatte noch etwas Verrücktes vor. Das passte auch zu ihr. Sie tat neuerdings so geheimnisvoll. Man müsse die Kunst dieser Welt retten, sagte sie. Zu viel sei zerstört worden, viel zu viel. Und sie möchte alles tun, damit ein paar Kostbarkeiten für immer und ewig bleiben. Ewig. Aber was an einer Fossilienausstellung so spannend sein soll, weiß ich auch nicht. Ich glaube, sie war manchmal doch etwas durcheinander«, fügte sie nach einer kurzen Pause hinzu. »So, und jetzt muss ich wieder«, erklärte Elsi Klopfenstein und erhob sich mühsam von ihrem Plastikstuhl. »Nur eines will ich Ihnen noch sagen. Wir haben bis jetzt zwei Tote. Es wird noch einen dritten geben.«

»Wie kommen Sie auf diesen Gedanken?«

»Eine Ahnung. Mehr nicht. Das wäre nicht einmal etwas Neues in diesem Tal. Drei Tote eben. Das kennen wir.« Elsi Klopfenstein wandte sich abrupt ab. »Denken Sie ja nicht, dass ich abergläubisch bin.«

Für heute war offenbar Schluss. Heute war nichts mehr zu holen. Schade. Denn es schien, als ob das Gespräch eben eine vielversprechende Wende genommen hätte. Nore Brand blieb nichts anderes übrig, als zu gehen.

Vielleicht wusste Bucher etwas von den drei Toten, aber so wie sie ihn einschätzte, würde er sich in Schweigen hüllen.

Sie hoffte auf Neuigkeiten von Nino Zoppa. Dieser Anwalt aus Basel, wie hieß er schon? Merian, ja, Merian, der würde irgendwie weiterhelfen.

Nore Brand blieb vor der Ausleihtheke stehen und grüßte.

Die Bibliothekarin hob ihren Kopf. »Sind Sie Frau Brand?«

Nore Brand nickte.

Die junge Frau schob den Stuhl zurück und erhob sich. »Nino wollte ins Internet. Das ging nicht. Er erzählte mir etwas von einem Breitbandmodem. Fragen Sie mich nicht, was das ist«, lachte sie. »Zum Surfen sei das notwendig. Und er wisse, wo er so etwas bekommt. In Bern natürlich. Sie können sich nicht vorstellen, wie froh ich bin. Elektronisch sind wir hinter dem Mond und Informatiker sind Mangelware bei uns. Bevor einer bei uns oben angekommen ist, haben uns die Kilometer schon ein Vermögen gekostet. Mit dem Geld bestelle ich lieber eine Kiste voll mit neuen Büchern.«

Nore Brand musterte die muntere junge Frau. Warum sah diese Bibliothekarin nicht so aus, wie eine Bibliothekarin auszusehen hatte? Sonnenklar, dass Nino Zoppa ihr beweisen musste, was für ein toller Kerl er war.

Plötzlich platzte eine Kinderschar in den Raum. Ungestüm und aufgeregt, die nassen Regenjacken flogen in alle Ecken.

»Ruhe!«, rief eine Frau, die sich im Korridor mit ihrem Regenschirm abmühte.

»Ja, Ruhe!«, brüllten die Kinder einander zu und stoben in alle Ecken.

»Keine Angst«, sagte die Bibliothekarin. Ihre Augen funkelten lustig. »Die sind schon bald ruhig. Heute Nachmittag ist Vorlesestunde.«

Die Bibliothekarin wurde von drei kleinen Mädchen in die Kinderecke mitgerissen und Nore Brand verließ die Bibliothek unverrichteter Dinge.

NORE BRAND WEHRT SICH GEGEN DEN FILZ

Es war Abend geworden. Die Wirtin saß mit einer Zeitung an der Bar, das Glas mit Weißwein in Reichweite. Sie hatte Nore Brand mit einem Anflug von Euphorie begrüßt. Das hatte nichts mit ihr zu tun, das war die Wirkung des Alkohols. Die Schminke in ihrem Gesicht war verwischt. Die Zigarette wieder ausgegangen. Oder war es noch dieselbe? Gegenüber der Bar hing oben an der Wand der Fernseher. Er lief ohne Ton. Reklamen wurden gesendet. Alles hektisch und bunt. Ein neues Auto fuhr durch die Wüste. Bei der letzten Einstellung rekelte sich Dolly Partons Enkelin auf dem Kühler und lächelte verführerisch. Dann ein Kampf zwischen einem Stier, einem Auto und einem Torero.

Draußen hatte sich der Herbststurm zurückgemeldet; er zerrte und rüttelte an den Fensterläden. Nach dem Essen hatte sie sich mit einer Tageszeitung in einen alten Ledersessel gesetzt. Sie schaute auf die Wanduhr. Nino Zoppa musste jeden Augenblick zurück sein. Der letzte Zug ins Tal hinauf würde gleich im Bahnhof einfahren. Bei jedem Geräusch hob sie den Kopf.

Nore Brand hatte die Zeitung längst ausgelesen, inklusive Todesanzeigen und Stellenausschreibungen, als sie das Warten aufgab. Nino kam nicht mehr. Vielleicht würde er den ersten Morgenzug nehmen. Sie war zu erschöpft, um zu entscheiden, ob ihr Ärger mit der Besorgnis oder

Empörung über die Unzuverlässigkeit ihres Assistenten zu tun hatte. Sie hätte ihm ihren Wagen geliehen, dabei wusste sie nicht einmal, ob er fahren konnte.

Sie zog sich in ihr Zimmer zurück. Mit Erleichterung stellte sie fest, dass das künstliche Licht die Hässlichkeit des Raumes milderte. Als sie im Bett lag und das Licht ausgemacht hatte, horchte sie hinaus.

Der nächtliche Sturmwind hatte etwas nachgelassen, nun warfen böenartige Winde den Regen gegen die Scheiben. Das fahle Licht der Straßenlampe zeichnete ein gespenstisches Muster auf den Wandschrank.

Wie konnte sie in diesem Zimmer zur Ruhe kommen.

Plötzlich schlug eine Tür im Erdgeschoss zu. Nino?

Unsinn, schalt sie sich. Um diese Zeit fuhren längst keine Züge mehr.

Es blieb still auf dem Gang, kein Licht ging an. Das hätte sie durch den Spalt zwischen Tür und Schwelle gesehen.

Unruhig wälzte sie sich im Bett, der Schlaf würde nicht kommen, nicht so wie in der letzten Nacht.

Plötzlich fuhr sie hoch, sie musste eingeschlafen sein.

Da war etwas. Sie horchte ein paar Sekunden.

Nichts.

Sie wollte sich wieder hinlegen, etwas beruhigt, aber mit klopfendem Herzen, da brach ein lautes Klirren die Stille.

Das Muster an der gegenüberliegenden Wand bewegte sich, als ob jemand an der Straßenlaterne rüttelte. Sie spürte einen eisigen Zug auf ihrem Gesicht.

Sie dachte unwillkürlich an den dritten Toten.

War sie das etwa selbst?

Sie drehte ihr Gesicht langsam zur Seite und sah im Licht der Straßenlampe die zersplitterte Fensterscheibe.

Es blieb still. Das gespenstische Muster an der Wand kam zur Ruhe, aber Nore Brand rührte sich nicht. Sie hatte keine Ahnung, wie viel Zeit vergangen war, als jemand an die Zimmertür hämmerte.

»Was ist los?«, schrie eine männliche Stimme. »Was ist los, verdammt noch mal? So öffnen Sie doch die Tür.« Das Hämmern ging unablässig weiter. »So machen Sie doch auf, um Gottes willen. Frau Brand. Leben Sie noch?«

Der Steinbockwirt. Sie hörte sein Rufen, also lebte sie vermutlich noch. Sie stieg aus dem Bett, suchte im Dunkeln ihre Jacke und ging zur Tür.

»Frau Brand. Wie geht es Ihnen? Was ist passiert?«

Der Wirt stand im Schein der Korridorlampe vor ihr. Seine wirren Haare standen in allen Richtungen von seinem Kopf ab. Der abgetragene Bademantel spannte um seinen gewölbten Bauch. Er schaute sie angstvoll und besorgt an.

Als sie sprechen wollte, merkte sie, wie ihre Stimme versagte.

Überfallen werden im Schlaf. Es gab nichts Schlimmeres.

»Ich habe Lärm gehört, ein Klirren und einen heftigen Aufprall.« Der Wirt machte Licht, schob sie zur Seite und trat ins Zimmer. »Diese Vandalen!«

Der Bettvorleger war übersät mit Glassplittern. Der Wirt trat mit einer für seine Leibesfülle überraschenden Beweglichkeit zum Fenster, ohne dabei auf die Glassplitter zu treten. Er riss das Fenster auf und beugte sich hinaus.

»Wer ist da?«, schrie er wütend in die Nacht hinaus. Er schaute nach allen Seiten. »Diese verdammten Lampen nützen auch gar nichts. Teuer sind sie und trotzdem haben wir kein Licht auf der Straße.«

Da sah Nore Brand einen Gegenstand mitten im Zimmer liegen. Sie beugte sich und hob ihn auf. Es war ein Stein, in braunes Papier eingewickelt, eine Haushaltschnur war lose darum geknüpft.

»Was ist das?«

Der Wirt trat nahe an sie heran. Seine nächtliche Ausdünstung verschlug ihr den Atem.

»Was soll das? Ein Stein?«

Ein Stein mit einer Botschaft. Ein Pfadfinderspiel? Sie nahm das Papier und las. Dann reichte sie es ihm.

»Verschwinde, sonst bist du dran«, las der Wirt halblaut vor, dann sank er auf das Bett. »Mein Gott«, jammerte er, »wie weit soll das noch gehen?«

Nore Brand lehnte sich an die Kommode. »Wie viele Gäste sind zurzeit in diesem Haus?«

»Nur Sie«, ächzte der Wirt, »und Ihr Assistent, aber der ist nicht zurückgekommen.«

Er schaute sie an. »Wo ist er?«

»In Bern. Der Computer der Bibliothek funktioniert nicht.«

Der Wirt schüttelte ungläubig den Kopf. »Muss das die Polizei heutzutage auch können?«

»Es scheint so.« Sie schaute zum Fenster. »Ich glaube, diese Botschaft ist für mich.«

»Warum wissen Sie das?«

»Wenn außer mir niemand hier war, dann war es leicht herauszufinden, durch welches Fenster man den Stein werfen muss. Ich habe lange Licht gehabt.«

Der Wirt richtete sich etwas auf. »Ich hoffe, Sie haben recht.« Gleich darauf erschrak er. »Entschuldigen Sie. Ich habe es nicht so gemeint.«

»Kein Problem«, beruhigte sie ihn. »Kein Problem.«

Sie nahm das Papier aus seiner Hand und betrachtete es genau. An einer Stelle war es leicht abgeschabt und übersät mit kleinen Eindrücken. Sie fuhr mit dem Zeigefinger darüber, es war rau, als ob jemand den Stein zuerst gegen die Hauswand geworfen hätte.

»Sehen Sie«, sie hielt ihm das Papier unter die Nase. »Vermutlich hat er geübt. Das war auch möglich bei diesem Lärm heute Nacht. Er wollte mein Fenster treffen.«

Er nahm das Papier vorsichtig in die Hand. »Das stammt von der Fassade«, sagte er und wies auf die feinen Farbspuren.

»Und was tun wir nun? Bucher alarmieren?«

Sie schüttelte den Kopf. »Nein, der hat ein Attest. Der muss in der Nacht geschont werden.«

Der Wirt schaute sie überrascht an.

»Bucher würde die Botschaft auf dem Papier sofort unterschreiben.«

»Aber der ist doch auch Polizist. Eigentlich«, begann er und verstummte gleich wieder.

»Sie glaubten zuerst, dass der Stein für Sie bestimmt war. Warum das?«

Der Wirt ließ sich auf ihr Bett fallen. »Wir sind der Schandfleck des Dorfes. Wir haben kein Geld für eine

Renovierung. Da gibt es sicher einige, die uns weghaben wollen. So schnell wie möglich. Ich hatte immer Angst, dass es einmal so enden könnte. Ich weiß genau, wer dafür betet, dass uns die Bude über dem Kopf zusammenbricht. Aber wo sollen wir hin? Das ist doch unser Zuhause. Zuerst hat meine Frau mir Vorwürfe gemacht, dass ich kein Geld auftreiben konnte. Einige im Dorf haben zu mir gehalten. Ganz am Anfang. Man hat mir gesagt, ich sei noch einer von denen, die ihr Geld ehrlich verdienen. Irgendwann begann sich alles zu verändern. Und genau genommen ist mein Gasthof auch eine Räuberhöhle oder jedenfalls ganz sicher auf dem besten Weg dazu«, lächelte er matt, »mir ist es bewusst und ich möchte es so gerne ändern. Aber meine Frau«, er brach ab. »Kommen Sie, ich bringe Sie in ein anderes Zimmer.«

»Nein, lassen Sie nur. Ich schließe die Fensterläden, dann geht es schon. Ich schlafe immer bei offenem Fenster.«

»Sie haben ja Galgenhumor. Aber achten Sie auf die Glassplitter. Ich werde sie morgen früh entfernen.«

Da erinnerte sie sich wieder. »Zwei Tote hätten wir bis jetzt. Wer wird der dritte sein?«

Der Wirt schaute sie verständnislos an. »Der dritte?«, wiederholte er. »Warum …?«

»In diesem Tal scheint man das zu kennen. Drei Tote müssen es sein.«

Er kratzte sich am Bauch. »Wer sagt das?«

»Elsi Klopfenstein.«

Er verzog sein Gesicht. »Ah, die. Ja, die weiß immer mehr als alle anderen.«

»Sie wissen von keinem Fall, in dem es drei Tote gab.«

Der Wirt hörte auf zu kratzen und dachte nach. »Nein«, sagte er nach einer Weile. »Dazu fällt mir überhaupt nichts ein. Das muss vor unserer Zeit gewesen sein.«

»Wie lange sind Sie schon hier?«

»Lange, viel zu lange.«

»So ungefähr?«, insistierte sie.

»Vielleicht 30 Jahre. Vielleicht mehr, vielleicht weniger. Das spielt doch keine Rolle, oder?«

»Ich glaube, wir versuchen besser, noch zu etwas Schlaf zu kommen.«

»Mir ist im Moment nicht nach schlafen. Darf ich Ihnen etwas an der Bar anbieten nach diesem Schreck? Einen Schlaftrunk?«

Nore Brand schüttelte den Kopf. »Nein, lieber nicht.«

Der Wirt verließ das Zimmer.

Nore Brand legte sich auf das Bett, schlug die Decke um sich und lag dann lange wach, das Bewusstsein in ständiger Alarmbereitschaft, bevor sie in den Morgenstunden in einen leichten Schlaf fiel.

Als sie sich um sieben Uhr in der Gaststube hinsetzte, überraschte die Wirtin sie mit frischem Kaffee. »Mein Mann holt frisches Brot. Er ist gleich zurück.« Sie schaute Nore Brand besorgt an. Ihr Gesicht war erschreckend leer, die Haut rot und geschwollen, mit großen Poren; sie hatte noch keine Zeit gehabt, sich Schminke aufzulegen. Vielleicht kümmerte sie das heute Morgen gar nicht.

»Ich habe von allem nichts gemerkt. Mein Mann hat

mir gesagt, dass jemand Sie bedroht.« Sie zeigte auf den Stein, der mitten auf dem Tisch lag, daneben das Stück Papier.

»Wir haben auch die Stelle gesehen, wo der Stein zuerst hingeworfen wurde. Nicht weit von Ihrem Fenster.«

Nore Brand goss Milch in den dampfenden Kaffee. Von diesem ersten Aufschlag musste sie erwacht sein.

»Herr Zoppa wird staunen«, sagte die Wirtin.

Nore Brand schaute zum Eingang. »Wenn man vom Teufel spricht«, murmelte sie.

Die Wirtin drehte sich um. »Ah, da sind Sie ja.«

Nino Zoppa näherte sich mit betretener Miene. »Guten Morgen«, sagte er zögernd, »ich …«

Die Wirtin entschuldigte sich und eilte davon.

Nino Zoppa zog vorsichtig einen Stuhl hervor und setzte sich. Er sah übernächtigt aus, hohläugig und unrasiert. Ein paar blonde Stacheln standen von seinem Kinn ab.

»Dein Handy war nicht an.«

»Das liegt seit Tagen ungeladen im Auto. Es ist mausetot. Außerdem glaube ich, dass es gar nie richtig funktioniert hat.«

Nore Brand schaute ihn über den Tassenrand an.

Nino Zoppa senkte verlegen den Blick. »Ich war rasch zu Hause. Ich dachte, ich wolle schnell bei Mona vorbeischauen und dann war es auf einmal so spät, dass ich keinen Zug mehr hatte.« Er strich über sein Kinn. »Ich wollte mich rasieren, aber Mona hat mich rausgeworfen, damit ich den ersten Zug erwische.«

»Für mich bist du schön genug.«

Nino atmete auf. Nore schien froh zu sein, ihn zu

sehen. »Ich soll dich grüßen von ihr. Und ich habe ein neues Modem mitgebracht. Ich habe das beste Breitbandmodem gekauft. Die Rechnung geht subito an den Chef und ich kann endlich recherchieren.«

»Endlich.«

»In diesem Tal geht nichts, elektronisch, meine ich, sogar die Zeit kommt nicht vom Fleck.«

»Und jemand profitiert davon.«

»Ja, es ist wie in einem Alptraum. Man will sich bewegen, vorwärts bewegen, mit aller Kraft, aber es geht nicht. Man quält sich und kämpft. Und dann erwacht man, schweißgebadet, mit rasendem Herzklopfen.«

»Hast du schlecht geschlafen?«

»Es geht so. Jemand hat mich sozusagen ausgeladen aus diesem Dorf.« Sie schob ihm den Stein hin.

Er schaute sie erschrocken an.

»Vermutlich ein Nachtbubenstreich.«

Die Wirtin brachte ein paar frische Scheiben Brot.

»Wenn du meinst. Übrigens hat mich heute Morgen der Chef angerufen. Er war stinksauer. Er versuche schon die längste Zeit, dich zu erreichen. Was uns eigentlich einfalle, die Nase in private Angelegenheiten zu stecken. Er kennt den Direktor vom Militärdienst und sie sind in der gleichen Partei.«

»Das hat er wirklich so gesagt?«

»Genau so.«

Sie schwieg. Diese ungeheure Selbstverständlichkeit, mit der persönliche Beziehungen laufende Verfahren behinderten, war erstaunlich.

Er machte eine kleine Pause. »Du sollst dich so schnell wie möglich bei ihm melden.«

Nore Brand lehnte sich zurück und betrachtete sein Gesicht. Das Gebrüll des Chefs schien ihn sehr beeindruckt zu haben.

»Erst wenn man mir ein anständiges Handy gibt.«

»Ich kann's vielleicht reparieren.«

Nore Brand überging seine Bemerkung. »Was bist du im Militär?«

»Soldat, einfacher Soldat.«

»Und? Was hältst du davon?«

Nino verzog sein Gesicht. »Wir hatten einen ausgezeichneten Koch und gute Gespräche, wenn wir unterwegs waren, auf Fahrten und Märschen, aber die Matratzen könnten besser sein und die Duschen und Toiletten …«

»Ich habe dich nach dem Militär gefragt und nicht nach deinen letzten Ferien.«

Er grinste.

Nino könnte eines Tages in die Fußstapfen von Bastian Bärfuss treten, dachte Nore Brand, Bärfuss hätte auch so geantwortet.

Soldaten verfilzten nicht so rasch. Vom Elitefilz blieben sie mit Sicherheit lebenslänglich ausgeschlossen. Bastian Bärfuss war auch Soldat gewesen und parteilos; vielleicht gehörte er aus diesem Grund nicht zum Dunstkreis des Chefs. Es musste aber auch der Grund dafür gewesen sein, dass seine Karriere nie in Schwung gekommen war. Möglicherweise war das nie seine Absicht gewesen. Aber wiederholtes kollegiales Schulterklopfen hatte schon viele Absichten zurechtgebogen und die Nähe, die diese Schulterklopfereien erlaubte, entstand in politischen Parteien und in der Armee. Und in Studentenverbindungen.

Wer davon profitierte, nannte es ›gute Beziehungen‹, wer nichts davon hatte, nannte es ›Filz‹.

Nino Zoppa nickte.

»Bist du Mitglied einer politischen Partei?«

»Einer Partei?«

Sie hatte ihn beleidigt.

»Warum willst du das überhaupt wissen?«

»Es interessiert mich«, sie schaute ihn nicht an, denn sie war dabei, mit dem dünnflüssigen Honig zu kämpfen, der nicht auf ihrem Brot bleiben wollte.

Nino Zoppa schaute sie kauend an. »Ich bin ein Mensch, der nicht zu fassen ist«, bluffte er. »Vergiss das nicht und vergiss auch nicht den Chef«, begann er.

»Wir tun einfach so, als wären wir einander heute Morgen nicht begegnet«, fiel sie ihm ins Wort.

»Wie soll ich das verstehen?«

»Auch ich bin nicht zu fassen.«

Er starrte sie an. »Ich glaube, bei dir stimmt das sogar.«

Sie ignorierte seine Bemerkung und beugte sich über den Tisch. »Das ist ein Befehl«, erklärte sie mit gedämpfter Stimme. »Unsere Begegnung hat nicht stattgefunden. Wir haben nicht zusammen gefrühstückt. Ich war unterwegs. Und mein Handy ist von nun an offiziell ein Montagsdesaster. Taugt nichts. Verstanden?«

»Aber …«

»Nino, ich kann meine Arbeit nicht mehr machen, wenn ich auf Parteikumpelei und Militärfreundschaften Rücksicht nehmen muss. Und«, schob sie rasch nach, »wenn man uns mit den billigsten Handys ausrüstet.«

Plötzlich ging ein Leuchten über sein Gesicht.

»Was ist?«

»Ich habe mal gehört, dass du so deine eigenen Methoden hast.«

»So meine Methoden? Wer sagt das?«

Es klang wie ein Kompliment.

»In der Kantine sagen sie das.«

»Und in der gleichen Kantine wundert man sich darüber, dass so einer wie du bei uns ist.«

»Das weiß ich doch. Die halten mich für einen Vollidioten. Oder vielleicht auch für ein Genie. Wo ist der Unterschied? Die sind nicht so pingelig. Für diese Leute ist das genau das Gleiche.« Er strahlte. »Ich bin in der Kramgasse aufgewachsen. In der Nähe des Hauses, wo Einstein mal gelebt hat. Darum heiße ich auch Nino Alberto. Peinlich, aber wahr. Mein Vater hat sich ein kluges Kerlchen gewünscht, aber als er merkte, dass der Name allein nicht genügt, befahl er mir, jeden Tag einmal tüchtig einzuatmen. Vielleicht sei noch etwas von Einstein in der Gassenluft hängen geblieben. Wie du siehst, war mein Vater ebenfalls nicht perfekt. Er wusste nicht, dass Genie nicht inhaliert werden kann. So ein paar Ladungen direkt ins Gehirn hätten sicher mehr gebracht. Senior Zoppa hat eben keine Ahnung von Anatomie.«

»Nino Alberto, immerhin kannst du etwas, was Einstein nicht konnte.«

»Das wäre?«

»Surfen.«

Er lachte. »Das musst du meinem alten Herrn mal erklären.«

»Zurück zur Sache. Ich besuche heute die Schwester von Frau Ehrsam. Ich weiß immer noch zu wenig über sie. Sie hat gegenüber Elsi Klopfenstein seltsame Andeutungen gemacht.«

»Was denn?«

»Ihre Arbeit hier oben sei nun bald abgeschlossen. Das sind merkwürdige Worte für das Ende einer Kur. Klara Ehrsam wollte irgendetwas zu Ende bringen und lebt wahrscheinlich genau deshalb nicht mehr.«

»Vielleicht hat der Mörder sie daran gehindert, ihr Ding zu Ende zu führen.«

»Ihr Ding? Du redest, als ob sie eine Kriminelle gewesen wäre.«

»Kann doch sein, oder?«

»Ja, das kann sein. Immer noch. Natürlich.«

»Alte Damen, die ihre Dinge drehen, toll.«

Sie schaute ihm zu, wie er das große Stück Brot bis zur Hälfte mühelos in den Mund schob.

»Noch etwas. Die Leute hier glauben, dass die Primaballerina mit der russischen Mafia in Verbindung steht. Versuch doch etwas über sie herauszufinden.«

Nino hielt kurz inne und hob interessiert seinen Kopf. »Ist sie schön?«

»Ich weiß nicht, was für dich schön heißt. Nimm mal die elektronische Regenbogenpresse unter die Lupe. Und vergiss vor allem diesen Merian nicht.« Sie erhob sich. »Da ist noch etwas. In St. Petersburg gibt es eine Fossilienausstellung.«

Nino Zoppa verschluckte sich. »Eine Fossilienausstellung?«

»Elsi Klopfenstein erinnerte sich, dass Frau Ehrsam zu einer Fossilienausstellung nach St. Petersburg fliegen wollte. Nach der Augenoperation.«

»Noch etwas?«

»Ich glaube, das genügt für heute Morgen. Mach's gut.«

Dann war Nore Brand draußen.

DIE ROTE KLARA

Der Turm des Berner Münsters stand wie ein majestätischer Wächter über der Stadt; die unzähligen Schornsteine auf den roten Ziegeldächern sahen aus wie zwergenhafte Wachgehilfen. Dahinter, am Horizont, umrandeten die leuchtenden Schneeberge das Stadtbild. Eiger, Mönch und Jungfrau. Der Föhn hatte sie so nahe an die Stadt herangeschoben, dass man in Versuchung kam, die Hand nach ihnen auszustrecken, um sie zu berühren.

Nore Brand war es, als ob sie über eine unsichtbare Schwelle in eine zeitlose Welt eingedrungen wäre. Diese Berner Altstadtwohnung hatte seit dem Zweiten Weltkrieg zweifellos keinen Handwerker mehr gesehen. Sie schaute sich um. Die alte Frau am Kamin glich ihrer Schwester Klara Ehrsam kaum. Nichts deutete auf eine Verwandtschaft hin. Bis auf die hohe Stirn. Das zeigte ein Bild aus ihrer Jugendzeit, das neben dem Kamin hing. Fräulein von Wyberg, Klara Ehrsam war eine geborene von Wyberg, hatte sie zuerst zu diesem Bild geführt.

Nore Brand hatte sie mit Frau von Wyberg angesprochen, als die Greisin die Türe öffnete. »Ach, kommen Sie mir nicht auch noch mit diesem neumodischen Zeug«, hatte sie lebhaft protestiert. »Seit ich mich erinnern kann, nennt man mich Fräulein von Wyberg. Das muss ich nicht mehr ändern.«

Ein Paar türkisblaue Augen leuchteten freundlich aus dem feinen Netz von winzigen Falten, das ihr Gesicht überzog. Als Nore Brand ihr noch auf der Schwelle zu erklären versuchte, weshalb sie hier sei, umwölkte sich ihre Stirn für einen Augenblick. »Was hat sie denn noch angerichtet, bevor sie gestorben ist? Aber kommen Sie doch herein, Frau Brand. Sie trinken sicher eine Tasse Tee.«

Mit kleinen Schritten trippelte sie in die Küche und hielt sich dabei links und rechts an den Möbeln fest, um den Weg sicher zu finden und dabei das Gleichgewicht nicht zu verlieren. Auf einer elektrischen Kochplatte stand ein ausgebeultes Pfännchen.

Nore Brand bewegte sich vorsichtig durch die kleinen Räume, sie fühlte sich wie der Riese im Puppenheim. Sie schaute Fräulein von Wyberg zu, wie sie die Teedosen eine nach der andern hervorholte und öffnete, um am Inhalt zu schnüffeln.

»Da, das ist der Richtige«, sagte sie plötzlich entschlossen und warf den Beutel in eine bauchige Tasse. »Trinken Sie den Tee mit Zucker und Milch?«

»Ja, gern beides.«

Fräulein von Wyberg gab einen zufriedenen Laut von sich. »Die Lehrerin, die mir die Einkäufe macht, trinkt ihn einfach schwarz.« Sie verzog angewidert das Gesicht. »Die Linie, Sie wissen doch, die jungen Frauen können nicht schlank genug sein heutzutage.«

Sie blieb vor der Kochplatte stehen und schaute geduldig in das Pfännchen. Sie hatte Zeit. Reden konnte man nachher.

Ein Besuch bei einer alten Dame in der Stadt Bern hatte sozusagen eine doppelte Entschleunigung der Zeit zur Folge.

Als das Wasser kochte, bat sie Nore Brand, das Wasser

in die Tasse zu gießen. »Lassen Sie es so lange ziehen, wie es Ihnen gefällt. Der Zucker steht hier«, sie wies auf den runden Holztisch, der beim Fenster stand. Das einzige Fenster war hoch und schmal; es zeigte auf eine dunkelgraue Hausmauer, die so nahe stand, dass kaum Licht in die Küche fiel.

»Für mich gibt's ein Gläschen Portwein, das tut meinen Gliedern gut, und meinem Blut«, fügte sie an und verschwand durch eine Türe, die sie weit offen stehen ließ. Es war die wortlose Einladung, ihr zu folgen, sobald der Tee bereit war.

Nore Brand fischte den Beutel aus dem heißen Wasser und legte ihn in den gelben Spülstein.

»Kommen Sie zu mir, in den Salon, bitte«, rief die alte Dame.

Ein Kamin mit einer auffälligen rotbraunen Umrandung dominierte die rechte Wand des Wohnzimmers. Fräulein von Wyberg kauerte ganz vorne auf der Sitzfläche eines alten Lehnstuhls, dessen Stoffüberzug seine ursprüngliche Farbe vergessen hatte. Sie füllte vorsichtig ihr Gläschen, schraubte die Flasche aufatmend wieder zu, stellte sie unter den kleinen Salontisch und schob sich auf dem Sessel so weit nach hinten, bis sie die Rückenlehne spürte, dann seufzte sie tief befriedigt auf.

»Setzen Sie sich doch, Frau Brand«, sagte sie mit einer einladenden Geste.

Dem Lehnstuhl gegenüber stand ein zierliches Kanapee.

»Keine Angst, dieses Möbel bricht nicht auseinander. Letzthin saß ein dicker Herr von der Steuerbehörde drauf. Leider ist nichts passiert, leider.« Sie lachte schelmisch.

»Das ist Qualitätsware. Traditionelles Handwerk. Ein Familienerbstück.«

Nore Brand setzte sich trotzdem vorsichtig hin.

»Sie kommen wegen meiner Schwester Klara«, sagte Fräulein von Wyberg, nachdem sie an ihrem Glas genippt hatte. »Dort, rechts vom Kamin, das ist das beste Bild von uns beiden. Da waren wir beim Bärengraben. Jeden Sonntag spazierten wir dorthin. Beim schlimmsten Regen und bei der ärgsten Kälte. Mein Vater wollte das so. Das war sein einziges Ritual, aber daran hielt er fest. Er liebte die Bären abgöttisch. Sonntag für Sonntag musste man ihnen die Ehre erweisen.«

Immer standen sie in Reih' und Glied, diszipliniert, auch beim sonntäglichen Ausflug. Fräulein von Wyberg war auf dem Bild leicht zu erkennen, ihr Gesicht lächelte, ohne jedoch ihre Zähne zu entblößen, sie trug ein weißes Sommerkleid, in der rechten Hand hielt sie den Sonnenschirm und den linken Arm hatte sie um ihre Schwester gelegt. Das war also Klara Ehrsam als Heranwachsende, das Gesicht umschattet von unbekannten Jugendsorgen.

Nore Brand setzte sich wieder hin. »Fräulein von Wyberg«, begann sie, »es ist mir sehr unangenehm, Ihnen das sagen zu müssen, aber wir vermuten, dass Ihre Schwester nicht einfach verunglückt ist.«

»Was sagen Sie da?«

»Jemand …«, begann Nore Brand.

»Wurde Sie etwa …? Nein, das kann nicht sein! Wer glaubt denn so etwas?« Fräulein von Wyberg senkte ihren Kopf und blieb eine Weile reglos sitzen.

Dann richtete sie sich wieder auf und blickte Nore

Brand ins Gesicht. »Es muss für Sie schrecklich sein, mir solche Nachrichten zu bringen, nicht wahr?«

Nore Brand nickte überrascht.

Die Frau seufzte. »Es tut mir so leid, dass Klara Ihnen das Leben schwer macht. Aber was kann ich Ihnen schon erzählen? Ich weiß wirklich nicht, ob ich Ihnen helfen kann. Wir haben uns leider stark auseinandergelebt. Das hätte ich nicht zulassen dürfen. Ich war schließlich die Ältere und das bleibt man ein Leben lang.« Sie hob den Blick zum Fenster.

»Wissen Sie etwas von der Uhr, die sie immer trug?«

Fräulein von Wyberg lächelte wieder. »Aber ja. Diese Bernstein-Uhr meinen Sie. Die hat eine lange Geschichte. Sie wurde von einem Uhrenmacher in St. Petersburg hergestellt, das heißt heute ja Leningrad, nicht wahr. Oder nein, ich irre mich. Das ist ja wieder St. Petersburg. Dieses Hin und Her mit den Namen. Aber eben, dieser Uhrenmacher, der das Zifferblatt aus Bernstein fabriziert hat, behauptete, dass es sich um ein winziges Teilchen des Bernsteinzimmers handelte. Stellen Sie sich vor, er hat das gestohlen. Während der Kriegswirren. Und er brüstete sich noch damit. Sie kennen die Geschichte doch, oder? Dieser Uhrenmacher wollte nach Südamerika auswandern, aber das Schiff ging unter und er kam nie dort an. Klara liebte diese Geschichte. Deshalb trug sie diese Uhr und erzählte jedem davon, der mit ihr ins Gespräch kam, und ich fürchte, dass nicht wenige sich diese Geschichte immer und immer wieder anhören mussten.«

»Die Uhr war also sehr wertvoll.«

»Diese Geschichte machte sie wohl äußerst wertvoll. Für Klara ganz sicher. Dieses Bernsteinzimmer muss wunderbar gewesen sein. Ich habe Bilder gesehen. Unbeschreiblich schön. Dieser unselige Krieg. An so vielem ist er schuld. Denken Sie auch, dass es abgebrannt ist? Dieses Kunstwerk war die große Leidenschaft meiner Schwester. Sie hatte viele Bildbände und kannte diese ganze Geschichte in- und auswendig. Oh, sie liebte die russische Literatur und die Geschichte. Sogar dieses ganze Theater mit der Zarenfamilie. Dabei war sie doch eine richtige Kommunistin.«

Fräulein von Wyberg kam in Fahrt; ihre Wangen röteten sich vor Eifer.

»Doch das spielte für sie keine Rolle. Und sie war zutiefst davon überzeugt, dass dieses Bernsteinzimmer irgendwo unter Kriegsruinen vergraben liegt. Sie glaubte daran. Sie hat fortwährend Nachforschungen angestellt. Wie so viele andere. Klara hatte Freunde in Russland, das müssen Sie wissen. Sehr viele Freunde. Aber warum fragen Sie eigentlich nach dieser Uhr?«

»Vielleicht hat sie etwas zu bedeuten. Ich bin mir nicht sicher, denn sie war vorübergehend verschwunden.«

»Ach so. Aber es ist doch einfach eine Uhr, ein Ding.« Fräulein von Wyberg schaute Nore Brand in die Augen. »Als man mir von ihrem Tod berichtete, habe ich nicht geweint. Ich werde ja doch bald dort sein, wo sie ist.« Sie machte eine Pause. »Und jetzt sagen Sie mir, dass es möglicherweise kein Unfall war.« Sie zog ein gehäkeltes Taschentüchlein hervor und wischte sich vorsichtig den Mund ab.

»Hat sich Ihre Schwester denn in irgendeiner Weise verändert?«

»Mein Neffe hat sich Sorgen gemacht um sie, vor allem in letzter Zeit. Sie werde so religiös oder nein«, verbesserte sie sich, »so philosophisch. Ich glaube, ›philosophisch‹ hat er gesagt oder ›idealistisch‹. Ich kann mich nicht genau erinnern.«

»War das ein Problem für ihn?«

Fräulein von Wyberg lächelte. »Eigentlich nicht, aber meine Schwester war eine außerordentlich reiche Frau. Eine Multimillionärin, so stand es einmal in der Zeitung. Klara, eine Multimillionärin. Ich konnte das fast nicht glauben. Wir waren nie arm, verstehen Sie, es hat immer für das Notwendige gereicht und für ein bisschen mehr sogar. Auch während der Kriegsjahre.«

Dann kicherte sie wie eine, die ihrem Schicksal ein Schnippchen geschlagen hat. »Mir ging's auch gut. Ich habe dieses Haus kaufen können, weil es keiner wollte. Das war nicht lange nach dem Krieg. Entschuldigen Sie, aber ich schweife ab. Es geht ja um Klara und nicht um mich. Jetzt habe ich tatsächlich den Faden verloren. Wo sind wir stehen geblieben?«

»Klara sei philosophisch geworden, sagten Sie, oder idealistisch.«

»Ach ja, das.« Fräulein von Wyberg legte den Kopf zurück und dachte nach. »Ja, genau, das war's. Also, wie gesagt, mein Neffe machte sich große Sorgen um sie. Eines Tages hätte sie angefangen, sich über den Reichtum der Familie lustig zu machen. Geld verderbe die Menschen, sagte sie ihm, nichts sei langweiliger als viel Geld zu besitzen. Man könne so viele sinnvolle Dinge tun für die ganze Menschheit, habe sie zu ihm gesagt. Er fürchtete, dass sie ihr Vermögen einer Sekte vermachen würde. Er vertraute ihr nicht mehr. Er sprach sogar von einem Vormund. Das fand ich unerhört. Und das habe ich ihm auch direkt gesagt. Wissen Sie, meine Schwester wollte in ihrer Jugend einmal der Heilsarmee beitreten. Wir merkten dann, dass sie da einen Schatz hatte. Das war zwar schnell vorbei, aber immerhin war es ihre erste große Liebe. Und das bleibt doch ein Leben lang wichtig, die erste große Liebe. Als sie dann Kommunistin wurde, hat das der ganzen Familie die Sprache verschlagen. Ich habe meinen Vater nie sprachlos erlebt, aber als Klara uns das damals mitteilte, war er doch für eine Weile so perplex, dass ihm nichts mehr in den Sinn kam.«

Fräulein von Wyberg schlug sich auf die Knie und lachte laut und herzlich, wie über einen besonders gelungenen Streich ihrer jüngeren Schwester. »Sie war stolz darauf, dass Lenin in Bern gelebt hat, in der Länggasse. Da waren ja noch viele andere Kommunisten, die Namen habe ich vergessen. Aber für unsere Eltern war eine Kommunistin in der Familie eine schlimme Sache. Es gab Leute in der Nachbarschaft, die sie die rote Klara nannten. Sie lachte darüber und fand das wunderbar. Das ist lange her. Dann ist sie eben eines Tages Millionärin geworden, was vermutlich nicht gut zu ihren kommunistischen Ideen passte. Aber was erzähle ich Ihnen da. Auf jeden Fall hat mein Neffe mich nicht oft angerufen in meinem Leben, doch plötzlich hatte er das Gefühl, ich müsste mit ihr reden, damit sie keine Dummheiten mache. Das habe ich dann getan, obwohl ich wusste, dass das nicht gut war. Sie war doch längst erwachsen«, sie lächelte entschuldigend, als sie merkte, was sie gesagt hatte, »und sie wusste selbst, was richtig ist. Trotzdem musste ich mit ihr reden, für den Familienfrieden. Das Geld muss doch immer in der Familie bleiben, so war es immer und so ist es doch recht.«

»Wie hat sie darauf reagiert?«

»Wütend, sehr wütend. Ich hätte es wissen müssen. Natürlich hat sie den Hörer ziemlich rabiat aufgelegt. Das war unser letzter Kontakt. Und das beschäftigt mich sehr. Das hätte nicht unser letztes Gespräch sein dürfen.«

Die Frau lehnte sich im Stuhl zurück.

»Und wann war das?«

Fräulein von Wyberg schwieg eine Weile, bevor sie antwortete. »Das weiß ich nicht mehr so genau. Vor einem Monat vielleicht. Ich hätte es besser wissen müssen. Schließlich ist es das Geld ihres Mannes und das geht mich nun wirklich überhaupt nichts an. Meine Schwester hatte oft so verrückte Ideen. Sie trug den teuersten Schmuck, einfach so. Manchmal hängte sie sich alles um, was sie besaß und machte sich lustig über die runden Augen der Leute. Ihr Mann freute sich immer darüber, auch er war ein richtiger Spaßvogel, er sagte jeweils, sie sei wieder mal aufgedonnert wie ein Zirkusgaul, wo sie denn am liebsten hingehen möchte, um die Leute durcheinanderzubringen. Sie war immer unterwegs, immer wieder in Russland natürlich. Wenn sie zurückkam, tat sie geheimnisvoll, aber ich vermute, dass sie die Suche nach diesem Bernsteinzimmer nie richtig aufgegeben hat. So ein verrücktes Mädchen war sie, den Kopf immer voller Flausen. Bis an ihr Ende, muss ich nun fürchten.«

»Sie wollte nach St. Petersburg, zu einer Fossilienausstellung.«

Fräulein von Wyberg dachte nach. »Fossilienausstellung? Ich glaube nicht, dass sie sich wirklich für Fossilien interessiert hat. Eher für Kunst und Literatur. Aber Bernstein ist doch etwas Fossiles, soviel ich weiß, nicht wahr? Und in St. Petersburg hatte sie viele Freunde.«

»Und welche Rolle hat der Direktor vom Belvedere in ihrem Leben gespielt?«

»Oh, der Direktor? Dieser Schlawiner. Ihm ist schon lange bekannt, dass sie ihn begünstigen wird. Alle älteren Damen, die ihn kennen, berücksichtigen ihn in ihrem Testament. Darauf würde ich jede Wette abschließen.«

»Wissen Sie das genau?«

»Wer weiß das nicht.« Fräulein von Wyberg kicherte. »Meine Schwester war lange Zeit eine sehr attraktive Frau und ich glaube, der junge Herr Direktor, der damals eigentlich auch nicht mehr so jung war, hatte einen Hang zu reiferen Frauen. Damals jedenfalls. Meiner Schwester sah man niemals an, dass sie 60 war. Sie war immer sportlich. Und elegant dazu. Er war ihre letzte Affäre, glaube ich. Obwohl«, sie zwinkerte ihr schelmisch zu, »ich traue ihr zu, dass es später auch noch einiges gab. Bloß sprach sie nicht mehr darüber. Wenn man älter wird, behält man diese Sachen doch besser für sich und genießt, was es zu genießen gibt. Oder?« Sie schaute Nore Brand fragend an. In ihren türkisblauen Augen blitzte es. »Nun halten Sie mich sicher für unmoralisch.«

Nore Brand musste lachen. Gab es noch Gründe, sich vor dem Alter zu fürchten?

»Aber was wissen Sie schon davon. So jung, wie Sie sind.«

Jung? Nicht mehr so jung. Mit 44. Nore Brand schluckte. Das war Ansichtssache.

»Ihre Schwester hatte sozusagen Kost und Logis im Hotel.«

»Ja, Reiche sollten Reiche anziehen. Ich weiß nicht, ob das geklappt hat. Aber in diesem Fall zahlt sich das jetzt aus. Er gehört sicher zu den glücklichen Erben. Sie müssen wissen, dass meine Schwester unendlich sentimental war.« Sie schaute die Kommissarin prüfend an. »Können Sie mit meinen Geschichten etwas anfangen?«

»Oh ja.« Nore Brand warf einen Blick auf ihre Uhr.

»Oh, Sie müssen doch nicht etwa schon gehen?«

»Ich habe Ihnen viel zu viel Zeit gestohlen.«

»Zeit gestohlen?«, lachte Fräulein von Wyberg, »ich habe alle Zeit der Welt. Wer an der Schwelle zur Ewigkeit steht, kann verschwenderisch umgehen mit der Zeit. Entschuldigen Sie, dass ich Sie so lange aufgehalten habe mit meinen alten Geschichten.«

Nore Brand erhob sich und dankte. »Nein, Sie haben mir wirklich sehr geholfen. Nur noch eine Frage. Ihre Schwester hat vor ihrem Tod einem Anwalt Merian in Basel einen Brief geschrieben.«

»Merian? Natürlich. Dieser Merian war sozusagen ein langjähriger Kampfgefährte meiner Schwester. Ich glaube, der war auch mal bei der kommunistischen Partei. Und später war er ihr Anwalt. Ich kenne ihn leider nicht, aber sie hielt sehr viel von ihm.« Fräulein von Wyberg trippelte hinter Nore Brand aus dem Wohnzimmer. »Sie haben eigentlich einen sehr unangenehmen Beruf, liebe Frau Brand. Früher war das noch Männersache.«

Auch das hat sich glücklicherweise verändert, dachte Nore Brand.

Da fiel ihr Blick auf ein Bild, das über einer antiken Kommode hing.

Ein explodierendes Rumpelstilzchen. Genau so hatte sie es sich vorgestellt. So musste Rumpelstilzchen geplatzt sein vor Wut, regelrecht detoniert, wie eine Bombe, mit einem gewaltigen Donnerschlag. Eine irritierende Kraft ging von diesem Bild aus. Sie machte einen Schritt auf das Bild zu. Nein, sie hatte sich nicht getäuscht. ›Isidor Samuel Simmer‹ stand in steilen, kindlichen Buchstaben unter der Figur.

»Ein Simmer«, sagte sie erstaunt.

Fräulein von Wyberg stützte sich auf die Kommode und lächelte müde. »Sie kennen ihn? Ja, das ist ein Original. Frau Knecht, die Lehrerin, die meine Einkäufe macht, sagt immer wieder, es sei ein großes Glück, dass niemand von diesem Bild hier wisse. Die seien heutzutage sehr gefragt. Unglaublich, dass die Leute so etwas schön finden.«

»Sogar mein Assistent wundert sich darüber.«

»Ich hätte auch nie einen Rappen bezahlt für so etwas. Isidor hat es mir einmal geschenkt, weil ich nichts Passendes hatte zur Kommode. Er kam zum Tee, unter dem Arm hatte er das Bild, in der Tasche einen Nagel und einen Hammer. Er fand, das würde sich gut machen. Die Kommode würde etwas aufgefrischt damit. Na ja. Doch ihm zuliebe habe ich es hängen lassen, obwohl ich es noch immer sehr geschmacklos finde, aber, wissen Sie, mittlerweile sehe ich auch nicht mehr so gut, und als Isidor starb, brachte ich es nicht übers Herz, das Ding wegzunehmen.«

»Sie haben ihn gekannt?«

Fräulein von Wyberg strahlte. »Er war ein Freund der Familie. Mein Vater hat ihn unterstützt, wo er konnte. Künstler haben es ja immer schwer, nicht wahr? Sein aufgeregtes Gepinsel hat mir nie gefallen, aber er war so ein lieber Mensch. Das ist ja auch viel wichtiger, nicht wahr?«

»Was für ein sonderbarere Zufall. Ich habe gestern seinen jüngsten Bruder kennengelernt. Jeremias Matthäus Simmer.«

»Jeremias Matthäus?«, wiederholte Fräulein von Wyberg. »Aber der ist doch tot.«

»Tot?«

Fräulein von Wyberg nickte. »Für uns war er einfach der Jeremias und er lebt schon lange nicht mehr.« Sie schien plötzlich verwirrt. »Lassen Sie mich nachdenken. Manchmal bringe ich die Dinge durcheinander.«

Sie stützte sich auf die Kommode. Ihr Kinn zitterte.

Eine halbe Stunde später fiel die Türe hinter Nore Brand ins Schloss.

Kaum stand sie wieder auf der Gasse, zog eine muntere kleine Gesellschaft vorüber, eine Schulklasse, immer zwei und zwei, Hand in Hand. Die kleinen, bunten Rucksäcke wippten auf und ab. Laute Zurufe und übermütiges Gelächter wirbelten durcheinander. Die Lehrerin ging vorab, unablässig mahnende Blicke zurückwerfend.

Ohne den geringsten Erfolg natürlich.

Was war mit Jeremias Matthäus Simmer?

Fräulein von Wyberg hatte ihn vor sehr langer Zeit zum letzten Mal gesehen, aber die Beschreibung schien zu passen.

Eines Tages sei dieser einfach auf und davon, habe Jahre lang nichts von sich hören lassen, jede Nachforschung der Familie habe nichts ergeben. Einmal sei die Nachricht von seinem Tod aus Südamerika eingetroffen.

Leider habe Isidor gegen Ende seines Lebens auch noch ›seelische Probleme‹ gehabt, so hatte die alte Dame es in Worte gefasst. Sie konnte sich nicht genau erinnern, wann Isidor vom Tod von Jeremias erfahren hatte. Wenn es ihr noch einfallen sollte, würde sie sich bei ihr melden. Nore Brand schrieb ihre Handynummer in großen Zahlen auf ein Stück Papier und legte sie auf die Kommode. Die Frau war plötzlich sehr aufgeregt.

»Vielleicht hat sich Isidor ja geirrt, nicht wahr? Oder vielleicht hat man sich in Südamerika geirrt?«, hatte sie hoffnungsvoll gefragt. »Was man so hört, geht dort unten immer wieder alles drunter und drüber. Sagen Sie Jeremias doch, es würde mich freuen, ihn wiederzusehen. Es ist so lange her. Er muss denken, dass es mich nicht mehr gibt, sonst wäre er doch längst bei mir vorbeigekommen. Sagen Sie ihm, dass ich noch lebe und dass ich mich über seinen Besuch freuen würde.« Sie ergriff Nores rechte Hand und drückte sie bettelnd an sich, wie ein kleines Kind.

»Wann sehen Sie ihn wieder?«

»Vielleicht heute. Das hoffe ich jedenfalls sehr.«

»Sagen Sie ihm, dass ich auf ihn warte. Ich würde mich über einen Besuch so sehr freuen. Tun Sie das für mich, ja?«

Das kindliche Strahlen auf dem alten Gesicht versetzte Nore Brand einen Stich. Die Einsamkeit in diesem Wohnturm hatte Fräulein von Wyberg mit keiner Silbe erwähnt.

Nore Brand eilte die Kramgasse hinauf. Beim Zytglogge überquerte sie die Straße, nachdem ein Tram quietschend um die Kurve gefahren war, in Richtung Bärenplatz. Bei Adriano's setzte sie sich auf den ersten freien Barhocker, holte ihr Handy hervor und tippte eine Nummer ein.

Sie horchte ungeduldig.

Nino hatte diesem Ding wieder Leben eingehaucht. Er war ein moderner Zauberer.

Die Combox meldete sich. Nino, der Surfer wollte nicht gestört werden.

Ein geduldiges Bändchen in der Ferne zeichnete ihre ungeduldigen Worte auf.

Dann bestellte sie einen doppelten Espresso. Sie holte mehr Zucker von der Bar. Als sie die Tasse mit Zucker auffüllte, fiel ihr Maria Volta ein. Sie hatte sich vor Urzeiten regelmäßig mit ihr getroffen, morgens vor der Arbeit, damals, als diese Bar noch neu war. Maria Volta konnte möglicherweise weiterhelfen.

Es war ruhig in der Bar. Nore Brand warf einen Blick auf ihre Uhr. Das würde sich gleich schlagartig ändern. Rasch bezahlte sie und ging.

Sie eilte über die Kirchenfeldbrücke. Ihr oranger Volvo stand auf dem Helvetiaplatz. Sie würde keinen Strafzettel unter dem Scheibenwischer vorfinden. Man hatte offenbar ein Herz für den Besitzer. Wer eine solche Schrottmühle fuhr, durfte nicht zusätzlich bestraft werden.

NINO ZOPPA LEGT LOS

Zwei Stunden später eilte Nore Brand durch die Gaststube. Nino Zoppa saß zuhinterst im Raum an einem Tisch und blätterte in Dokumenten. Als sie ihn begrüßte, fuhr er zusammen.

»Du bist schon da?«

»Uns bleibt nicht so viel Zeit. Hast du etwas herausgefunden?«

Nino Zoppa deutete auf die Dokumente, die vor ihm ausgebreitet lagen. »Surfen ist fast noch besser als flippern. Für dich habe ich alles ausgedruckt.«

Er durchwühlte seinen Papierberg, bis ihm ein Zettel entgegenflatterte. »Hier, das ist die Adresse von Anwalt Merian. Den musst du treffen. Er will dich morgen früh um Punkt zehn Uhr sprechen. Punkt zehn Uhr, hat er wiederholt. Ich habe ihm erklärt, dass du pünktlich bist.«

Er zwinkerte ihr zu. »Für dich ist Pünktlichkeit ja kein Problem.«

Sie nahm den Zettel kommentarlos entgegen und steckte ihn in die Tasche.

Nino Zoppa pfiff leise durch die Zähne. »So wie der tönt, steht der nicht mehr früh auf oder er schläft überhaupt in seinem Bürosessel. Der Kerl pfeift vor lauter Alter aus dem letzten Loch. Übrigens hat der Chef wieder angerufen.«

»Und?«

»Der hat getobt, weil du dich wieder nicht gemeldet hast.«

»Kontrollzwang und Filzprobleme.«

»Ich habe ihm einfach gesagt, ich hätte es leider vergessen. Mir blieb nichts anderes übrig. Aber ich habe es ihm auf meine Glatze geschworen, dass ich es dir bei der ersten Gelegenheit melde.«

»Genau genommen hast du gar keine Glatze mehr.«

»Eben, deswegen.« Nino grinste. »Wer vergisst, wird entlassen«, hat er gedroht, »und Ähnliches mehr hat er durchs Telefon geflötet. Ich sei ein Schafskopf, ich solle mir nur nichts auf meine gute Eintrittsprüfung einbilden.«

Nino Zoppa schaute sie mit großen Augen an. »Ich habe gar nicht gewusst, dass ich der Beste war. Nore, vor dir steht ein Wunderkind. Ist dir bewusst, was du für ein Glück hast? Dein Assistent wandelt sozusagen auf Einsteins Spuren.«

»Vielleicht. Außer dir konnte keiner einen Dreisatz lösen, habe ich gehört. Aber ob das für Einsteins Fußstapfen reicht? Da bin ich nicht so sicher. Hast du etwas über diesen Jeremias Matthäus Simmer gefunden?«

Nino Zoppa zuckte mit den Schultern und schob die Papiere zusammen. »Dann eben doch kein Wunderkind. Welche Erleichterung. Die andere Rolle liegt mir besser. Aber du wirst staunen. Jeremias Matthäus Simmer gibt es nicht mehr. Zumindest im Internet nicht. Aber das Internet ist ja nicht die Welt, oder? So schlau sind wir mittlerweile auch geworden.« Nino Zoppa wühlte wieder in den Papieren. »Also, er hat sich vor Jahren abgemeldet und ist nicht wieder aufgetaucht. Das ist alles. In diesen Dokumenten steht nichts über ihn, bloß Daten über seine berühmte Familie.« Er wirkte aufgeregt. »Jeremias Matthäus hat sich in Luft aufgelöst, entmaterialisiert. Mit so einem Namen würde ich auch abzischen.«

»Nein. Er sei nach Südamerika ausgewandert und dort gestorben. Gemäß Fräulein von Wyberg.«

»Fräulein?« Er lachte ungläubig. »Fräuleins gibt's doch nur noch in alten Büchern.«

»Die Schwester von Frau Ehrsam will so genannt werden. Punkt. Sonst noch etwas?«

Nino Zoppa fuhr sich zärtlich über den flaumigen Schädel. »Ich hatte noch ein paar Kunsthändler am Draht. Nur einer wusste von Jeremias Matthäus Simmer, er hat sogar Bilder von ihm gesehen. Die haben ihn offenbar nicht beeindruckt, aber heutzutage könne dieser Kerl mit dem Namen allein viel Geld machen. Der Bruder ist ja tot. Von dem sei also nichts mehr zu erwarten, hat er messerscharf geschlossen. Erstaunlich, diese Kunstverständigen. Die reinsten Hirnzellenathleten. Aber dieser da hat sich freudig bereit erklärt, mal etwas herumzuhorchen. Er scheint Hochstapler zu hassen wie die Pest.« Nino Zoppa lehnte sich über den Tisch. »Jetzt bist du dran.«

»Zum Beispiel gehört der Hoteldirektor zum Erbenkreis von Klara Ehrsam.«

»Was? Dieser Krawattenaffe?«

»Viele Frauen mögen ihn.«

»Hat dieser grauhaarige Lackgorilla etwa Sexappeal?«

Nore Brand zuckte mit den Schultern.

»Wirkt er auf dich?«, wollte Nino wissen. Sein Handy begann zu piepsen. Nino suchte fluchend in den unzähligen Taschen seiner Jacke nach dem Apparat. Er wurde fündig.

»Klaus?« Er wandte sich ab und hörte aufmerksam zu.

Als das Gespräch zu Ende war, klappte er das Handy zu und schob es in die Hosentasche. »Auf der Uhr waren keine Fingerabdrücke von Jelena Petrovic. Ich wusste es ja.«

»Andere?«

»Ja!« Nino Zoppa grinste hocherfreut. »Wetten, dass ich bald wieder recht habe?«

»Hat er sonst noch etwas gesagt?«

»Ja. Die Uhr. Er wird sie einem Fachmann bringen.«

Sie berichtete ihm kurz von der Bernsteingeschichte.

Nino Zoppa schüttelte den Kopf. »Das glaube ich einfach nicht.« Er zählte auf und nahm dazu die Finger zu Hilfe. »Eine Kommunistin, eine Multimillionärin, eine Fossilienfreundin, eine Sexbombe mit einer Schwäche für die Heilsarmee und was kommt noch?«

»Im Vergleich mit ihr sind wir zwei kriminell langweilige Würstchen.«

Nino Zoppa schüttelte den Kopf und grinste. »Also wirklich, eine krasse Sache ist das mit dieser Lady. Wer hätte das gedacht.«

Nore Brand schob die Papiere zusammen. »Und wie kommen wir möglichst rasch zu den Fingerabdrücken des Direktors?«

Nino Zoppa holte mit einer theatralischen Bewegung zwei Gläser aus seinen weiten Jackentaschen. Wie der Zauberer im Kasperlitheater. »Überraschung. Das wird Bruder Klaus morgen untersuchen.«

Nore Brand war verblüfft.

»Ich war im Grandhotel, an der Bar. Inkognito sozusagen. Die Sonnenbrille über dem Gesicht. Wie ein Mafiabruder. Das ist dort nichts Neues. Die beiden Herren waren auch da, doch die haben mich nicht gesehen. Die waren zu beschäftigt. Die hatten etwas sehr Dringendes zu besprechen. Der Herr Direktor und der Herr Hoteldoktor. Die Frau an der Bar hat mir dann das Glas zugesteckt, aus dem der Direktor getrunken hat.«

»Und wie hast du ihr das erklärt?«

»Gar nicht. Ich habe sie gefragt, ob sie mir helfen könnte, ich hätte eine Wette abgeschlossen, und wenn ich sie verlieren würde, dann hole mich die Mafia nach Palermo, um mich dort hinzurichten. Sie hat mir geglaubt.«

»Aha. Auch Nino Zoppa entwickelt seine Methoden.«

Nino Zoppa strahlte.

Sie schaute ihn eine Weile an. »Warum tun die Frauen alles für ...«

Sie brach ab, aber er hatte begriffen.

»Faktor Mitleid«, unterbrach er sie mit blitzenden Augen, »die denken alle, das arme Schwein braucht auch mal einen Erfolg. Frauen sind so.«

»Hast du dort sonst noch etwas Interessantes verrichtet?«

Er hielt seinen Kopf schräg und blinzelte sie an. »Ich war natürlich auf den Spuren der sibirischen Wölfin. Das war doch dein Hauptauftrag.«

Sein Gesicht wurde ernst. »Das war eine schwierige Sache. Diese grüne Krawattenratte am Empfang wollte nicht herausrücken mit der Sprache. Die Dame sei inkognito da, zur Erholung. Aber während ihrer Erholung sammle sie unter den reichen Hotelgästen für ein Waisenhaus in Moskau. Sie wolle keine Boulevardpressenhengste und schon gar keine Polizei. Wenn die Presse Wind von ihrem Aufenthalt bekäme, dann wäre sie zum letzten Mal da gewesen. Das Grandhotel lege Wert auf Diskretion.

Dieser eitle Krawattenwicht. Nach dieser ausführlichen Information stellte er auf stur und ignorierte mich. Und ich ab in die Bar, wo ich mich subito klammheimlich rächte.«

»Wie der geborene Mafioso.«

»Ich weiß jetzt, wie der werte Name der Dame lautet. Stania Matiowa. Ganz genau konnte sie es auch nicht sagen. Und nur so nebenbei, Primaballerina, nicht Diva.«

»Kapiert. Und? Noch mehr Kaninchen im Zylinder?«

»Sie hat den Direktor um ihren Finger gewickelt.«

»Noch eine Affäre?«

Nino Zoppa wiegte den Kopf hin und her. »Wenn die Frau darf, darf der Mann auch, oder? Aber ob es eine Affäre war? Eine Vorstufe vielleicht. Auf jeden Fall trägt er sie auf Händen.«

Nore Brand nickte ihm zu. »Gute Arbeit. Du bist fast dabei, die größte Eroberung deines Lebens zu machen.«

Nino Zoppa grinste. »Ja, ich bin drauf und dran, aber ich werde mich wohl noch ein bisschen anstrengen müssen. Ich surfe und hacke mich über und wenns sein muss, mitten durch die Eiswellen des Ostens direkt nach Sibirien. Genügt das?«

»Kaum«, lächelte sie.

»Wusste ich doch. Fast hätte ich's vergessen«, fügte Nino rasch an, »ich habe etwas besorgt für dich. Dein Diensthandy ist eindeutig Billigware. Vielleicht ist es doch gut, wenn du ein Ding hast, das immer funktioniert. Die Farbe ist nicht toll«, entschuldigte er sich, »aber du bist ja farbenblind.«

»Bin ich nicht. Ich sehe, dass es sehr hässlich ist.« Nore Brand steckte das froschgrüne Ding in die Tasche. »Egal. Hoffentlich hält es mich aus.«

»Schlechte Vibes?«

»Was?«

»Die schlechten Vibrationen von Nore Brand.«

»Wenn ich arbeite, schalte ich das Gehirn ein und die Apparate aus. Ich war immer so und Bastian Bärfuss war das recht.«

»Kein Problem. Ich hab's kapiert. Wenn auf dem Display ›CHEF‹ aufleuchtet, nimmst du besser nicht ab.«

»Danke«, sagte sie überrascht. »Du drehst aber tüchtig auf.«

»Ich bin dazu da, dir sozusagen jeden Wunsch von den Augen abzulesen. Ich frage mich, warum du keine Ahnung von Technik hast und in diesem Job trotzdem überlebst.«

»Ganz einfach. Wenn du das wirklich wissen willst? Die Technik macht die Arbeit immer noch nicht für uns. Sie lenkt uns nur davon ab, mit Erfolg natürlich. Der Mensch ist immer noch ein Neandertaler. Im Gehirn hat sich nichts Wesentliches getan seither. Das ist nicht gewachsen, im Gegensatz zum technischen Größenwahn.«

»Aha«, sagte Nino beeindruckt. »Dann wäre ein Neandertaler beim Flippern genauso gut wie ich.«

»Gib ihm einen Moment Zeit, um zu üben. Dann ist auch der Neandertaler dabei.«

»Das gibt mir zu denken.«

»Das spricht für dich.«

»Aber wo finde ich den Neandertaler, der sich mit mir an den Flipperkasten stellt?«

»Wenn du einen finden würdest, dann würde er dir und dem lärmenden Kasten eins überziehen mit seiner Keule.«

»Und warum?«

»Weil unsere Vorfahren garantiert ein feineres Nervenkostüm hatten als wir und diesem scheppernden Lärm auf der Stelle ein Ende setzen würden, wenn sie könnten. Wie schade, dass sie nicht mehr da sind.«

Nino Zoppa lachte. »Du bist heute aber ausgeschlafen.«

»Ja, das war wieder mal an der Zeit. Noch etwas, wenn du mit den Menschen ins Gespräch kommst, frag doch auch nach einer alten Geschichte mit drei Toten. Elsi Klopfenstein wartet auf den dritten Toten. Es scheint so eine Geschichte herumzugeistern im Tal.«

»Der dritte Tote? Und was hältst du davon?«

»Keine Ahnung. Aber wir müssen eine weitere Antenne ausfahren.«

»Wartest du denn auch auf einen dritten?«

Nore Brand rieb sich die Nase. »Ja. Inzwischen schon, leider.«

Die Unsicherheit der ersten Male war endgültig verflogen, als Nore Brand das Grandhotel betrat, denn hier war ohne jeden Zweifel ein ziemlich dicker Hund begraben.

Das glatte Gesicht von Viktor Heller schaute ihr lächelnd entgegen. Wie immer.

Wie hatte Nino Zoppa gesagt? Krawattenratte oder so etwas.

Sie lächelte zurück. Etwas in seinem Gesicht hatte sich verändert. Eindeutig zu ihren Ungunsten.

»Was kann ich für Sie tun?«

»Ich möchte mit Herrn Simmer sprechen.«

»Einen kleinen Augenblick«, bat er immer noch lächelnd, »ich schaue gleich nach, ob er im Zimmer ist.« Er hob den Hörer und drückte auf einen Knopf. Sein Gesicht blieb unverändert freundlich. Nach ein paar Sekunden suchte er ihre Augen. »Er scheint nicht in seinem Zimmer zu sein. Vielleicht ist er noch beim Frühstück.« Er legte den Hörer zurück und überlegte, dann warf er einen Blick auf die Uhr. »Vielleicht darf ich Ihnen inzwischen etwas zu trinken anbieten?«

»Frau Brand.«

Wenn man an den Wolf denkt … Sie drehte sich um.

Der Direktor stand vor ihr. »Ich hatte gehofft, dass Sie uns nicht mehr besuchen müssen.«

Auch er missbilligte ihr Erscheinen.

»Ich möchte mit Herrn Simmer reden. Jeremias Matthäus Simmer.«

In seinen Augen blitzte es auf. Hatte sie ihn beleidigt?

»Herr Simmer ist nicht oben«, erklärte Herr Heller.

»Natürlich nicht«, sagte der Direktor, ohne ihn dabei anzusehen. »Er ist außer Haus. Der lokale Kunstverein hat ihn eingeladen, für einen Vortrag.«

»Künstler sind gefragte Menschen«, sagte Nore Brand verständnisvoll.

»Ja«, bestätigte der Direktor. »Einer wie Simmer ganz bestimmt. Alles reißt sich um ihn. Aber morgen früh sollte er wieder zu sprechen sein.«

Seine Stimme verriet, wie sehr ihn Nore Brands Anwesenheit irritierte. Ihr Erscheinen dürfte ihm klargemacht haben, dass sie Kumpeleien und Parteifreundschaften ignorierte. Für ihn musste das unerträglich sein.

»Vielleicht können Sie ihm ausrichten, dass ich mich ernsthaft für den Clown Nummer sieben interessiere.« Sie zeigte auf das Bild, das gegenüber dem Lift hing. »Ich habe den Künstler letzthin in der Hotelhalle getroffen. Wir haben uns über diese Kunstwerke unterhalten.«

Damit hatte er nicht gerechnet. »Sie wollen das kaufen?«

»Ja.«

Der Direktor schüttelte lächelnd den Kopf. »Ich wusste nicht, dass unsere Polizei ...« Er suchte nach Worten.

»Ja. Im Allgemeinen hält man Polizisten für Kulturbanausen, ich weiß«, kam sie ihm zuvor.

Er verneigte sich leicht. Der Spott in seiner Haltung war unverkennbar. »Das meinte ich selbstverständlich nicht, Frau Brand. Ich dachte bloß, dass diese Kunst etwas teuer ist für ein Beamtenbudget.«

Heute hatte sie einen Pfeil mehr im Köcher als er. Sie schaute ihm gerade ins Gesicht.

»Man erbt ja hin und wieder etwas, nicht?«

Seine Augen verengten sich auf einen Schlag. Also doch.

»Außerdem habe ich eine alte Dame kennengelernt, die ihn gerne sehen würde.«

Der Direktor zog fragend die Augenbrauen in die Höhe.

»Verwandtschaft«, sagte Nore Brand, knöpfte ihre Jacke zu, wünschte einen schönen Tag und ging. Sie spürte, wie zwei Paar Augen ihr fassungslos nachschauten.

Die Abwesenheit von Jeremias Matthäus Simmer hatte etwas zu bedeuten. Das spürte sie deutlich. Jeremias Simmer und Frau Ehrsam, die rote Klara, sozusagen langjährige Bekannte, hielten sich zur selben Zeit im selben Hotel auf. Wie war es möglich, dass sie einander nie begegnet waren? Oder hatten sie einander nicht erkannt? Hatten sie einander gar nicht erkennen können?

Bevor Nore Brand sich auf den Weg nach Basel machte, bog sie auf den Parkplatz einer kleinen Imbissstube gegenüber dem Gemeindehaus ein. Sie setzte sich ans Fenster und bestellte die Tagessuppe.

»Sie ist ganz frisch«, versicherte der pausbäckige Junge, der sie bediente. »Wir mussten zweimal kochen. Heute wollen alle Suppe.«

Suppenwetter, dachte Nore Brand und schaute aus dem Fenster.

Der Eingang zum Gemeindehaus war beleuchtet. Menschen mit nass glänzenden Regenmänteln drängten sich vor der Eingangstür.

»Ist heute eine Versammlung?«

Der junge Mann war in Plauderstimmung. »Nein, Theater«, sagte er und zeigte auf ein großes Plakat, das in der Nähe der Tür hing. »Max, das ist mein Bruder, spielt Theater. Mit seiner Klasse. Er ist der Kommissar«, erzählte er stolz. »Meine Schwester Mädi wird umgelegt, sie ist eine Krankenschwester im Irrenhaus, nur im Stück natürlich. Aber es passt zu ihr. Sie spinnt oft. Aber das Stück ist cool.« Er deutete auf das Plakat.

Grellgelbes Papier, weithin sichtbar. Darauf baumelte eine Figur an einer Vorhangstange wie an einem Galgen, eine Krankenschwester in ihrer weißen Tracht, die Haube fiel ihr über das Gesicht, die Zunge hing gewaltig und blau aus dem weit geöffneten Mund. Sie klammerte sich noch im Tod an ein überdimensioniertes Fieberthermometer. ›Die Physiker‹ stand in Unheil verkündenden, dunklen Buchstaben auf dem Galgen. Frakturschrift. Sie erinnerte sich undeutlich an den Schulklassiker.

»Kommt sie an den Galgen?«

»Nein«, erwiderte er, »zum Glück nicht. Die ist viel zu fett, der Galgen würde zusammenbrechen.« Tiefe Verachtung lag in seiner Stimme. »Sie wird mit der Vorhangkordel erdrosselt.«

Nore Brand zeigte sich beeindruckt.

»Ich habe ihr beigebracht, wie sie die Augen verdrehen muss, damit es ganz echt aussieht. Sie hatte keine Ahnung, aber jetzt sollte es klappen. Im Ganzen werden drei gekillt.« Er legte den Löffel sorgfältig neben die Suppentasse auf die Serviette.

»Drei?«

»Ja, drei. Nur ein Mord lohnt sich nicht. Dafür würde ich nicht ins Theater gehen.«

Nore Brand dachte an Elsi Klopfenstein. Drei Tote mussten es also sein. Damit sich die Sache lohnte. Für diesen Jungen jedenfalls.

»Schade, dass du arbeiten musst«, bedauerte sie dann.

»Kein Problem«, erklärte er munter, »heute Abend gehen meine Eltern und morgen gehe ich mit meiner Großmutter. Die freut sich. Die wird staunen, wie Mädi toben und die Augen verdrehen kann, so kreuzbrav, wie die sonst ist.«

Er wünschte ihr guten Appetit, wenn sie mehr Brot

wolle, würde er gerne mehr bringen, dann war der muntere Kerl verschwunden.

Die Suppe war ausgezeichnet und eine Viertelstunde später war Nore Brand auf dem Weg nach Basel. Der Basler Anwalt von Frau Ehrsam würde sie einen Schritt weiterbringen in dieser vertrackten Angelegenheit.

Sie schaltete das Radio ein, um dem einschläfernden Brummen des Motors etwas entgegenzusetzen. Ein Buddhist, ein katholischer Priester und eine evangelische Pfarrerin diskutierten über Wege der Erlösung.

Nein, das musste nicht sein.

Sie suchte weiter, auch die Aufregung eines Eishockeyreporters entsprach nicht ihrer Stimmung. Auf einem anderen Sender sang Jacques Brel. Ne me quitte pas. Das passte. Ihre Gedanken gingen zu Jacques. Aber ihr erster Kuss hatte dem edlen Indianer gegolten. Dem Helden vom Schatz im Silbersee. Nicht ihrem ersten Verehrer. Das musste sie zugeben. Er würde sich sehr freuen, sie wiederzusehen, hatte Jacques gesagt. Wenn sie sich nur daran erinnern könnte, was sie darauf erwidert hatte. Es war dunkel im Wagen und Jacques Brel sang dieses herzzerreißende Lied. Über diese Dinge konnte man besser singen als sprechen.

DER VERGESSLICHE ANWALT

Um zehn Uhr am nächsten Morgen, nach einer Nacht in einem unspektakulären Hotel mit karger Möblierung und guter Bettwäsche, saß Nore Brand im Wartezimmer von Anwalt Merian. Sie hatte Möbel aus Mahagoni, Stiche in goldenen Rahmen, frische Blumen in einer kostbaren chinesischen Vase erwartet.

Doch weit gefehlt.

Der Raum war eng und staubig, der alte Sessel gehörte derselben Möbelgeneration an, die sie bei Fräulein von Wyberg gesehen, gerochen und gespürt hatte. Der Stoffüberzug war völlig durchgewetzt. Die Wände waren kahl, nur eine Zeichnung von Erasmus hing schief in einer Ecke. Und immer und überall von vergilbten Vorhängen gefiltertes Licht. Die Magazine auf dem Tisch waren uralt. Eine Schlagzeile berichtete vom Tod des vorletzten Papstes.

In diesem Staub musste die neue Zeit jämmerlich erstickt sein. Erasmus lächelte von der Wand herab, ihn schien das nicht zu beschäftigen, auch die Tatsache nicht, dass er sehr schief hing.

Vielleicht beabsichtigte man, sie hier warten zu lassen, bis sie sich entnervt zurückzog. Eine bekannte Taktik altgedienter Anwälte, die bis an ihr Lebensende über genügend Kundschaft verfügten. Reiche, betagte Herrschaften, die sich mit Nachbarn zerstritten hatten wegen schief wachsenden Bäumen, an falschen Orten pissenden oder bellenden Hunden, brauchten Anwälte für ihre Rechte, für endlose Korrespondenz und zermürbende Verhandlungen, die in den meisten Fällen zu nichts führten als zu Frustration und Herzinfarkten. Die Hunde bellten, koteten und ließen ihr Wasser weiterhin immer gerade dort, wo die Natur sie dazu drängte. Hunde kümmerten sich um keine Gesetze und Paragraphen, demzufolge schrieben die Anwälte weiterhin teure Rechnungen für endlose Prozesse, der menschlichen Streitlust unendlich dankbar, denn diese Eigenschaft sicherte ihnen ein komfortables Dasein. Bis in alle Ewigkeit.

Nore Brand schaute zu Erasmus; ihr war, als ob er ihr zunicken würde.

Da.

Nore Brand horchte auf. Durchdringendes Telefongeklingel. Im Vorraum waren Schritte zu hören. Die energischen Schritte der alten Frau, die ihr vor langen Minuten mit einem stechenden Blick die Türe geöffnet hatte.

Als Nore Brand sich vorstellte, stieß sie einen verärgerten Laut aus.

»Heute ist Freitag«, knurrte sie. »Am Dienstag hätten wir besser Zeit gehabt für Sie.«

Keine Vorzimmerorchidee, keine süße Empfangsdame, nein, ein zähnefletschender Wachhund, ein Cerberus.

Nore Brand nickte ihr freundlich zu. Im Grunde schätzte sie Ehrlichkeit.

Der Cerberus knurrte etwas vor sich hin und führte den verwünschten Besuch ins Wartezimmer. »Da, warten Sie hier«, lautete der barsche Befehl.

Das war vor einer halben Stunde gewesen, aber nun bewegte sich wirklich etwas.

Nore Brand hörte das Quietschen der Eingangstür,

dann Gemurmel und wieder hastiges Getrippel. Wenig später stieß die mürrische Frau die Türe auf und streckte den Kopf herein. »Sie haben Glück. Er will Sie sprechen«, rief sie, dann verschwand der Kopf wieder.

Als Nore Brand aus dem Warteraum trat, deutete sie mit dem spitzen Kinn auf die Türe zu ihrer Rechten. »Gehen Sie. Er wartet gar nicht gern.«

Nore Brand nickte ihr mit sturer Freundlichkeit zu und trat in das Büro von Anwalt Merian, das noch schlechter eingerichtet war als der Warteraum. Der Schreibtisch drohte unter Papieren und antiquarischen Büchern zusammenzubrechen, dahinter kauerte, nach vorne gebeugt, ein greiser Mann tief in einem hölzernen Sessel, der bezüglich Alter und Unbequemlichkeit mit Sicherheit nicht zu übertreffen war.

»Kommissär Brand?«

»Ja.« Sie wollte rasch zur Sache kommen. Sie näherte sich dem Schreibtisch und streckte ihm ihre Hand entgegen. Er packte überraschend fest zu und starrte sie eine Weile schweigend an.

»Setzen Sie sich«, forderte er sie endlich auf und ließ ihre Hand los, »meine Schwester hat gesagt, dass Sie schon lange warten.« Er kicherte. »Seit wann muss es denn in Bern so schnell gehen? Gestern das Telefon und heute sind Sie hier.«

Merian musterte sie mit stechenden Äuglein.

»Sicher«, sagte Nore Brand mit unbewegter Miene.

»Kein Sinn für Humor, was?«, krächzte es hinter dem Tisch hervor. »Also gut, kommen wir zur Sache. Sie sind da wegen meiner verstorbenen Freundin Klara Ehrsam, nicht wahr?«

»So ist es.«

»Was hat denn die Polizei mit unserer lieben Klara Ehrsam selig zu tun?«

Nore Brand zog den Stuhl zur Seite, sodass sie zwischen den Bücherstapeln hindurch das Gesicht des Anwalts sehen konnte.

»So schießen Sie doch los.«

»Ich bin auf Ihre Hilfe angewiesen, Herr Doktor Merian.« Ein magischer Satz. Ein Türöffner. ›Ich bin auf Ihre Hilfe angewiesen, Herr Doktor Wieauchimmer‹. In der Tat. Ihr Geständnis schien ihn zu beglücken, genauso wie der Klang seines Titels.

Anwalt Merian hielt seine Augen fest geschlossen und hörte zu. Als sie fertig war, blieb er eine Weile unbeweglich sitzen. Dann gingen seine Augen auf. Wie die Augen einer Eidechse.

»Sie wollen also wissen, ob Klara Ehrsam kurz vor ihrem Ableben mir einen Brief geschrieben hat?«

»Sie hat Ihnen geschrieben. Das weiß ich.«

»Ja, ja«, murmelte er dann, »das sollten Sie aber nicht wissen. Nur nicht so ungeduldig, nicht so ungeduldig.« Er begann auf seinem Tisch zu suchen. »Sie haben recht. Das hat sie, das hat sie.« Seine Hände flatterten von einem Stapel zum nächsten, plötzlich packte er das Glöcklein, das neben einem schmierigen Wasserglas stand, und schüttelte es heftig. »Elvira«, schrie er, »Elvira, wo ist der Brief von Klara Ehrsam?«

Nore Brand hörte die Tür hinter sich knarren. Knappe, harte Schritte und dann stand sie bei ihm.

»Da. Ich habe ihn doch extra hingelegt. Direkt vor deine Nase«, murrte sie und schob ihm den Brief entgegen. »Du musst wirklich unbedingt wieder zum Optiker. Ich kann nicht immer für dich herumrennen.«

»Quatsch!«, rief er, »ich habe einfach zu viel Papier auf dem Tisch. Du könntest ja wieder einmal aufräumen.«

Mit einem knurrenden Laut zog sie die Türe wieder hinter sich zu.

»Lassen Sie sich von ihr nicht beeindrucken. Im Grunde ist sie herzensgut. Sie kann es nur nicht zeigen.«

Anwalt Merian öffnete den Brief mit aufreibender Umständlichkeit, hielt ihn dicht vor seine Augen und begann zu lesen. »Oho. Jetzt erinnere ich mich wieder. Das korrigierte Testament. Und dann dieser erstaunliche Begleitbrief.«

Er faltete den Brief auseinander, hielt ihn ganz nahe vor seine Augen und las ihn aufmerksam durch. Als er fertig war, legte er den Brief hin und zwar so, dass Nore Brand nichts davon sehen konnte.

Er hielt seine Eidechsenaugen eine Weile geschlossen; es sah aus, als ob er unvermittelt eingenickt wäre.

»Seltsam, seltsam, diese Wandlung«, murmelte er plötzlich, »aber doch sehr erfreulich, sehr erfreulich.« Er lehnte sich wieder zurück. »Ich werde Ihnen entgegenkommen, wo es möglich ist, aber Sie verstehen, dass mein Amt mir Grenzen setzt.«

»Selbstverständlich«, erklärte Nore Brand, sie musste ihre Ungeduld mit Macht zügeln.

»Also, was müssen Sie wissen?«

»Ich vermute, dass Frau Ehrsam ihr Testament geändert hat.«

Ein schlaues Lächeln glitt über das Gesicht von Anwalt Merian. »Richtig. Vermuten Sie weiter.«

Nore Brand atmete langsam aus. Das Klassenzimmerspiel, aber sie hatte keine Wahl. »Ich vermute, dass sie Jelena Petrovic begünstigt hat.«

»Mit einem kleineren Betrag für ihre Verhältnisse, aber immerhin, immerhin …« Anwalt Merian fuhr mit seiner Zungenspitze über die dünnen Lippen. »Der Grund ist eine geplante Arztpraxis in Zagreb, das scheinen Sie ja auch bereits zu wissen.« Ihn amüsierte die Sache ganz offensichtlich. Er lächelte ihr aufmunternd zu. Wie ein Lehrer seiner hoffnungsvollen Schülerin. »Erstaunlich, erstaunlich. Sogar in Bern kann man scharf nachdenken«, lächelte er und wiegte heiter seinen blassen Kopf. »Weiter. Weiter. Wie ist das dicke Ende der Angelegenheit?« Er ließ die Daumen kreisen.

»Ich vermute, dass der Direktor des Hotels nicht mehr zu den Begünstigten gehört.«

Sein Gesichtsausdruck veränderte sich auf einen Schlag. »Hä«, entfuhr es ihm mit einem hämischen Lachen, »dieser Gauner mit seinen ewigen Weibergeschichten. Dieser Kerl hatte ihr einmal den Kopf verdreht und zwar bedauernswert gründlich. Ich habe nie verstanden, warum er so viel erhalten sollte. Wissen Sie, wie viel dieser Schmierfink hätte erben können?«

Nore Brand rang einen Augenblick um ihre Fassung. Auch das traf zu.

»Sieben Millionen«, flüsterte er heiser und beugte sich über den Tisch. »Der Kerl hätte sieben Millionen erhalten. Nun hat er nichts mehr. Gar nichts mehr. Und wissen Sie warum?« Er wedelte mit dem Brief vor ihrem Gesicht herum. »Das wird Sie wohl interessieren.«

Sie schüttelte langsam den Kopf. »Ich weiß es nicht.«

»Meine Freundin Klara Ehrsam hatte den Eindruck, dass er unehrliche Spielchen spielte. Immer auf seinen Vorteil bedacht. Immer. Er wusste, dass er erben würde, aber er wollte nicht mit der Sprache herausrücken, als sie wissen wollte, was er mit dem vielen Geld machen würde. Er kümmerte sich überhaupt nicht mehr um sie, wie er das einmal getan hatte. Hat dafür mit einer Ballerina herumgeschäkert und dafür musste er bestraft werden. ›Wer nur auf Geld aus ist, soll auch das nicht erhalten.‹ Das sind ihre Worte. Genau so hat sie es geschrieben.«

Er lehnte sich zurück. »Hähäää, jetzt kann er schauen, wo er die Milliönchen zusammenkratzt für seinen feinen Laden. Nicht jedem Löwen gebührt ein Salon.« Er kicherte über seinen Witz. »Zum Glück hat sie noch vor ihrem Tod gemerkt, mit was für einem Pfiffikus sie es zu tun hatte.« Er schaute sie forschend an. »Sie wollen sicher wissen, wer das Geld erhält, nicht wahr? Sie müssen ja herausfinden, wer an ihrem Tod interessiert sein könnte, nicht wahr?«

Er triumphierte. »Was vermuten Sie?«, fragte er barsch.

Doch Nore Brand wusste genug. Sie schob den Stuhl zurück und erhob sich.

Das Gesicht des Anwalts wurde lang. »Sie wollen gehen? Jetzt? Aber Sie wissen noch gar nicht alles«, rief er enttäuscht.

»Ich danke Ihnen sehr für Ihre Hilfe, Herr Merian«, versicherte sie und streckte die Hand aus.

»Doktor Merian«, korrigierte er sie empört und übersah ihre Hand. »Sie wissen ja nicht einmal, wer der neue

Begünstigte ist«, rief er aus wie ein Kind, dem man das liebste Spielzeug weggenommen hatte.

Sie zog die Hand zurück und lächelte ihn an. »Vielleicht finde ich auch das selbst heraus.«

»Suppe, Seife, Seelenheil«, trällerte er mit scharfer Stimme. »Kennen Sie das? Nein«, sagte er mit finsterem Gesicht, »so schlau kann man gar nicht sein.« Er beugte sich über den Tisch ihr entgegen. »Ich werde es Ihnen sagen.« Er senkte vertraulich seine Stimme. »Kleines Geständnis: Sie erinnern mich an eine Frau, die mir vor vielen Jahren einmal gut gefallen hat und«, er wackelte freundlich mit dem Kopf, »und weil es mich freut, Ihnen zu zeigen, was für eine großartige Frau unsere Freundin Ehrsam war. Sie hat sich zwar während ein paar Jährchen ihres Lebens gründlich geirrt, aber sie hat noch rechtzeitig reagiert. Und wie.« Er machte eine bedeutungsvolle Pause. »Sie haben sie leider nicht kennengelernt, aber ich will Ihnen sagen, wer sie war. Und«, er hob den Zeigefinger dramatisch in die Höhe, »ihr werdet sie erkennen an ihren Taten.« Er wedelte mit dem Brief. »Sie setzt als neue Begünstigte die Heilsarmee ein.« Er ließ sich zurücksinken und schaute sie triumphierend an. »Die Heilsarmee.«

Sie tat ihm den Gefallen und wiederholte. »Die Heilsarmee?«

»Und die wissen noch nichts von ihrem Glück«, kicherte er wieder, »sehen Sie, das hätten Sie nie herausgefunden. Klara Ehrsam hat sich einen kleinen Scherz ausgedacht. Sie müssen wissen, dass Klara Ehrsam und ihr verstorbener Mann richtige Spaßvögel sein konnten. Immer für eine Überraschung gut. Aber das Herz auf dem rechten Fleck. Am 24. Dezember, so lange geht das auch nicht mehr, soll der Scheck in einen der Sammeltöpfe geworfen werden.« Sein Gesicht verdüsterte sich plötzlich. »Aber warum ausgerechnet auf dem Berner Waisenhausplatz, das hat sie leider nicht erklärt.«

Nore Brand lächelte. Die erste große Liebe, der erste Schatz im Leben von Klara Ehrsam. Das war der Grund. Der erste Kuss auf dem Waisenhausplatz. Was sonst.

»Seltsam«, sagte er nachdenklich vor sich hin, »wird wohl ein sentimentaler Grund sein. Wer weiß das schon. Dieses Geheimnis hat sie mit ins Grab genommen. Klara liebte Geheimnisse.« Er schaute sie mit stechenden Äuglein an. Sein Gesicht rötete sich vor Ärger. »Wenn nur dieser garstige Brunnen nicht dort stehen würde, eine Verschandelung der Stadt. Immerhin war Meret eine Künstlerin. Aber dieser hässliche Brunnen. Was da wohl in sie gefahren war? Komisches Völklein, diese Berner, jetzt haben die noch einen Baldachin oder so einen fliegenden Glasteppich über dem Bahnhofsplatz. Scheint, als ob sie gar nicht schnell genug in der heutigen Zeit ankommen könnten. Aber dass es ausgerechnet ein fliegender Teppich sein musste? Spaßvögel, diese Berner, kaum zu glauben. Aber die Heilsarmee ist und bleibt die Heilsarmee, die tut Gutes, und die wird auch diesen Brunnen und den unbeschreiblichen Baldachin überleben, glauben Sie mir. Eine gütige Idee von Frau Ehrsam, doch nun muss ich mich wirklich verabschieden.« Sie streckte ihm die Hand entgegen, diesmal packte er sie. »Frau Brand«, sagte er mit gedämpfter Stimme. »Ich habe Ihnen nichts gesagt, gar nichts.« Er zwinkerte ihr zu.

»Nein, das haben Sie natürlich nicht. Sie sind sich

der Grenzen Ihres Amtes sehr bewusst.« Sie zwinkerte zurück.

Er kicherte, als er sich umständlich von seinem Sessel erhob. »Es gibt noch Wunder auf dieser Erde. Wer hätte das gedacht«, murmelte er vor sich hin, als er sie zur Tür begleitete.

Nore Brand fragte sich, worauf sich diese Bemerkung bezog, doch bevor sie die Gelegenheit hatte nachzufragen, hastete Anwalt Merian an ihr vorbei und riss die Türe auf.

»Elvira«, rief er laut, »Elvira, wo steckst du denn?«

Elvira stand bei ihrem Tisch. »Ich habe Kaffee geholt. Es ist Zeit für dein Frühstück.« Sie warf einen erbosten Blick auf den Besuch.

Anwalt Merian kicherte wieder, als er Nore Brand die Hand zum Abschied drückte. »Leider konnte ich ihr nicht helfen. Die nette Frau Brand aus Bern hat den Weg ganz umsonst gemacht. Wir haben uns trotzdem ganz gut unterhalten«, erklärte er seiner Schwester.

»Für einen Austausch von Freundlichkeiten hat es aber lange gedauert«, argwöhnte Elvira.

Der Anwalt überging die Bemerkung seiner Schwester. Er wandte sich an Nore Brand. »Es war eine schöne Begegnung. Einfach so mühelos über die Kantonsgrenze hinweg. Vielleicht steckt uns Europa doch noch an. Wir wollen die Hoffnung nie aufgeben, nicht wahr?« Er griff nach ihrer Hand und blinzelte ihr schelmisch zu.

»Es hat mich sehr gefreut, Ihre Bekanntschaft zu machen«, versicherte Nore Brand mit Nachdruck. Sie wollte gehen.

»Ganz meinerseits, ganz meinerseits«, gluckste er und

hielt lange und fest ihre Hand. Auf einmal zog er sie zu sich hin. »Da war noch etwas. Sagen Sie, was ist mit dieser Tänzerin aus Moskau eigentlich los?«

Nore Brand versuchte sich aus seinem Griff zu lösen.

»Stania Matiowa soll sie heißen. Sie sammelt Geld für ein Waisenhaus in Moskau.«

»Klara Ehrsam schrieb im Brief, mit dieser Russin stimme etwas nicht. Da stinke etwas ganz fürchterlich im Staate Dänemark. Eine Russin, die nicht russisch kann.«

»Heinrich«, rief Elvira, »du gehst zu weit!«

Doch Heinrich Merian ignorierte seine Schwester.

»Warum wusste Frau Ehrsam …?«

Endlich lockerte sich sein Griff. »Diese Begünstigte, diese Medizinstudentin aus Kroatien, habe einmal eine Bemerkung gemacht. Diese Ballerina aus Moskau sei eine lausige Schauspielerin. Eine Russin, die nicht russisch kann, und wer seine Beine kaputt getanzt habe, bewege sich anders. Das steht im Brief. Klara wollte diese Frau natürlich zur Rede stellen und anschließend den Direktor aufklären. Aus solchem Holz war unsere Klara geschnitzt. Aber vielleicht kam sie gar nicht mehr dazu, die Ärmste.«

Höchstwahrscheinlich schon, dachte Nore Brand. Das hätte sie lassen sollen.

Elvira zupfte ungeduldig an seinem Ärmel. »Heinrich, schweig. Hier ist dein Frühstück.«

Er schüttelte sie ab und bedachte sie mit einem unfreundlichen Blick. Dann wandte er sich wieder an Nore Brand. »Diese Russin soll seine neue Favoritin sein. Denken Sie bitte nicht schlecht über unsere Freundin Ehrsam. Das wird ihr bestimmt nicht gefallen haben, dass da wieder eine andere war. Sie war auch nur ein Mensch. Da hat sich der Direktor also doch noch auf jüngere Frauen verlegt. Das soll ja vorkommen. Unsereiner kennt sich auch etwas aus im Leben.«

»Heinrich, jetzt ist es genug!«, rief Elvira und schob ihren Bruder an den Tisch, wo sie sein Frühstück bereitgestellt hatte. Der Kaffee roch hervorragend.

Als Nore Brand draußen im Flur stand und die Jacke zuknöpfte, setzte der aufgeregte Wortwechsel im Büro des Anwalts wieder ein. Nore Brand zögerte einen Augenblick, doch dann legte sie rasch ihr Ohr an die Tür. Die effizientesten Methoden waren in der Regel sehr einfach in der Handhabung. Sie brauchte keine Technik, Batterien und Akkus dafür. Nur die kleine Portion Unbeschwertheit, um sie anzuwenden.

»Unsinn. Ich glaube dir kein Wort«, hörte sie Elvira mit schneidender Stimme widersprechen, »du hast ihr zu viel erzählt und das nur, weil sie dir gefällt. Da muss nur eine mit einem tollen Busen kommen und schon zwitscherst du wie ein Kanarienvogel. Klara Ehrsam dreht sich ja im Grabe um.«

»Ich habe nur das gesagt, was gesagt werden darf. Sie wusste bereits fast alles. Die Polizei steckt ihre Nase früher oder später doch überall hinein«, wehrte sich Anwalt Merian. »Und überhaupt, bald wissen es sowieso alle.«

»Dass mit dieser Russin etwas nicht stimmt, wusste ich längst. Und du Trottel hättest fast das ganze Geld auf ihr Konto überwiesen. Für arme Waisenkinder.« Elvira lachte höhnisch. »Du lieber Himmel. Männer können doch solche Esel sein. Vor allem, wenn es um Frauen geht.«

»Ach ja, diese hübsche Summe. Das habe ich glücklicherweise vergessen«, rief Anwalt Merian, »und Klara hatte so ein Durcheinander in ihrem Fadenkörbchen, dass sie auch das nicht mehr merkte. Klara wusste ja nie, wie viel sie besaß. Das interessierte sie gar nie. Aber geändert wird nichts mehr. Punktum. Das Testament ist vernünftig, Klara ist tot, die Heilsarmee wird sich freuen und die Frau aus Kroatien wird wohl eine Familie haben, die sich mit dem Geld etwas trösten kann. Aber, das ganz große Geheimnis, das wird keiner von mir erfahren. Nie und nimmer.«

»Was hast du denn noch für ein Geheimnis?«, fragte Elvira verärgert. »Ach was, jetzt mach aber einen Punkt. Trink deinen Kaffee, bevor er kalt ist. Dein Magen verträgt das nicht.«

»Liebe Elvira«, die hohe Stimme des Anwalts drang mühelos durch die Wände, »das letzte Geheimnis unserer Freundin weiß nur ich. Und dieser Kerl aus St. Petersburg. Hähäää.«

»Trink deinen Kaffee, habe ich gesagt.«

Da wurde es still. Offenbar gehorchte er endlich und trank seinen Kaffee. Dann näherten sich harte, kurze Schritte der Tür. Elvira.

Nore Brand eilte die Treppe hinunter und verließ das Haus des Anwalts. Draußen empfingen sie angenehme Temperaturen. Sie pfiff durch die Zähne. Sieben Millionen für die Heilsarmee.

Aber wer war dieser Kerl aus St. Petersburg?

Als Nore Brand wieder in ihren Wagen einstieg, tastete sie nach dem froschgrünen Apparat, der während der nächtlichen Fahrt unter den Führersitz gerutscht war. Nino Zoppa meldete sich sofort.

»Nino, was ist mit der russischen Primaballerina? Hast du etwas gefunden.«

»Nein, in Sibirien kann man nicht surfen. Dort ist es viel zu kalt ohne Markenmütze.«

»Nino!«

»Okay. Ich weiß alles über das Bolschoitheater, aber über eine tanzende Stania Matiowa gibt es nichts. Rein gar nichts.«

»Das erstaunt mich nicht. Mit dieser Diva stimmt tatsächlich etwas nicht. Sie soll die neue Geliebte des Direktors sein.«

Sie hörte Nino mit einem zischenden Geräusch die Luft einziehen.

»Sex and Crime. Dieser Tweedgorilla beginnt mir zu imponieren.«

»Erstaunlicherweise kann diese Russin nicht russisch. Ich fahre los und du suchst weiter. Du hast viel Zeit, bis ich zurück bin.«

»Bis ich Vierkantaugen habe. Noch etwas. Hat Frau Ehrsam den Direktor tatsächlich begünstigt?«

»Nein, hat sie nicht. Mit ihrem letzten Brief hat sie es nochmals geändert.«

Nino atmete hörbar auf. »Diese Klara Ehrsam war ja eine heiße Nummer. Dieser Schickimicki-Gorilla tauscht sie ein gegen eine junge Russin, aber die würdige Dame hat für solche Späße kein Verständnis. Logo, das muss bestraft werden. Nore, weißt du was? Ich begreife nicht, warum Männer immer klagen, Frauen könne man nicht verstehen.«

DER HOTELDIREKTOR IN EINER PEINLICHEN LAGE

Zweieinhalb Stunden später, zwischen Zweisimmen und Blankenburg, bog Nore Brand in einen Feldweg ein. Sie stellte den Motor ab und packte ihr Handy. Nach dem dritten Zeichen raschelte und rauschte es im Apparat. Darüber erklang eine helle Stimme.

»Kunsthandlung Petermann, Maria Volta am Apparat.«

»Und? Was hast du herausgefunden?«

»Nore, du.«

»Ja, natürlich. Hast du etwas herausgefunden?«

»Zuerst muss ich dir sagen, dass du meine Karriere ruiniert hast. Mein Chef hat getobt, als er erfuhr, womit ich den ganzen Morgen verbracht habe.« Sie machte eine Pause, um die Botschaft wirken zu lassen.

»Das tut mir leid. Aber mach schnell. Mein Akku ist fast leer.«

»Das sagt heutzutage jeder.« Marias Atem zischte durch die Leitung. »Also gut. Deine Arbeit führt dich in ganz besondere Häuser, aber ich beneide dich nicht darum. Nur eines muss ich wissen: Geht es wirklich um Leben und Tod?«

»Vor allem um Tod.«

»Warum sagst du das nicht gleich. Also, das Einzige, was ich dir sagen kann, ist, dass viele Werke von Simmer in keinem Katalog aufgeführt sind.«

»Du redest vom großen Simmer?«

»Ja, natürlich.«

»Weiter«, drängte Nore Brand.

»Dass nicht alles im Katalog aufgeführt ist, muss noch nichts heißen. Simmer war von Anfang an unsystematisch, aber es wurde immer schlimmer. Er fertigte immer wieder Listen an, doch keine war je vollständig. Er hatte schon früh die Übersicht über seine Werke verloren, nur helfen lassen wollte er sich nie dabei. Das ist immer so bei diesen Künstlerchaoten. Aber«, sie hob ihre Stimme, »eines ist ganz sicher gefälscht. Das Triptychon nämlich, das habe ich kürzlich in einer Privatsammlung gesehen. Offiziell gilt es als verschollen, aber es ist aufgetaucht. Frag mich nicht, wie das kommt. Im Kunsthandel war und ist alles möglich.«

»Maria, ich weiß genug. Ich fürchte, dass die dritte Leiche fällig ist. Bis bald.«

»Fällig? Die dritte Leiche? Nore, du bist herzlos«, rief Maria Volta, aber Nore Brand hatte sich bereits aus dem Gespräch geklinkt.

Das nächste Ziel war Bucher. Nach einer kurzen Unterhaltung ließ Nore Brand ihren Wagen einmal mehr auf dem Parkplatz des Hotels Belvedere stehen. Bucher hatte sich nicht gefreut über ihr Auftauchen, daran hatte sie sich inzwischen gewöhnt. Doch sobald eine Ermittlung in die Endphase ging, durfte man nicht zu viele Feinde haben und in den eigenen Reihen schon gar keine. Es war ihr gelungen, ihn mit einer kleinen Gefälligkeit zu besänftigen.

Herr Heller stand wie immer lächelnd am Empfang. »Frau Brand, was kann ich für Sie tun?«

»Ich muss Herrn Simmer sprechen. Ist er wieder im Haus?«

»Ich habe ihn heute noch gar nicht gesehen.«

In diesem Augenblick klingelte das frisch polierte Telefon. Viktor Heller nahm den Hörer und meldete sich vorbildlich. Über sein Gesicht legte sich die Maske der höflichen Langeweile. »Ja«, sagte er gedehnt in die Sprechmuschel, »sie steht zufällig bei mir.«

Er reichte den Hörer Nore Brand. »Für Sie.«

Nore Brand nahm den Hörer entgegen. Es war Elsi Klopfenstein. »Frau Brand, ich suche Sie seit Ewigkeiten. Da liegt wieder eine Leiche im See.«

Der dritte Tote.

»Ich bin schon unterwegs.«

Viktor Heller schaute sie neugierig an. »Wer?«

»Eine Einladung zu Zwetschgenkuchen und Kaffee von Elsi Klopfenstein. Beides unübertroffen im ganzen Tal. Ich muss los. Ganz frisch ist beides am besten, wussten Sie das nicht?«

Nore Brand fand Elsi Klopfenstein vor ihrem Bretterhäuschen stehen.

»Na endlich. Was habe ich Ihnen gesagt? Drei Tote. Jetzt haben wir's.«

»Wo ist die Leiche?«

»Genau dort, wo Frau Ehrsam lag.« Wortlos eilte Elsi Klopfenstein voran.

Ein paar Minuten später standen sie auf dem Steg und beugten sich über das Holzgeländer.

»Den da habe ich noch nie gesehen«, sagte Elsi Klopfenstein.

Nore Brand beugte sich über das Geländer.

Es war Jeremias Matthäus Simmer. Oder der Mann,

der sich als Jeremias Simmer ausgegeben hatte. Er lag auf der Seite, so als ob er schlafen würde, aber sein Oberkörper war blutüberströmt.

»Ich glaube, dieser Mann hier hätte Ihren Schnaps nicht verachtet.«

Elsi Klopfenstein stützte die Fäuste in ihre Seiten. »Dann ist es ja direkt eine Schande, dass er nicht mehr lebt. Aber heute schließe ich endgültig. Kein Mensch war da. Was soll ich nun mit meinem Zwetschgenkuchen tun? Die reine Verschwendung. Eine Schande ist das.«

»Ich glaube, Sie können Ihre Saison nochmals verlängern. Sobald das hier die Runde gemacht hat, läuft das Geschäft wieder.«

Das Gesicht von Elsi Klopfenstein leuchtete auf. »Da haben Sie auch wieder recht. Aber der Kerl da tut mir trotzdem leid. Ein so dreckiges Ende hat keiner verdient.« Ihr Bedauern war so ehrlich wie nüchtern.

»Frau Klopfenstein, hat außer Ihnen sonst noch jemand die Leiche gesehen?«

»Der Mörder vermutlich.«

»Ich meine außer Ihnen und dem Mörder.«

Elsi Klopfenstein schüttelte den Kopf. »Nicht dass ich wüsste.«

Aus der Ferne ertönte Motorengebrumm. Plötzlich sahen sie Nino Zoppa auf einem kleinen Motorrad heranrattern.

»Das dachte ich mir doch. Hat der See noch etwas zu erzählen?«, rief er und stellte den Motor ab.

»Ich habe ja immer von einem dritten Toten gesprochen«, begann Elsi Klopfenstein. »Armer Kerl!«

Nino Zoppa beugte sich über die Brüstung.

»Das ist Jeremias Matthäus Simmer«, sagte Nore Brand.

»War«, korrigierte Nino bestürzt.

»Der dritte Tote«, ergänzte Elsi Klopfenstein triumphierend.

»Ja natürlich, die heilige Dreieinigkeit, aller guten Dinge sind …«

»Ruf Bruder Klaus an«, fiel Nore Brand ihm ins Wort.

»A propos«, sagte Nino Zoppa. »Bruder Klaus hat vor zehn Minuten angerufen. Er weiß jetzt, woher die Spuren stammen, die an Jelenas Wagen festgestellt wurden. Es ist ein Offroader mit einem ganz besonderen Lack.«

Nore Brand schaute verständnislos. »Ein Offroader?«

»So eine Höllenmaschine, Mercedes-Benz, kostet mehr als 100.000 Franken, fast 400 PS und in 5 Sekunden bist du von 0 auf 100 Stundenkilometern. Kein Auto für normale Menschen. Ein Kinderkiller ist das. Ein Hochglanzmobil mit breiten, dunkelschwarzen Riesenpneus für Männchen mit zu viel Geld und zu kurzen …« Er brach ab, als er Nore Brands Blick auffing.

Elsi Klopfenstein lachte laut. Dieses freche Kerlchen schien ihr zu gefallen.

Nino Zoppa blinzelte Elsi Klopfenstein verschwörerisch zu. »Nun wissen wir wenigstens, was wir suchen. Selbstverständlich hat er die Fingerabdrücke des Direktors auf der Uhr von Frau Ehrsam gefunden.«

Nore Brand drehte den Kopf zu Elsi Klopfenstein. »Würden Sie hier bleiben, bis die Spurensicherung kommt? Ich muss unbedingt etwas erledigen. Du, Nino, schau zu, dass du in die Hotelgarage kommst und Nummer und Besitzer des Wagens herausfindest.«

»Und du?«

»Ich will wissen, wie die Fingerabdrücke des Direktors auf die Uhr von Klara Ehrsam gekommen sind.«

»Ich bin froh, dass du das allein machst. Wenn ich diesen Kerl nochmal vor mir habe, dann zurre ich seine Krawatte so fest zu, bis er keine Luft mehr bekommt.«

»Drei Tote sind eigentlich genug für diese Saison, oder?«, wandte Elsi Klopfenstein ein.

Da erinnerte sich Nore Brand. Sie wandte sich an Elsi Klopfenstein. »Jetzt haben wir die drei Toten. Was hat das zu bedeuten?«

Elsi Klopfenstein wackelte verlegen mit dem Kopf. »Meine Mutter erzählte mir von einer alten Geschichte. Dort hinten«, sie deutete mit dem Kinn ans Ende des Tals, »unter den Felsen, da fand man eines Tages drei Tote.«

Sie zögerte einen Moment und schaute Nore Brand skeptisch an. Doch dann gab sie sich einen Ruck. »Da gibt es eine Sperrzone. Seit langer Zeit. Dort war früher einmal das Militär. Im Zweiten Weltkrieg haben sie dort einen Bunker in den Berg gebaut. Mindestens 20 Panzer hätten Platz gehabt. Zum Schutz haben sie zwei Kanonen installiert. Mein Vater kannte den Sohn des Wachsoldaten, der die Anlage während der Kriegsjahre bewacht hat.«

»Und was war mit den drei Toten?«

»Drei Burschen waren es. Die wollten offenbar in den Bunker hinein. Gesoffen hatten sie. Es waren drei Lausbuben von hier. Die waren nicht älter als 18, aber der Wachsoldat hat dann kein Federlesens gemacht und geschossen.«

»Federlesens?«

»Ja, der Wachsoldat glaubte, dass er Spione vor sich habe. Der hat geglaubt, die Schweiz würde untergehen, wegen drei Lausbuben! Dann hat er geschossen. Im Krieg sei das anders gewesen, sagten die Männer immer, und Frauen hätten von diesen Dingen sowieso keine Ahnung. Man hat die Sache natürlich geheim halten müssen.«

»Wann war das?«

Elsi Klopfenstein kniff die Augen zusammen. »Im Sommer 1944. Ich war noch nicht lange aus den Windeln.«

Nore Brand schüttelte den Kopf. Dinge zu verschweigen, das war offenbar nie ein Problem gewesen. Doch es blieb immer jemand, der etwas wusste. »Das wird uns bei der Lösung dieses Falles nichts bringen, vermute ich.«

»Wahrscheinlich nicht«, erwiderte Elsi Klopfenstein. Sie wandte sich abrupt ab. »Meine Mutter sprach erst nach dem Tod meines Vaters davon. Nur einmal. Von den Familienangehörigen der Toten wohnt niemand mehr im Tal. Die haben das nicht ausgehalten.« Sie schaute über den See. »Ich habe das nie vergessen. Aber es ist nicht gut, wenn man diesen Sachen nicht nachgeht. Auch wenn die Zeiten anders waren. Leider spricht heute keiner mehr darüber. Vielleicht schämt man sich dafür. Es ist merkwürdig, aber Frau Ehrsam kannte diesen Bunker auch. Ich vermute, dass der Direktor sie mal dorthin mitgenommen hat. Vielleicht war das ihr Liebesnest.« Sie zwinkerte Nore Brand zu.

»Inzwischen wissen nur noch wenige von diesem Bunker, aber die leben nicht mehr lange, die sind alle mindestens so alt wie ich. Das hilft uns nicht weiter, oder? Aber wenn ich diesen Wanderer das nächste Mal hier sehe, bringe ich ihn eigenhändig zu Ihnen.«

»Seinen Namen wissen Sie immer noch nicht?«

»Er sagte mir, das gehe die Polizei überhaupt nichts an.«

Nino Zoppa warf Nore Brand einen Blick zu.

Elsi Klopfenstein zögerte eine Weile, bevor sie den Mund öffnete. »Wir sind eben nicht so redselig hier oben.«

Was unter normalen Umständen auch ein Segen war.

»Und wenn wir alle plötzlich wie der Wasserfall da oben reden würden. Die Toten werden davon auch nicht mehr lebendig.« Elsi Klopfenstein wandte sich beleidigt ab.

Der Hoteldirektor wurde rot, als Nore Brand ihn vor die Tatsache stellte, dass auf der Uhr seine Fingerabdrücke gefunden wurden. Sie hatte ihn im Speisesaal aufgespürt und ihn ohne Umschweife mit der Sache konfrontiert, worauf er sie rasch aus dem Saal in sein Büro führte und die Tür fest hinter sich zuzog. Sie spürte, dass er um Fassung rang. Weil er sich als kleinen Gauner entlarvt sah?

Er deutete auf den Stich von St. Petersburg, der an der Wand hinter seinem Bürotisch hing. »Kennen Sie die Geschichte des Bernsteinzimmers?« Der Direktor stand mit dem Rücken zu ihr.

»Ja.« Eine wunderbare Legende, die einige Kunstfreunde fast um den Verstand gebracht hatte.

»Das Zifferblatt der Uhr von Klara Ehrsam soll aus einem Bernsteinplättchen dieses legendären Zimmers sein. Das hat sie mir einmal so erzählt. Der Uhrmacher habe dieses Plättchen in eine Uhr eingebaut und …« Er brach ab. »Weil mich diese Geschichte fasziniert hat, wollte ich diese Geschichte abklären lassen und die Uhr dann der

Familie zurückgeben. Was sollte ich auch mit so einer Uhr? Klara liebte solche Geschichten und sie war bekannt für ihren Unfug. Ich wollte es einfach genau wissen.« Der Direktor drehte sich langsam um. Er schaute Nore Brand direkt in die Augen.

»Also, wenn meine Fingerabdrücke drauf waren, dann ist das nicht weiter verwunderlich. Aber die Uhr kam mir abhanden. Ich hatte sie hier«, er zog eine Schublade an seinem Tisch auf, »ganz hinten drin. Das wusste niemand, aber eines Morgens war sie weg. Dann tauchte sie im Schrank von Frau Petrovic auf und den Rest kennen Sie.«

Nore Brand schaute ihn an. Sie wusste nicht, was sie von dieser Geschichte halten sollte. Es ging um weit mehr als nur um das neugierige Kind im Mann. »Warum haben Sie Frau Ehrsam nicht einfach gebeten, die Wahrheit zu erzählen?«

»Die Wahrheit?«

»Wenn Sie Klara Ehrsam gekannt hätten, würden Sie diese Frage nicht stellen. Klara war ein Phänomen. Immer für eine Überraschung gut. Die Geschichte des Bernsteinzimmers hat auch mich immer fasziniert.«

Würde auch er deswegen den Kopf verlieren?

»Na ja, Klara hat mir diesen Kunstvirus weitergegeben und da hatte ich unverhofft die Gelegenheit, eines dieser legendären Bernsteinplättchen zu sehen und da ist wohl etwas mit mir durchgegangen, aber Sie müssen mir glauben, ich hatte nie die Absicht, diese Uhr zurückzuhalten. Es war einfach die Vorstellung, eines dieser Teilchen vor mir zu haben.« Er schaute Nore Brand um Verständnis bittend an. »Da ist noch etwas. Gestern Abend hatte ich ein Telefongespräch mit einem früheren Kollegen von mir. Wir waren zusammen im Gymnasium und später in der gleichen Kompanie. Es stellte sich heraus, dass er Ihr Chef ist. Zufälle gibt es, nicht wahr?« Er lächelte sie an. Wiederum völlig Herr der Lage. »Er bat mich, Sie daran zu erinnern, dass Sie ihn so rasch wie möglich zurückrufen. Falls ich Sie sehen würde. Das ist jetzt endlich der Fall.«

Kompanie klang wie Kumpanei.

Das hier war nicht bloß Filz, nein, hier handelte es sich um Kugelgarn. Sie hatte diesen Mann eben in eine so peinliche Lage gebracht, dass er zu seiner Rettung auf die freundschaftliche Verbindung mit ihrem Chef hinweisen musste. Das war eine unverhohlene Drohung.

Doch vielleicht spielte die Zeit für sie. Da war noch etwas, sie hoffte, dass es eine Keule war.

»Jeremias Simmer ist tot«, sagte sie.

»Simmer? Tot?« Sein Mund blieb einen Augenblick unvorteilhaft weit offen stehen. Dann riss er sich zusammen.

»Wo?«

»Beim See. Frau Klopfenstein hat ihn gefunden. Die Spurensicherung ist an der Arbeit.«

Er starrte sie eine Weile ausdruckslos an. »Dann brauchen Sie mich wohl nicht mehr.«

»Nein. Im Moment sicher nicht.«

Nore Brand nickte ihm zu und ging.

In der Eingangshalle wartete Nino Zoppa auf sie. »Und?«

»Der Wagen, der Jelena über die Böschung geschoben hat, gehört der russischen Tänzerin Stania Matiowa. Ich war in der Garage. Da ist tatsächlich eine tolle Beule vorne dran. Bruder Klaus ist unterwegs. Welches Interesse hätte die Ballerina am Tod von Jelena?«

»Klara Ehrsam erwähnte im Brief an ihren Anwalt eine Bemerkung, die Jelena über die Ballerina gemacht hat.«

»Die wäre?«

»Stania Matiowa sei eine schlechte Schauspielerin. Sie könne nicht einmal russisch und mit kaputten Knien könne man sich nicht so bewegen. Auf jeden Fall wollte Klara Ehrsam sie zur Rede stellen. Wo ist die Ballerina im Moment?«

Nino Zoppa salutierte knapp. »Sie ist um diese Zeit immer in der katholischen Kirche. Der Barfrau entgeht keine einzige der üblen Gewohnheiten ihrer Gäste. Die Tänzerin gehe jeden Tag in die Kirche und bete dort für die russischen Waisenkinder und die Genesung ihrer Knie. Warum auch nicht? Die einen flippern, die andern beten. Was gut tut, tut gut.«

»Also los, ab in die Kirche. Aber nicht zum Beten.«

DIE RUSSISCHE BALLERINA MUSS BETEN

Die Ballerina saß ganz vorne in der katholischen Kirche. Eine schmale Gestalt. Klein. Der Rücken gebeugt. Tief in ein Gebet versunken. So machte es den Anschein. Nore Brand bedeutete Nino Zoppa, stehen zu bleiben.

Leise ging sie durch den Hauptgang und blieb wenige Schritte hinter Stania Matiowa stehen. »Frau Matiowa, vielleicht können Sie uns helfen.«

Stania Matiowa zuckte zusammen. »Wer sind Sie?«, hauchte sie.

»Nore Brand, Kriminalpolizei.«

Die Ballerina schaute sie mit ihrem Rehblick fragend an. »Was wollen Sie von mir?«

»Wir möchten Ihnen eine Frage stellen.«

Stania Matiowa erhob sich mühsam und ging leicht hinkend durch den Hauptgang zum Portal hinaus.

Nore Brand folgte ihr.

Stania Matiowa war weit größer, als sie aus der Ferne wirkte. Der Grund dieser Täuschung musste ihre mädchenhafte Gestalt sein.

Vor der Kirche blieb sie stehen und schaute fragend zwischen Nino Zoppa und Nore Brand hin und her.

»Frau Matiowa, Sie besitzen einen Mercedes-Benz GL500«, begann Nino Zoppa.

»Ja.«

»Dieses Auto war in den Unfall verwickelt, bei dem Jelena Petrovic starb.«

»Was sagen Sie da?«

Nino Zoppa wiederholte den Satz laut und langsam.

»Aber mein Wagen steht in der Garage. Ich habe ihn seit Tagen nicht mehr gebraucht.«

»Hat sonst jemand ihn ab und zu gefahren?«

Sie dachte nach. »Jeremias. Herr Simmer. Aber nur ganz selten, wenn er mal mit einem Bild irgendwohin musste. Zu einem Käufer meistens.«

»Sie waren befreundet?«

»Waren?«

»Jeremias Matthäus Simmer ist tot«, sagte Nore Brand.

Bei diesen Worten brach die Ballerina mit einem Seufzer zusammen.

»Verdammt noch mal, musstest du ihr das so eiskalt verabreichen? Jetzt ist sie vor Schreck ins Koma gefallen.«

Nore Brand beugte sich über die bewusstlose Frau, dann erhob sie sich wieder. »In ihrer Lage kann das ganz praktisch sein.«

»Du bist herzlos.«

»Auch das ist manchmal nützlich. Komm, hilf mir, wir bringen sie ins Hotel.«

Der Direktor eilte herbei, beugte sich besorgt über die Ohnmächtige und tätschelte abwechslungsweise ihre Hand und ihre Wangen. »Stania«, flüsterte der Direktor, »was ist?«

»Sie hatte einen kleinen Schwächeanfall, in der katholischen Kirche«, erklärte Nore Brand.

»Nichts Besonderes«, sagte Stania Matiowa mit kläglicher Stimme. »Bitte, bring mich in mein Zimmer.«

Nore Brand und Nino Zoppa verständigten sich mit einem Blick.

»Wir bleiben noch eine Weile in der Hotelbar, falls Ihnen etwas in den Sinn kommt. Übrigens müssen wir Ihren Wagen untersuchen lassen«, erklärte Nore Brand.

»Tun Sie Ihre Pflicht, machen Sie nur«, flüsterte die Tänzerin. »Aber ich möchte mich etwas erholen.« Sie schaute den Direktor flehend an. Dieser legte den Arm beschützend um sie, half ihr auf die Beine und führte sie zum Lift.

»Nun geht endlich alles drunter und drüber. Zeit zum Rekapitulieren.«

»Rekapitulieren?«

»So sagt es Bastian Bärfuss immer. Ich brauche einen Cognac und du erzählst mir, was du weißt.«

»Ich?«

Nore Brand wurde ungeduldig. »Du erzählst mir, was bisher geschehen ist und ich höre dir zu.«

»Und nippst am Cognac-Glas. Das ist nicht fair. Übrigens sind wir im Dienst.«

»Pscht, du tust, was ich dir sage. Ich bin gerade dabei, Überstunden abzubauen. Los, ab in die Bar. Zu deiner Sirene.«

Die Barfrau zwinkerte Nino vertraulich zu. Auf die Anwesenheit von Nore Brand hätte sie wohl nur zu gerne verzichtet.

»Eine grüne Fee für mich!«

Das Gesicht der Barfrau wurde lang. »Grüne Fee?«,

wiederholte sie verständnislos. »Das habe ich noch nie gehört.«

»Grüne Fee? Was ist denn das?«, erkundigte sich Nino.

»Kräutersirup, mit Anis.«

»Fühlst du dich nicht gut?«, fragte Nino.

»Nein.« Nore wandte sich an die Barfrau. Vermutlich sah sie nett aus, sobald sie drei Zentimeter Schminke weggespachtelt hatte. »Dann eben einen Cognac.«

»Das haben wir«, sagte die Barfrau erleichtert und tauchte in ihr Flaschensortiment ab.

»Also, rekapitulieren wir. Du fängst an.«

Nino atmete tief durch.

»Gut. Also. Zuerst war Klara Ehrsam tot. Sie könnte sogar eines natürlichen Todes gestorben sein. Das wissen wir nicht, weil sie bereits kremiert war, als wir anfingen zu ermitteln. Dann kam Jelena. Sie erzählte uns von Klara Ehrsams Aufregung und vom Brief an den Anwalt.«

»Wir wissen, dass Klara Ehrsam eifersüchtig war und …«

»Und dass sie der Ballerina nicht traute«, fiel Nino Zoppa ihr ins Wort, »soll ich rekapitulieren oder willst du?«

Nore Brand nippte am Cognac. »Du.«

»Wir wissen, dass sie dem Direktor Geld vererben wollte …«

»Millionen«, warf Nore Brand ein, was Nino Zoppa ignorierte.

»… dann ihre Meinung änderte …«

»… das Geld auf ein Konto der Ballerina überweisen wollte, was der Anwalt jedoch vergaß …«

Nino Zoppa funkelte sie an. »Du oder ich?«

»Entschuldige, du natürlich.«

»Also könnte es sein, dass der Direktor, der von der Änderung wusste, sie tötete, um sie an einer Änderung des Testaments zu hindern. Und das Gleiche gilt für die Ballerina. Klara Ehrsam wollte beide zur Rede stellen. Vermutlich tat sie es auch, etwas anderes passt nicht zu ihr, und so wussten beide, dass ihnen die Felle davonschwimmen könnten. Jelena jedoch hatte nie ein Motiv. Sie war in Bezug auf die Ballerina misstrauisch geworden, sie hatte herausgefunden, dass sie nicht richtig russisch konnte und sie erzählte Klara Ehrsam davon. Nach dem Tod von Klara Ehrsam nahm sie mit uns Kontakt auf und dafür wurde sie getötet. Jemand hatte Angst, dass sie etwas wusste und uns informieren könnte. Daran musste sie gehindert werden. Zum Glück war sie schneller, aber wir haben sie nicht schützen können.« Nino Zoppa verstummte.

»Und weiter?«

»Nore, dieses Aufzählen ist unerträglich.«

»Gut möglich, aber wir müssen uns beeilen. Das ist alles. Wir haben keine Ahnung, was noch passieren kann.«

»Also gut«, fuhr Nino Zoppa weiter fort, »dann kommt plötzlich dieser Jeremias Matthäus Simmer ins Spiel. Kaum ist der drin, wird er getötet. Ein Künstler, Maler will ich sagen…«

»… nein, ein Fälscher«, präzisierte Nore.

»… und er verkauft seine Bilder für sehr viel Geld«, fuhr Nino weiter fort, »weil sein Bruder ein ganz Großer war und Stania Matiowa fällt in Ohnmacht, als sie erfährt, dass er tot ist.« Er lachte widerwillig. »Grauenhaft, wenn man diese Dinge so auf die Reihe bringt.«

»Ich habe noch nicht oft Frauen in Ohnmacht fallen sehen, leider. Sonst wüssten wir jetzt mehr.«

»Meinetwegen ist jedenfalls noch keine in Ohnmacht gefallen.«

»Was nicht ist, kann vielleicht noch werden«, versuchte Nore Brand ihn zu trösten.

»Ich weiß nicht, ob das für mich ein Ziel ist. Aber wen liebt diese Frau eigentlich? Den Direktor oder Simmer?«

»Vielleicht beide.«

»Beide?«

»Ja. Aus Berechnung.«

Nino Zoppa runzelte die Stirn. »Wie meinst du das?«

»Diese Frau ist interessant und sie ist auch Jelena Petrovic aufgefallen. Wir wissen, dass es in Moskau keine Tänzerin mit diesem Namen gab. Aber sie kommt als Bolschoi-Ballerina zu einem Kuraufenthalt ins Belvedere, gibt vor, sie müsse ihr Tanzknie pflegen, dabei wickelt sie den Direktor um den kleinen Finger. Gleichzeitig scheint sie mit Simmer zusammenzuarbeiten. Sie leiht ihm ihr Auto, damit er seinen Kunden die teuren Bilder bringen kann. Mit diesem Auto wurde der Mordanschlag auf Jelena Petrovic verübt. Unser Direktor, vermutlich blind vor Liebe, leistet Schützenhilfe, indem er versucht, Jelena Petrovic in ein schlechtes Licht zu rücken. Es stört ihn gewaltig, dass sie eine intelligente Frau ist, der die Polizei Glauben schenken könnte. Vielleicht hat sich Stania Matiowa beklagt über sie. Vermutlich fühlte sie sich durchschaut. Dann war unsere Klara Ehrsam alles andere als eine Diplomatin, so vermute ich, und sie sagte alles, was ihrer Ansicht nach gesagt werden musste. Keine Spur von Vorsicht. Dabei brachte sie vermutlich auch Jelena ins Spiel. Die Medizinstudentin habe gesagt, dass man sich nicht so bewegen könne, wenn man seine Knie kaputt getanzt habe …«

»Nore, das ist doch Spekulation!«

»Immerhin extrem nachvollziehbar. Aber die Geschichte geht weiter. Falls Stania Matiowa eine Betrügerin ist, müsste dieses Konto zu finden sein, dann könnte sie auch mit dem dritten Mord zu tun haben.«

»Was ist mit dem Direktor?«

Nore Brand wiegte den Kopf hin und her. »Der spielt in einer anderen Liga.«

Nino Zoppa schaute sie verständnislos an. »Was meinst du damit?«

»Der Chef hat Angst, dass wir seinen Freund allzu genau unter die Lupe nehmen.«

Nino Zoppa begriff nicht.

Nore Brand stellte das Glas auf den Tisch. »Abwarten.«

»Dass die Heilsarmee sieben Millionen bekommt. Geschenkt.« Nino Zoppa schüttelte den Kopf. »Das ist doch absolut hirnrissig. Die wissen doch gar nicht, was tun mit so viel Geld.«

Nore Brand rutschte vom Barhocker. »Die lassen sich bestimmt etwas Gutes und Edles einfallen. Versteh mich nicht falsch. Die Menschheit braucht noch sehr lange solche Organisationen. Ich rufe Merian an. Wir müssen etwas über dieses Konto erfahren und dann besuche ich unsere mysteriöse Tänzerin noch einmal.«

»Und ich gehe zu Bruder Klaus.«

»In einer Stunde treffen wir uns im Steinbock.«

Nino Zoppa salutierte und machte sich auf die Socken.

»Was wissen Sie von Jeremias Matthäus Simmer?«, fragte Nore Brand eine Stunde später. Sie saß in der Suite der Ballerina.

Als die Tänzerin antwortete, ging ihr Blick zur Decke.

Merian war nicht zu erreichen gewesen. Der Grund seiner Unerreichbarkeit war zweifellos dieser Cerberus namens Elvira. Sie hatte auf den großen Trumpf im Spiel gegen Stania Matiowa gehofft. Nun musste sie warten.

Stania Matiowa saß mitten im Raum auf einem weißen Ledersofa. Sie hielt ihre Augen aufmerksam auf Nore Brand gerichtet. Sie schien sich bestens erholt zu haben. Falls das notwendig gewesen war.

»Er war ein besonderer Mann. Wir sind uns hier im Hotel begegnet. Vor fünf Wochen vielleicht. Weil auch er Künstler war, hatten wir sozusagen eine gemeinsame Basis.« Sie lächelte versonnen vor sich hin. »Er war eben aus Südamerika zurück.« Sie dachte einen Moment nach.

»Ich glaube, er hat das Leben geliebt in Südamerika. Er war mit einem Schulfreund ausgewandert. Wann genau, kann ich Ihnen nicht sagen. In Buenos Aires haben sie eine Kunsthandlung eröffnet. Und weil er nicht andauernd nach seinem berühmten Bruder gefragt werden wollte, legte er sich dort einen neuen Namen zu. Er muss sehr gelitten haben. Er sorgte dafür, dass man ihn in der Heimat für verschollen erklärte. Abenteuerlich, nicht wahr?«

»Wie nannte er sich?«

»Pedro Pechstein. Witzig, nicht? Die beiden Freunde gaben sich als Brüder aus. Das war auch kein Problem, denn sie glichen sich tatsächlich, Jeremias fand das offenbar sehr lustig. Doch als sein großer Bruder starb, muss er sehr gelitten haben. Dabei hätte er sofort an dessen Stelle treten können. Die Welt ist doch so, sie will solche Geschichten, nicht wahr? Aber Jeremias arbeitete hart an sich. Er hatte sich ein künstlerisches Ziel gesetzt, und sobald er dieses erreicht hatte, verließ er Südamerika. Er suchte Kunsthändler auf und begann sich auch um den Nachlass seines Bruders zu kümmern.«

»Und was tat sein Schulfreund?«

Stania Matiowa ließ ihren Blick über die Möbel gleiten. »Er sprach nicht viel von ihm. Vermutlich haben sie sich auseinandergelebt. Soviel ich weiß, ist der in Buenos Aires geblieben.«

»Wissen Sie den Namen?«

»Nein.« Sie dachte nach. »Oder doch, ich glaube Alfonso oder so etwas Ähnliches.«

»Können Sie sich vorstellen, warum Jelena Petrovic ihm im Weg stand?«

Stania Matiowa schaute Nore Brand erstaunt an. »Nein, was meinen Sie denn damit?«

»Er könnte Ihr Auto gebraucht und sie in einen Unfall verwickelt haben, den sie nicht überleben durfte.«

Stania Matiowa öffnete leicht den Mund. »Jeremias ein Mörder? Das kann ich mir nicht vorstellen. Aus welchem Grund denn?«

»Vielleicht hat Frau Petrovic etwas gewusst, das ihm oder sonst jemandem gefährlich werden konnte.«

Die Ballerina zuckte mit den Schultern. »Zu dieser Garage haben viele Menschen Zutritt. Mein Autoschlüssel liegt auf dem Tisch, hier. Immer. In den letzten Tagen hätte ich nicht einmal gemerkt, ob jemand ihn entwendet hätte.«

»Waren Sie ein Liebespaar?«

Die Tänzerin schaute Nore Brand belustigt an. »Muss ich diese Frage beantworten?«

»Was glauben Sie, wozu ich Fragen stelle?«

»Vielleicht gab es zu Beginn so eine Art Faszination. Die beruhte auf Gegenseitigkeit. Da bin ich mir sicher.« Die Tänzerin schaute zur Decke.

»Aber dann kam der Direktor ins Spiel?«

Die Tänzerin lächelte geheimnisvoll. »Jeremias und ich waren sehr gute Freunde, das können Sie mir glauben, aber wir waren nicht füreinander bestimmt.« Die Rehaugen wurden noch feuchter. »Es tut mir so leid für Jeremias. Er war so gut zu mir.«

Nore Brand entschied sich zu gehen. Weil Merian sein Nickerchen machte, hatte sie nichts in der Hand.

Doch nun hatte sie immerhin einen kleinen Auftrag für Bastian Bärfuss. Der war ihr mittlerweile einiges schuldig.

HANDSCHELLEN NACH DEM LETZTEN AUFTRITT

Nino Zoppa hielt sich in der Gaststube vom Steinbock auf und wartete.

Der Wirt brachte ihm ein Bier. »Vom Haus spendiert.«

»Das kann ich brauchen«, sagte Nino.

Der Wirt setzte sich hin und schaute Nino Zoppa forschend an.

Gratis war dieses Bier also nicht. Der Wirt war neugierig. Bier gegen Informationen.

»Und? Macht ihr Fortschritte?«

Nino Zoppa setzte die Flasche an und trank sie zur Hälfte aus.

»Ah, gut«, sagte er, »wirklich gut.«

Der Wirt nickte zufrieden. »Felsenau. Bärner Junker Bier. Ich weiß genau, was ich meinen Gästen geben muss.« Er kratzte sich am Hinterkopf. »Zumindest, was das Bier betrifft.«

»Eigentlich dürfte ich nicht trinken. Ich bin im Dienst. Und das hier«, er deutete auf die Flasche, »nennt man Beamtenbestechung. Aber ich darf nichts erzählen. Die Ermittlungen laufen noch.«

Der Wirt grunzte. »Wenigstens arbeitet einer von euch beiden immer. Ich meine, Frau Brand ist andauernd unterwegs.«

»Ich auch, nur anders, ich surfe für sie«, verteidigte sich Nino Zoppa.

»Was ist mit der hübschen Bibliothekarin?«

In dem Augenblick betrat Nore Brand die Bildfläche und der Wirt zog sich zurück. Nino bedachte ihn mit dem unanständigen Fingerzeichen.

»Was ist?«

»Schon vorbei.«

»Höchste Zeit, dass diese Sache ein Ende findet. Also, Bärfuss wird mit Fräulein von Wyberg ins Leichenschauhaus gehen. Für die Identifizierung des Toten.«

»Und Bruder Klaus hat mir mitgeteilt, dass Simmer mit einem Schweizer Offiziersmesser getötet wurde. Er sei total besoffen gewesen, als er umgebracht wurde. Der Mörder habe brutal und heftig zugestoßen, so wie einer, der keine Ahnung von Anatomie hat.«

Nino Zoppa wandte sich angewidert ab. »Ich weiß nicht, wie lange ich diesen Beruf noch aushalte.«

Von der Eingangstür her ertönten laute Männerstimmen. Dazwischen mischte sich unverkennbar die Stimme von Elsi Klopfenstein. »Wo ist Frau Brand? Wir müssen sofort mit ihr sprechen. Sofort!«, schrie sie.

Dann stand sie in der Gaststube. Mit nassen Stiefeln. Haarsträhnen fielen ihr ins Gesicht.

Hinter ihr ein Mann, dem die Situation äußerst peinlich zu sein schien. Als Elsi Klopfenstein Nore Brand erblickte, packte sie den Mann beim Arm und schob ihn vor sich her durch die Gaststube.

»Frau Brand. Da, ich hab ihn endlich. Er heißt Fritz Künzi und er kommt aus Zweisimmen. Er hat etwas Wichtiges mitzuteilen.«

Nore Brand erhob sich. Vor ihr sah sie einen schmalen

Mann in einem olivgrünen Regenmantel. Ein abgetragener Jägerhut bedeckte seinen Kopf. Am Rücken hing ein Rucksack.

Der Ornithologe. Endlich.

Der Mann wackelte verlegen mit dem Kopf. »Ich habe gehört, dass wieder eine Leiche im See gefunden wurde. Heute Morgen. Ich war wieder da. Verdammt blöder Zufall.« Er sprach leise. Während er sprach, schaute er die Kommissarin von unten herauf an. »Frau Klopfenstein hat es erzählt.« Er machte eine Pause. »Mir ist eingefallen, dass ich damals und heute dieselbe Frau am See gesehen habe. Ganz früh. Ich habe mir gedacht, dass auch sie die Morgenstille liebt. Bevor die Sonne kommt. Wenn die Vögel erwachen. Sie war so klein. So zart. Wie ein Mädchen. Mit dunklen Haaren.«

Stania Matiowa. Klein und zart, fast wie ein Mädchen.

»Ich dachte mir«, sprach der Mann weiter, »dass diese Frau mehr gesehen haben könnte als ich. Wer weiß? Wenn man die finden würde. Sie könnte vielleicht helfen. Und hier oben gibt es nicht viele so, ähm, so schöne Frauen, dachte ich.«

Nore Brand hörte, wie Elsi Klopfenstein sich verärgert räusperte.

»Vielleicht hat sie mehr gesehen als ich. Ich schaue eigentlich nur auf die Vögel«, fügte er entschuldigend hinzu. Er hielt seinen Blick auf den Boden geheftet. »Heute Morgen war Frau Klopfenstein schon früh draußen, bei ihrem Kiosk. Da hat sie mir gesagt, dass ich das unbedingt melden müsse.«

»Ich wollte endlich aufräumen und putzen. Dann

musste ich ihm zwei Gläser Schnaps geben, bevor ich ihn so weit hatte. Er glaubte, dass Sie ihn auf der Stelle verhaften würden. Einen dritten Schnaps bekommt er, sobald er mit Ihnen gesprochen hat. Das haben wir so abgemacht.«

»Ja, die Belohnung muss dann schon sein«, lächelte der Ornithologe Elsi Klopfenstein zu.

Er wandte sich wieder an Nore Brand. »Ich möchte nicht zu viel sagen. Man weiß ja nie und tut schnell unrecht.«

»Wie ging sie, diese Frau? Wie bewegte sie sich?«

»Sie ging schnell. Und leicht. Wie eine Fee.« Der Mann schien sich über diese Frage zu wundern. »Nein, wie ein Vogel. So leicht. Hier oben hinken und humpeln doch sonst fast alle, oh, entschuldigen Sie, aber es ist doch so.«

Nore Brand bemerkte, wie Elsi Klopfenstein ihn heftig in die Seite stieß.

Oho, da war etwas in Gang gekommen bei Elsi Klopfenstein.

»Hat diese Frau Sie gesehen?«

»Nein. Mich sieht niemand. Ich habe ein wunderbares Versteck im Schilf. Ich sehe alle Vögel, alles, aber mich sieht keiner. Nur Frau Klopfenstein weiß, dass ich morgens sozusagen immer irgendwo im Schilf stecke.« Er lächelte Elsi Klopfenstein zu. »So, und nun möchte ich gehen.«

Elsi Klopfenstein packte ihn am Arm. »So, Fritz, jetzt gehen wir zuerst zum See. Du bekommst dein Schnäpschen und dann hilfst du mir noch das Brett vor die Türe nageln und dann ist Schluss für diese Saison. Endgültig.«

Die beiden verabschiedeten sich und verließen den Steinbock.

»Nino«, begann Nore Brand mit einer Stimme, wie Nino sie noch nie bei ihr gehört hatte, »auf diesen Moment habe ich gewartet. Nun gehen wir ins Belvedere.« Sie blieb ein paar Sekunden bewegungslos stehen. »Zum letzten Mal. Das garantiere ich dir.«

Nino Zoppa atmete auf. »Endlich.« Dann hielt er einen Augenblick inne. »Übrigens, Nore, der Chef hat wieder angerufen. Er tobt immer noch wie ein Wahnsinniger.«

»Ich weiß. Auf meinem Display steht dauernd sein Name, wie eingebrannt«, sagte Nore Brand.

Nino Zoppa wiegte seinen Kopf hin und her. »Du riskierst ziemlich viel.«

»Höchstens den Job.«

»Höchstens den Job?«, wiederholte er ungläubig. »Bist du verrückt geworden?«

Nore Brand klopfte an die Türe der Suite von Stania Matiowa. Das war der letzte Akt. Sie hatte Merian nach seinem Nickerchen erreicht.

Nore Brand wusste nun Bescheid.

Bucher und Nino Zoppa hielten sich hinter den Kulissen bereit. Nore Brand hatte keine Ahnung, wie sich dieser letzte Akt abspielen würde. Sie hatte gute Karten. Aber sie hatte es mit einer professionellen Betrügerin zu tun. Sie hatte nie Gelegenheit gehabt, diese Szene einzuüben. Stania Matiowa vermutlich schon.

Bastian Bärfuss hatte schnell gehandelt. Es musste das

schlechte Gewissen gewesen sein. Fräulein von Wyberg hatte den Toten natürlich nicht erkannt. Es war nicht Jeremias Matthäus Simmer gewesen.

Nore Brand legte ein Ohr an die Tür. Nichts. Sie klopfte wieder. Und wartete. Sie wusste, dass die Ballerina drin war. Von Viktor Heller hatte sie erfahren, dass die Ballerina ihre Abreise vorbereitete. Etwas anderes hätte sie erstaunt.

Plötzlich ging die Tür auf. Durch den Spalt konnte Nore Brand die Frau im Bademantel sehen.

»Ach, Sie sind es«, sagte die vermeintliche Russin und öffnete die Türe.

»Guten Morgen«, grüßte Nore Brand. Es war mitten am Tag; aber für eine Ballerina war natürlich erst Aufstehzeit. Alte Gewohnheiten. Ihr Spiel war fast perfekt.

Sie schaute sich um. »Sie wollen abreisen?«

»Ja«, sagte die Ballerina, »ich habe ein paar kleine Geschäfte zu erledigen. Sie haben sicher gehört vom Waisenhaus in Moskau. Aber ich werde zurückkommen. Ich muss sehr auf meine Gesundheit achten.«

Ein paar kleine Geschäfte erledigen, dachte Nore Brand. So nannte sich das also.

»Es gibt Hinweise, dass Jeremias Matthäus Simmer mindestens einmal am Steuer Ihres Offroaders war.«

»Ja, natürlich«, sagte die Ballerina wie beiläufig, »er war ein paar Mal unterwegs, mit Bildern für Kunden.«

»Ich muss Sie nochmals nach Jeremias Simmer fragen. Vielleicht ist Ihnen in der Zwischenzeit noch etwas in den Sinn gekommen.«

Die Ballerina zierte sich. »Ich habe Ihnen erzählt, was ich weiß und …« Sie brach ab.

»Und?«, drängte Nore Brand.

»… über gute Freunde, vor allem, wenn sie tot sind, sagt man nichts Schlechtes.«

In ihrer Stimme lag zugleich die Aufforderung an Nore Brand weiterzufragen. Raffiniertes Weibsbild.

»Aber hier geht es um Mord.«

»Womit hat man ihn denn getötet?«, wollte die Ballerina wissen.

»Mit einem schweizerischen Offiziersmesser.«

»Und? Haben Sie es gefunden?«

Nore Brand ließ die Ballerina keine Sekunde aus den Augen. »Nein. Es gibt in diesem Land Hunderttausende von Männern und Frauen, die so etwas bei sich haben.« Nore Brand zog ihr rotes Militärmesser hervor. Die Augen der Tänzerin weiteten sich.

»Oh, eine richtige Schweizerin«, spottete sie.

»Sie wissen mehr über Simmer, als Sie bisher vorgaben.«

Die Ballerina schien sich einen Ruck zu geben. »Gut. Der Tote hieß Alfonso Kobelt. Er war der Jugendfreund von Jeremias Matthäus Simmer, der gemeinsam mit ihm untergetaucht ist, um der ganzen Welt einen Streich zu spielen.« Die Ballerina trat zum Fenster. »Wie ich Ihnen erzählt habe, legte sich Jeremias kurz nach der Ankunft einen neuen Namen zu, Pedro Pechstein. Er wollte nicht dauernd an seinen Bruder erinnert werden. Ich kann Ihnen sagen, er muss sein Leben lang gelitten haben. Da war noch etwas. Alfonso erzählte mir, dass sie einander so ähnlich waren, dass Leute, die sie nicht häufig sahen, sie leicht verwechselten. Aber Pedro war immer der bessere Händler gewesen, viel gerissener und so gab Alfonso auf. Doch nach dem Tod des großen Bruders brach Pedro zusammen. Wo er doch in die Fußstapfen seines Bruders hätte treten können. Und endlich viel Geld verdienen. Dummerweise zerstritten sich die beiden Freunde. Jeremias hatte nichts mehr, wogegen er ankämpfen konnte. Es gab den großen Bruder nicht mehr. Wie gesagt, Jeremias hatte eine schwache Konstitution. Er überlebte nicht lange.«

Sie suchte die Augen von Nore Brand. »Die Jahreszahlen kann ich Ihnen nicht sagen, aber Alfonso wollte nicht allein in Südamerika bleiben. Eines Tages verkaufte er die Bude und flog zurück nach Europa, in die Heimat, in dieses kleine, enge Spielzeugland voller Paragrafen«, lachte die Ballerina, »genau mit diesen Worten beschrieb er seine Heimat. Als ich ihn kennenlernte, erzählte er mir von seinem Leben. Er trank zu viel, aber er wollte noch etwas aus seinem Leben herausholen, wenn er das nicht getan hätte, wäre er durchgedreht. Hier halten es nur Spieler aus, Verrückte und krankhaft Ordentliche, das waren seine Worte. Also spielte er und gab sich als Jeremias Simmer aus.«

»Ja, er war ein Kunstfälscher und ein Hochstapler, aber ein herzensguter Mensch«, setzte sie nach einer Weile hinzu. Die Ballerina sprach angeregt weiter. Sie war in voller Fahrt, sie hielt den Schlussmonolog ihres Schauspiels, das zweifellos glücklich enden würde. Für sie natürlich. »Er trank zu viel. Eines Abends erzählte er mir seine Geschichte. Man hätte so leicht herausfinden können, dass er ein Kunstfälscher war, aber vermutlich wollte das keiner so genau wissen. Oh, wenn Sie wüssten, wie viele Richter und Staatsanwälte in ihren Villen Fälschungen hängen haben. Das ist ein blühendes Geschäft im internationalen Kunsthandel. Die größten Kenner werden dabei getäuscht. Oder lassen sich täuschen. Auch Fälscher sind Künstler, sie verstehen ihre Arbeit. Alfonso war technisch perfekt. Er hatte alles, nur die Inspiration fehlte ihm. Er wusste, dass er nie in der Lage sein würde, etwas Originelles oder Geniales zu schaffen. Er war zum Imitieren verdammt. Ja, er war einer, aber niemand hätte je herausfinden wollen, dass er ein Fälscher war. Die Richter nicht, die ihre Villen längst mit Simmers Gemälden geschmückt haben, und die Richter nicht, die dasselbe tun würden, wenn sie die Gelegenheit dazu hätten. Und nun ist er tot. Er wird nicht mehr bestraft werden können. Und ich, ich war Mitwisserin, zugegeben, aber nur für eine kurze Zeit. Soll ich deshalb hinter Schloss und Riegel? Wie könnte ich ihn getötet haben?«

Sie deutete auf ihre Beine. »Warum machen Sie sich nicht endlich an Ihre Arbeit? Gehen Sie und finden Sie seinen Mörder.«

Nore Brand stand mit verschränkten Armen an die Tür gelehnt. Was für ein Monolog.

»Ich möchte packen, bitte.« Die Ballerina fühlte sich sicher. Die Schauspielerin war in Hochform. Eine Meisterin der Ablenkung.

»Ich habe aber noch eine Frage, die Sie mir beantworten könnten. Warum hat er Frau Petrovic getötet?«

Die Ballerina erhob sich und ging auf ihren offenen Schrank zu. Leicht hinkend. Sie wollte weiterpacken. Sie wandte sich kurz um. »Warum fragen Sie mich das? Der

Mann war unberechenbar, wenn er getrunken hatte. Ich kann doch nicht alles wissen.«

»Frau Matiowa, wer sind Sie wirklich?«

Die Ballerina drehte sich mit einem Ruck um.

»Sie haben kein Problem mit Ihren Knien. Sie waren nie am Bolschoi.«

Die Augen der Ballerina weiteten sich. »Was soll dieser Unsinn?«

»Es gibt und gab nie eine Ballerina mit Ihrem Namen. Weder am Bolschoi noch in ganz Russland. Nirgends. Auch Sie sind eine Hochstaplerin.«

Dann lief ab, was Nore Brand so oft erlebt hatte. Auf dem Gesicht der Überführten ging diese erstaunliche Änderung vor sich. Maske legte sich über Maske, einige fielen weg, tauchten gleich wieder auf, blieben weg. Ein seltsames und mittlerweile vertrautes Wechselspiel. Spannend blieb immer, welches der vielen Gesichter übrig blieb. Hier, in diesem Fall blieb schließlich ein hartes, aber zumindest unverstelltes Gesicht.

»Ich könnte nun mit Simmers Worten sprechen: Sind Sie eine von den Verrückten oder eine von den krankhaft Ordentlichen? Wollen Sie mich deswegen verhaften?«

Nore Brand schwieg.

»Und was legen Sie mir zur Last, außer dass ich mir einen Künstlernamen zugelegt habe?« Ihr Gesicht glühte.

»Sie sind eine dreifache Mörderin. Sie haben Frau Ehrsam getötet, weil Sie fürchteten, dass diese ihr Testament ändern könnte. Sie hatte Ihnen einen großen Betrag versprochen, für Ihr Waisenhaus. Von Jelena Petrovic wusste sie, dass Sie keine Russin sein können, weil sie die Sprache nicht beherrschen. Also mussten beide sterben.«

Die Ballerina öffnete den Mund und ging wütend auf Nore Brand zu.

Ohne zu hinken.

»Noch etwas, Frau Matiowa oder wie Sie heißen.«

Die falsche Ballerina blieb abrupt vor Nore Brand stehen.

»Sie haben vergeblich getötet. Diese Millionen besaßen Sie nie. Der alte Anwalt hat schlicht und einfach vergessen, die Millionen von Frau Ehrsam auf Ihr Konto zu überweisen.«

Die Augen der Ballerina weiteten sich. »Woher …?«

»Ich war bei ihm. Und: Sie haben auch Alfonso getötet. Wir haben einen Zeugen. Er hat sie zweimal gesehen und er wird Sie wiedererkennen.«

Die Ballerina machte ein paar Schritte zurück. »Können wir diese Diskussion anderswo weiterführen?«

»Sicher. Auf dem Polizeiposten, wenn Sie möchten. Aber ich würde das nicht ›Diskussion‹ nennen.«

»Dann habe ich eine Bitte.«

»Ja?«

»Ich möchte nicht in Handschellen abgeführt werden. Die Gäste des Hotels …«

»Das läßt sich leider nicht machen. Wir haben unsere Vorschriften. Herr Bucher, der Dorfpolizist, ist dafür zuständig. Nicht ich. Er erwartet Sie draußen.«

Die Ballerina zog wortlos ihren Mantel an, nahm die Handtasche und verließ ihre Suite, ohne einen Blick zurückzuwerfen.

Bucher wartete mit den Handschellen auf dem Gang.

Es war sehr lange her, dass er jemandem hatte Handschellen anlegen dürfen. Er konnte die Großherzigkeit seiner Kollegin Brand aus Bern, die auf diesen Akt verzichtete, nicht verstehen.

Als vor Bucher die Türe aufging, schoss er mit einem Satz vom Stuhl hoch, rannte auf die falsche Ballerina zu, packte ihre Arme und drückte sie mit einschüchterndem Gebrüll an die Wand, sodass sie aufschrie vor Schmerz.

Nore Brand trat aus dem Zimmer. Sie sah, wie Bucher ans Werk ging.

»Nicht so heftig!«, rief sie. »Diese Frau ist nicht bewaffnet.«

»Diese verdammten modernen Handschellen. Mit den alten ging es doch immer ganz leicht«, schrie er. »Nino, so hilf mir doch!«

Nino Zoppa, der vor dem Lift Wache hielt, war mit einem Sprung zur Stelle.

Als sie glaubten, die Sache sei erledigt, sahen sie, wie die Ballerina ihre Hände mühelos aus den Handschellen zog.

»Regen Sie sich bloß nicht auf. Ich komme auch ohne Handschellen mit«, lächelte sie spöttisch und wandte sich zum Gehen.

Polizist Bucher schaute ihr ungläubig nach.

Diese Handschellen taugten nicht für zarte Handgelenke. In Buchers Welt hatten Verbrecher immer noch Pranken.

Als die drei im Lift verschwunden waren, surrte Nore Brands Handy.

»Chef«, warnte das Display.

Sie beschloss, ihn noch einmal zu ignorieren. Ein letztes Mal. Nach einer Nacht im eigenen Bett würde sie sich ihm und seiner angestauten Wut entgegenstellen.

Und dann blieb der letzte Puzzlestein dieser Geschichte. Sie wusste, dass er in Griffnähe war.

EIN DICKER HUND IN DER BUNDESHAUPTSTADT

Am nächsten Tag stand Nino Zoppa im Büro von Nore Brand. Es war klein, aber der Blick auf die Platanen im Hof weitete den Raum auf wunderbare Art und Weise.

Merian hatte seine Aufgabe erledigt und nach Bern telefoniert. Mit größtem Vergnügen, was nicht zu überhören war. Der Banker habe lange geschwiegen, was bedeutete, dass Stania Matiowa über eine größere Summe verfügte. Nur eine Frage habe er beantwortet: Auch Jeremias Matthäus Simmer habe Geld überwiesen. In regelmäßigen Abständen rechte Beträge.

»Wenn ein Banker das sagt, liebe Frau Brand«, schrie er, »dann wissen Sie genau, was das bedeutet. Das ist schlicht und einfach unanständig viel Geld.«

»Der Chef«, begann Nino Zoppa ungeduldig.

»Ja, er wird mir einiges erzählen.«

»Erzählen?«

Nore Brand saß auf ihrem Bürotisch. Ihre Stimme klang ungerührt. Die leere Kaffeetasse hatte sie beiseitegeschoben; ein paar Krümel verrieten, dass sie soeben ihr Frühstück eingenommen hatte. Das zweite an diesem Morgen.

Nino Zoppa schüttelte den Kopf; er verstand ihre Gelassenheit nicht. »Warum hast du dich gestern nicht sofort bei ihm gemeldet, nachdem wir die Ballerina abgeführt hatten?«

»Ich habe es ja versucht, aber die Batterie wollte nicht mehr.«

Nino Zoppa griff sich an den Kopf und verdrehte die Augen. »Der Akku. Du glaubst wirklich, dass er dir das abnimmt?«

»Natürlich nicht. Aber mach dir bloß keine Sorgen um mich.«

Nore Brand dachte an den Abschiedsbesuch bei Bucher. »Wie gut, dass Sie endlich gehen«, hatte er ihr tief aufatmend mitgeteilt. Er würde ihr nie verzeihen, dass sie Zeugin einer seiner größten Blamagen war. Sie hatte ihm alles Gute gewünscht und war gegangen.

«In einer Zeit«, hörte sie Nino Zoppas Stimme an ihr Ohr dringen.

»… in der gute Stellen rar sind«, ergänzte sie leichthin.

Er sprang wütend auf. »Ich lasse mich versetzen, wenn du nicht sofort zu ihm gehst.«

»Beruhige dich«, sagte Nore Brand.

Sie erhob sich langsam, stellte sich breitbeinig mitten in den Raum und bewegte ihre Arme in langsamen Kreisen.

Nino schaute ihr verblüfft zu. »Was soll das? Eine neue Methode? Hypnose?«

»Der weiße Kranich breitet seine Schwingen aus.«

Nore Brand in Zeitlupe, als Kranich! War sie jetzt übergeschnappt?

»Hä? Der weiße Kranich?«

»Das ist Tai-Chi. Früher nannte man das Schattenboxen.«

»Und wozu soll das gut sein?«

»Das wirkt beruhigend. Auf mich jedenfalls.« Sie machte einen Ausfallschritt auf ihn zu und Nino hüpfte erschrocken zur Seite. »Und das war ein vorgetäuschter Angriff. Aber du warst schon auf der Flucht. Deshalb muss ich nicht kämpfen, wenn ich gewinnen will.«

Nino kratzte sich hinter dem rechten Ohr. »Ich verstehe nicht.«

»Das erkläre ich dir später mal. Doch zurück zur Sache. Zum Chef, meine ich. Ich rufe ihn an, keine Angst, ich will wissen, warum er uns in die Arbeit pfuschen wollte. Er war zu keinem Zeitpunkt auf meine Informationen angewiesen. Der Direktor ist sein Freund, oder? Es wäre am einfachsten gewesen, den Mord und den Diebstahl der Uhr Jelena zu unterschieben. Unbegreiflich ist nur, dass er das so stümperhaft gemacht hat.«

Nino reagierte nicht.

»Nino Alberto, wir haben einen Fall gelöst. Eine Mörderin und Hochstaplerin sitzt nun hinter Schloss und Riegel. Doch hinter dieser Geschichte mit Stania Matiowa war etwas ganz anderes. Auch unangenehm. Nur eben ganz anders.«

»Unangenehm?«

»Sehr. Und wir waren ganz nah dran. Der Hoteldirektor hat die Nachricht dieser Testamentsänderung allzu gefasst hergenommen, so als wäre er erleichtert, dass ihm nichts Schlimmeres passiert ist, und ich frage mich, was schlimmer sein kann, ich meine, für einen Mann seiner Sorte, als auf ein paar Millionen Franken verzichten zu müssen.«

Nino hatte sich erhoben und schaute auf die nackten Platanen hinunter. Dann drehte er sich wieder um. »Ich glaube, du siehst Gespenster. Hör auf damit. Der Mordfall ist gelöst und Stania Matiowa wird eingelocht.«

»Nein, Nino. Manchmal wäre es mir lieber, ich würde Gespenster sehen. Aber«, sie warf einen Blick auf die Uhr«, ich möchte dich heute Abend zu einem Feierabendbier einladen. Bist du dabei?«

»Wo denn?«

»In der Markthalle. An der Bar gleich am Eingang.«

Er grinste, nickte und warf die Tür mit einem freudigen Knall hinter sich zu.

Der Herbstnebel kroch in Schwaden an den Hängen der Aare herum. Für die Bären hatte man ein luxuriöses Zuhause gebaut, direkt an der Aare, mit Swimmingpool und Spielwiese. Die Kassen der Stadt waren zwar leer, genau so wie der alte Bärengraben, aber für das Wappentier waren finanzielle Wunder geschehen.

In der Brasserie empfingen sie Wärme und belebender Kaffeeduft. Hinter der Theke war eine energische junge Frau am Werk.

»Einen Espresso, bitte.«

Die junge Frau nickte ihr zu und begann sofort zu hantieren.

Sie setzten sich an einen Zweiertisch gegenüber der Tür.

Der Chef kam pünktlich. Er bestellte einen Cappuccino und setzte sich hin.

»Ich habe hier mal reklamiert und kurz darauf hatten sie eine neue Kaffeemaschine. Heute haben sie den besten Kaffee in der ganzen Stadt.«

Sie hatten es sich nie angewöhnt, Freundlichkeiten auszutauschen.

Er nestelte an seinen Manschettenknöpfen herum und

räusperte sich. »Hm. Du brauchst dich nicht zu entschuldigen.«

»Entschuldigen? Wofür denn?« Sie warf ihr Diensthandy auf den Tisch. »Diese Handys sind lausig.«

Er schaute sie kurz an und kontrollierte mit demselben schnellen Blick seine Fingernägel. Sie waren gut geschnitten, einwandfrei gepflegt. »Man hat uns einen guten Preis gemacht. Du weißt ja. Der Spardruck heutzutage.«

»Sicher. Aber das ist für mich kein Problem. Manche Ermittlungen laufen ohne Handy sogar besser.«

Sein Gesicht rötete sich, aber er zwang sich zu einem kurzen Lächeln. »Du bist der Sache also auf den Grund gekommen.«

»Leider hast du mich nie erreicht, als ich unterwegs war. Was wolltest du denn?«

Er schaute sie eine Weile zweifelnd an. Plötzlich schaute er sich hektisch um und beugte sich über den Tisch. »Okay. Machen wir es kurz. Es gibt da etwas, was ich dir sagen muss. Der Direktor vom Belvedere, du weißt, er ist ein Dienstkollege von mir, der hat einen großen Auftrag im Dienste der Eidgenossenschaft.«

»Das wäre?«

Er räusperte sich wieder und schob seine altmodische Hornbrille zurück an ihren Platz. »Es ist eine geheime Sache. Absolut hochgeheim.«

Er schaute sich unablässig um. »Kennst du die Geschichte vom Bernsteinzimmer?«

»Ja, und?«

Die Stimme des Chefs war zu einem Flüstern herabgesunken. »Man scheint es wahrhaftig gefunden zu haben.

Es steht sozusagen fest. Ich habe die Nachricht von ganz oben.«

Nore Brand lachte ungläubig. »Die Tim-und-Struppi-Geschichten haben wir doch hinter uns.«

»Tim und Struppi ?«, fragte er ahnungslos.

Kulturbanause, dachte sie.

»Indiana Jones für die Kleineren.«

»Aha.« Doch sein Gesicht zeigte, dass er nicht begriff.

Also doch mit dem Röhrenblick durch die Kinderstube gesaust.

Er räusperte sich. »Viel darf ich nicht sagen. Wie gesagt, absolut geheime Angelegenheit. Was ich weiß, ist einzig, dass man dieses Kunstwerk ins Simmental hinaufbringen will. Dort gibt es Festungen in den Bergen. Vom Zweiten Weltkrieg her. Von diesen Anlagen ahnt keiner mehr etwas. Nur der schweizerische Nachrichtendienst. In diesen Festungen hat es Platz in Hülle und Fülle. Stell dir vor, das legendäre Bernsteinzimmer kommt ins Simmental! Was für eine Geschichte. Ich habe mich informiert. Hitler ließ die Kisten mit der ganzen Kostbarkeit 1941 nach Königsberg bringen, zurück in sein Reich. Heute ist dieser Kunstraub offenbar wieder in russischen Händen und der Geheimdienst hat einen absolut sicheren Platz gesucht. Das Simmental ist abgelegen, ruhig und weitab vom drohenden Meer«, grinste er und rieb sich triumphierend die Hände. »Inzwischen macht man sich um alle Kunstschätze in St. Petersburg Sorgen. Du weißt ja, der Klimawandel. Diese Stadt liegt nur knapp über dem Meeresspiegel und eines Tages holt sich das Wasser alle diese Schätze.« Seine Augen leuchteten. »Der Meeresspiegel steigt schneller an, weil das Eis am Nordpol nach letzten Berechnungen dreimal schneller schmilzt, als man vor wenigen Jahren noch angenommen hatte.«

Er lehnte sich, sichtlich stolz auf sein Fachwissen, noch weiter über den Tisch. Im Hintergrund lärmte die Kaffeemaschine. »Ein russischer Wissenschaftler kam offenbar auf die Idee, diese Kisten zu uns in die Berge zu bringen. Ein schlauer Mann.« Er lachte stolz. »Ich habe gehört, das sei nur der Anfang. Die bringen halb Russland zu uns. Russische Kunstschätze meine ich natürlich. Dieser Mann …«

»Ist er Fossilienforscher?«

Er war verblüfft. »Ja. Warum weißt du das?«

Nore Brand schaute über ihn hinweg. »Einfach so. Ich habe da einiges gehört letzthin.«

Der Chef räusperte sich unbehaglich. »Ach so. Ja, klar. Du hast ja … Plodowski heißt er. Oder so ähnlich. Eine Kapazität. Hörst du mir überhaupt zu?«

»Ja. Natürlich. Das leuchtet mir ein. Wir haben mächtige Berge, aber eben keine Kultur zum Einlagern für die Ewigkeit. Also laden wir dafür mal die Russen ein mit ihren Schätzen. Oder was immer in diesen Kisten versteckt ist.«

Die Geschichte mit dem Trojanischen Pferd ging ihr durch den Kopf.

»Nore«, ermahnte er sie, »ich bitte dich, diese Sache ernst zu nehmen. Der russische Geheimdienst hat Kontakt aufgenommen mit meinem Freund, dem Direktor vom Belvedere. Vielleicht weißt du …«

»Warum wissen die Russen von diesen geheimen Festungsanlagen?«

Der Chef lächelte. »Jetzt wo unsere Geheimdienste zusammenarbeiten, ist das wohl kein Problem mehr. Man will diese Bunker wieder herrichten. Irgendwie ist plötzlich ungeheuer viel Geld aufgetaucht für diesen Zweck. Eine größere Geldspende hieß es. Auch das streng geheim. Und nun, Nore, werden wir zu den Schatzwächtern einer Weltmacht.« Er schaute sie triumphierend an. »Wir sind wieder jemand auf dieser Welt. Dann können diese Linken meinetwegen die ganze Armee abschaffen. Mit dem Bernsteinzimmer und dem übrigen unbezahlbaren Kram der Zaren in einem Schweizerberg kann uns in den nächsten 1000 Jahren nichts passieren. Die Russen werden unser Land beschützen, bis zum letzten Blutstropfen.« Er lehnte sich im Stuhl zurück und verschränkte seine Arme vor der Brust. Das mit dem Blutstropfen schien ihm besonders zu gefallen. »Ja, bis zum allerletzten Blutstropfen«, wiederholte er genüsslich.

Nore Brand schaute ihn irritiert an. Was ging in diesem Kopf eigentlich vor?

Keine Ahnung von Indiana Jones, glaubte jedoch diesen ganzen Unfug um das wiedergefundene Bernsteinzimmer.

Nicht die russische Mafia war hier im Spiel, sondern die Abteilung für Kunst des KGB, falls es so etwas gab, machte sich im Simmental oben mit einem kulturellen Auftrag breit. Das also war der Ursprung des Gerüchts um die Russen-Mafia.

»Also sind wir in Sicherheit. Bis die Alpen auseinanderbrechen.«

Er staunte. Offenbar begriff sie die Tragweite dieser Geheimaktion nicht. »Ach, vergiss es. Das wäre das Beste.

Ich wollte dir nur sagen, dass wir von nun an nie mehr dort oben intervenieren werden. Ab heute haben wir im Tal oben nichts mehr zu suchen. Du schon gar nicht. Das ist ein Befehl von ganz oben. Basta.«

»Und Bucher weiß davon?«

»Der hatte von Anfang an den Auftrag, sich diskret zu verhalten und uns zu informieren, wenn etwas los ist.«

»Und warum musste ich da hinauf?«

»Bärfuss sagte mir, Nore Brand solle mal zum Rechten sehen dort oben. Du hast deine Arbeit gut gemacht, was die gemeingefährliche Hochstaplerin betrifft …« Er dachte nach. »Doch, das hast du gut gemacht, das muss man sagen. Aber manchmal bist du zu neugierig, dein Problem.«

Nein, nicht mein Problem, dachte sie, deines.

»Der Chef des Nachrichtendienstes wollte dich verhaften lassen. Das Militär hat sich auch eingeschaltet. Keiner von uns hat mehr gut geschlafen. Vor allem Bärfuss nicht.«

Also wenigstens das.

Ein paar Minuten später brachen sie auf. Der Chef verabschiedete sich und eilte mit energischen und ausholenden Schritten über die Nydeggbrücke – wie ein Mann mit einer Aufgabe von globaler Tragweite sich eben so fortbewegte.

Nore Brand blieb vor der Brasserie stehen. Sie dachte an die Familie von Wyberg, die vor langer Zeit an Sonntagen hierher pilgerte, der Vater voran, Frau und Töchter im Schlepptau, um den Bären die Ehre zu erweisen. Klara, die lustigere, sollte nach einem langen und herzhaften Leben von einer geldgierigen Hochstaplerin ermordet werden.

Ein himmeltraurigeres Ende konnte man sich nicht vorstellen. Nur weil eine Betrügerin um ihr erschlichenes Geld fürchtete.

Und hinter dieser traurigen Geschichte frohlockten die Mächtigen dieser Welt, legten einen Hochzeitstanz auf das Tannenparkett des Simmentals. Der Riese hatte einen Zwerg geheiratet, denn der Zwerg war schlau und vor allem wusste er, wie man die Berge hütete und seine Geheimnisse. Aber das ging nur gut, solange der Zwerg das Geheimnis kannte. Wusste der Zwerg dieses Mal, worum es ging? Vielleicht kamen nun Zeiten, in denen auch die schlausten Zwerge auf Freunde angewiesen waren. Auf starke, verlässliche Freunde.

Nore Brand hob schnuppernd die Nase.

Es war so weit. Schnee lag in der Luft. Der erste Schnee. Ihr Blick glitt über die Dächer der Altstadt und zurück zum Bärengraben.

Sie nahm den nächsten 12er Bus. Beim Bahnhof stieg sie aus, überquerte die Tramgleise und bog in die Markthalle ein.

Bei der Bar sah sie zwei lange Arme in der Luft herumfuchteln.

»Hast du deine Stelle noch?«

»Natürlich.«

»Wie hast du das gemacht?«

»Der Chef würde es nie wagen. Aber egal. Da ist noch etwas. Anwalt Merian hat geschrieben. Wir müssen oder besser gesagt, wir dürfen am 24. Dezember den Scheck in einen Sammeltopf der Heilsarmee werfen und zwar auf dem Waisenhausplatz. Arbeitest du an Weihnachten?«

Nino Zoppa nickte. »Halb so schlimm. Mona arbeitet auch.«

»Willst du das Christkind spielen?«

»Ich? Christkind spielen?«

»Ja, sicher. Das passt zu dir.«

Er wurde rot.

»Es passt sogar immer öfter«, fügte sie bei. »Am 24. Dezember, morgens um halb zehn, kommt ein Kurier der Basler Kantonalbank. Der begleitet dich zum Sammeltopf am Waisenhausplatz. Dort werdet ihr den Scheck einwerfen. Anonym. So wollte es Frau Ehrsam haben und genauso wird es gemacht.«

»Und was ist mit dem Geld für Jelena Petrovic?«

»Merian hat ihre Familie gefunden. Das Geld ist bereits auf einer kroatischen Bank. Auf dem Konto ihrer Eltern.«

»Und du? Was machst du an Weihnachten?«

»Ich fliege nach St. Petersburg. Ich will den Katharinenpalast sehen.«

»Den Katharinenpalast?«

»Ja, bevor er im Meer versinkt.«

»Versinkt? Im Meer?« Er starrte sie mit offenem Mund an. »In welchem Meer denn?«

»Geh hin und google. Das kannst du selbst herausfinden, du Wunderkind.«

»Schickst du mir eine Karte?«

»Ja. Sicher. Vom Bernsteinzimmer. Vom nachgebauten Bernsteinzimmer«, präzisierte sie.

»Aha«, sagte er. »Aber ich habe endgültig genug von diesem Thema.«

Nore Brand schwieg. Sie war noch nicht ganz so weit.

»Nur noch etwas.« Ninos Gesicht war auf einen Schlag todernst geworden. »Meine Mutter sagt Nino Alberto zu mir. Nino Alberto der Erste. Grauenhaft.«

Sie biss ihre Lippen zusammen. Arme Söhne und arme Mütter, wenn der Prinzentraum platzte.

Er stand mit hochroten Ohren vor ihr. »Sag nie wieder Nino Alberto zu mir. Es gibt für mich nichts Peinlicheres.«

»Es tut mir leid. Ich sag's nie wieder.«

»Da ist noch etwas.« Nino wand sich. »Hast du eigentlich einen Mann?«, brach es aus ihm heraus.

Sie lächelte.

»Bist du frisch verliebt?«

»Vielleicht, ja.«

Nino atmete auf. »Wann hast du ihn kennengelernt?«

»Vor 35 Jahren.« Und was dazwischen lag, war überstanden.

»Was? Vor 35 Jahren? Ist das ein Witz?«

»Nein. Kein Witz. Wir waren in der gleichen Klasse. Eines Tages zog er mit seiner Familie zurück nach Lausanne. Vor Kurzem haben wir uns wiedergesehen, bei einem Klassentreffen.«

»Wie ist er?«

Sie schaute nach dem Barmann. »Sag mal, hast du eigentlich noch nichts bestellt«?

»Nore, das gilt nicht! Sag, wie ist er.«

»Er ist groß geworden. Damals war ich um einen Kopf größer als er.«

Sie dachte an den schüchternen Kuss in der Schulbibliothek. Jacques auf Zehenspitzen. Und nun, 35 Jahre später wusste sie, wie sich ein Kuss auf Zehenspitzen anfühlte.

»Du strahlst ja! Aber ausgerechnet ein Welscher. Wie heißt er denn?«

»Jacques.«

»Jacques«, wiederholte Nino, »muss ich mir den Namen merken?«

»Ich denke schon.«

»Kannst du französisch?«

»Ein bisschen, aber ich möchte meine Kenntnisse etwas vertiefen.«

»Es hat dich also total erwischt. Ich wusste es von Anfang an.«

»Das wusstest du nicht.«

»Natürlich. So etwas spüre ich immer. Ist er Polizist?«

»Nein, er ist Koch. Er reist auf einem Postschiff der Luxusklasse ans Nordkap und testet Fischstäbchen für eine kulinarische Zeitschrift.«

»Ist das jetzt ein Witz?«

»Nein, das stimmt. Leider. Aber vermutlich geht's nicht um Fischstäbchen.«

Nino verzog sein Gesicht. »Hoffentlich nicht. Fischstäbchen, bäh, ekelhaft. Dann bin ich doch lieber Polizist.«

»Ja, ich auch. Aber komm, bestell endlich etwas!«

DER LETZTE STREICH DER ROTEN KLARA

Bärfuss hatte auf sie gewartet. »Nore. Endlich, komm herein.«

»Bist du wieder gesund?«

»Danke. Es war eher unangenehm als schlimm. Setz dich und erzähl.«

Was sie auch tat. Kurz und bündig.

Als sie fertig war, beugte er sich vor. »Die Sache mit der Betrügerin ist ja nun erledigt. Sie heißt Evi Ramseier. Von Sumiswald. Sie ist eine ausgebildete, aber leider arbeitslose Schauspielerin. Jetzt erleidet sie Schiffbruch, und das mit ihrem ersten großen Projekt, die Ärmste. Sie ist doch talentiert, oder?«

»Das muss man sagen, ja«, bestätigte Nore Brand mit einem kleinen Lachen.

»Eine Emmentalerin also. Emmentalerinnen werden meiner Meinung nach immer noch sträflich unterschätzt. Das Frauengefängnis macht neuerdings Theaterprojekte. Da wird sie sich wenigstens nicht langweilen. Aber dass ausgerechnet die Russen kommen. Früher hatten wir Uncle Sam aus Amerika und kaum hat der ausgedient, steht der Onkel aus Russland vor der Tür.«

Nore Brand winkte ab. »Falsch. Der war schon hier. Mit zwei kleinen Bären im Gepäck. Hast du sie noch nicht gesehen?«

Bastian Bärfuss erhob sich von seinem Sessel und blieb einen Moment stehen. »Natürlich. Was denkst du denn?

Der Russe bringt uns unser Wappentier. Drollige Kerle, die zwei Kleinen. Aber du weißt ja, die wachsen rasch und werden gefährlich. So ein seltsamer Zufall. Was soll ich davon halten? Ich verstehe diese Welt nicht mehr. Findest du, ich bringe die Sachen durcheinander?«

»Nein, ich glaube nicht.«

Es war in der Tat alles durcheinandergeraten. Ihr Chef glaubte an den Osterhasen, an Sankt Nikolaus und an das Bernsteinmärchen. Das machte ihn sogar sympathisch. Tragisch war nur, dass er die Geschicke einer internationalen Kunstmission leitete.

In dieser verrückten Welt passte dies wunderbar zusammen.

Doch was war in diesem Fall die Wahrheit?

Bastian Bärfuss erhob sich und machte ein paar ziellose Schritte durch sein kleines Büro, blieb dann vor dem Fenster, das auf die winterlich graue Aare hinunter zeigte, stehen, starrte eine Weile bewegungslos auf einen Punkt am gegenüberliegenden Aarehang, bis ihn das ferne Aufheulen einer Ambulanz in die Wirklichkeit zurückholte.

Er klopfte mit der Pfeife ans Fenster. »Im Winter habe ich sie richtig gern, die Aare.« Er drehte sich zu Nore Brand. »Im Winter verlangt kein Mensch von mir, dass ich da hinein muss. Als Bub hielt ich mich deshalb für einen Feigling, bis ich einmal fast abgesoffen bin. Dann war ich geheilt. Lieber ein lebendiger Feigling als ein toter Held. Du kennst ihn ja, den alten Brecht. Der bekommt doch immer wieder mal recht.«

Bastian Bärfuss kaute gedankenverloren an seiner erkalteten Pfeife und starrte auf die Aare hinunter. Nach einer Weile trat er vom Fenster zurück und setzte sich wieder in das abgewetzte Kuhfell, das seinen Korbsessel auskleidete. Der Hausdienst versuchte seit Jahren vergeblich, ihm einen zeitgemäßen Bürosessel hinzustellen. Aus Leder und Chromstahl.

»Ausgerechnet die Russen.«

Nore Brand schaute auf. »Warum auch nicht?«

»Sind es nur kulturelle Investoren oder haben wir es gleich mit den alten Geheimdienstlern und ihrer Brut zu tun?«

»Muss man da einen Unterschied machen?«

Bastian Bärfuss legte das Gesicht in seine großen Hände. »Dann gnad' uns Gott.«

Als er wieder aufschaute, sah sie die Zeichen von Nächten ohne Schlaf unter seinen Augen.

»Aber warum gerade hier? In unseren Bergen? Was haben die hier verloren?«

»Verloren haben sie nichts. Aber sie haben etwas gefunden bei uns.« Nore Brand lachte widerwillig. »Verstecke eben, alte, aber sichere Festungsanlagen.«

Sie hatte die Berge immer für ewig gehalten. Doch man hatte sie vor langer Zeit einmal aufgerissen und zerlöchert, hatte für eine Regierung und eine Armee einen sicheren Hort geschaffen. Nicht für alte und schwache Menschen und für Kinder, nein, für Politiker und Generäle!

Bastian Bärfuss wischte die Pfeife an seinem Pullover ab.

Er brach seufzend ab. »Ich muss mich noch bei dir entschuldigen, Nore. Ich wusste, dass du hartnäckig und solch seltsamen Sachen gewachsen bist. Ich habe die Nerven und die Ausdauer nicht mehr dazu, deshalb musstest du das tun. Die Kerle da oben müssen wissen, dass man ihnen auf die Finger schaut.« Er deutete mit der Pfeife an die Decke.

»Soll ich dir noch danken dafür?«

»Nein. Es ist an mir zu danken.« Er saß da in seinem verschlissenen grünen Strickpullover. Bastian Bärfuss hatte im Laufe der Jahre nicht wenige Frauen zum Stricken gebracht.

Er lächelte. »Wie ist es nur möglich, dass unser Chef an dieses Märchen glaubt.« Er schüttelte den Kopf und lachte lautlos. »Das Bernsteinzimmer. Eine wunderbare Geschichte. Aber kann einer so naiv sein? Die Sache ist geklärt, oder? Es ist verbrannt, wie so vieles in jener unseligen Zeit. Doch heute gibt es ein wunderbares Imitat in St. Petersburg. Genauso kostbar wie das alte. Dass unser Chef ein solcher Träumer ist? Das ist ja nicht zu fassen.«

Nore Brand lehnte sich zurück, schaute durch das Fenster in den grauen Berner Himmel und lachte.

»Nein, Nore, er ist kein Träumer, er ist ein Kindskopf und das gefällt mir nicht. Das ist gefährlich.«

Gefährlich für wen? Sie mochte nicht mehr darüber reden.

Der Fall der Millionärin Klara Ehrsam hatte wie eine unangenehme, aber alltägliche Geschichte angefangen. Eine Geschichte, die andere in sich versteckte. Wie eine Matrjoschka. Diese große, dicke, bunte, freundliche Frauenfigur, die viele kleinere in sich barg. Nore Brand hatte sie auseinandergeholt, Puppe um Puppe. Die letzte und kleinste war die geheimnisvollste: Sie war das Geheimnis selbst und ihr süßes, rotbackiges Lächeln war die letzte

Maske in diesem Fall. Nur das musste sie noch herausfinden. Wer steckte hinter diesem letzten Lächeln?

Draußen wehte ihr ein eisiger Wind entgegen.

Sie ging am Oppenheimbrunnen vorbei über den Waisenhausplatz, nahm beim Bärenplatz das Tram, stieg beim Bahnhof aus, eilte mit Hunderten durch den Bahnhof, wartete mit Dutzenden auf den Lift, der sie auf die Große Schanze hinaufbringen sollte. Sie eilte auf die Einstein-Terrasse, um den Menschen zu entfliehen. Sie sah den Gurten, die hintere Seite der Heiliggeistkirche, die leuchtende Kuppel des Bundeshauses und dann diese Berge: Eiger, Mönch und die mächtige Jungfrau, schneeweiß.

Der Wind zerbiss ihr Gesicht, aber das spürte sie nicht; es waren diese Berge, diese unbegreifliche und entrückte Schönheit, die nicht nur in den Augen schmerzten. Diese Berge bargen ein letztes Geheimnis.

Sie hörte das heimliche Kichern der letzten Puppe.

Nore Brand wandte sich abrupt ab und lief den Tumarkinweg entlang in Richtung Falkenplatz. Ging unter den hohen Herbstlinden zur Länggassstraße, bog ab in die Erlachstraße, ging am Café Longstreet vorbei und ein paar Schritte weiter hörte sie die Vögel zwitschern. Sie war zu Hause. In ihrer Stadtoase. Ein paar übermütige Politiker nannten diesen Stadtteil das ›Quartier Latin‹ von Bern. Man konnte leider nichts tun gegen dieses Geschwätz.

Etwas weiter entfernt befand sich das Theodor-Kocher-Institut und in dessen Nähe die Seidenstraße, wo Lenin bei seinem Besuch in Bern sein kommunistisches Garn weitergesponnen hatte. Das war den schwatzenden

Politikern etwas peinlich, deshalb rühmten sie sich bei jeder Gelegenheit umso lauthalsiger, dass Einstein, der Fachlehrer für Mathematik, in seinen sieben Bernerjahren die kreativste Denkphase erlebt habe. Im Lärm einer Großstadt wie Paris wäre ihm wohl nichts eingefallen und die Menschheit hätte es ihm nicht einmal verübeln können. Am wenigsten diejenigen, die mal in Paris waren, zur Hauptverkehrszeit und die war eigentlich sozusagen rund um die Uhr. Zum Glück war es in Bern schön ruhig damals, als Einstein da war. Man klopfte sich auf die Schultern. Die Stadt Bern hatte ihre historische Schuldigkeit getan.

Hier, in dieser Stadtoase mit Buchen, Platanen, Buchenhecken, kleinen Vorgärten, italienischen, türkischen und asiatischen Take-aways und Restaurants war Nore Brand zu Hause. Die Hausnummer war irgendwo unter dem Efeu an der Mauer versteckt. Die Buchenhecke und der ungebändigte Kirschlorbeer nahmen jede Sicht auf das Haus. Man musste das rostige Eisentor hinter sich lassen, ein paar Schritte durch den grünen Tunnel tun und dann sah man das dreistöckige Backsteinhaus.

Nore Brand bewohnte die erste Etage für sich allein. Große, hohe Räume, knarrende Fußböden. Eine Küche aus den 70er-Jahren. Orange und hellgrüne Wandkacheln. Die Abdeckungen aus Holz, doch die Augen fanden rasch einen erlösenden Ausweg. Das hohe Küchenfenster zeigte mitten in das Geäst der hohen Bäume. Der Bistrotisch stand richtig und das Küchendesign drang schon lange nicht mehr in ihr Bewusstsein.

Sie setzte sich hin, zog ihre Stiefel aus und warf sie in

eine Ecke. Dann eilte sie durch die Zimmer und riss Vorhänge und Fenster auf.

Durch die lichten Äste sah sie den Turm der Pauluskirche, diese seltsame Spitzhaube mit Grünspan.

Nore Brand dachte an die rote Klara, die Lenin so gerne aufgesucht hätte, als er in der Länggasse lebte. Doch das war vor ihrer Zeit gewesen. Als die kleine Klara das Licht der Welt erblickte, war die Revolution bereits Geschichte.

Plötzlich erstarrte sie. Wie war es möglich, dass sie nicht längst daran gedacht hatte. Sie fluchte leise vor sich hin, riss ihr Notizbuch aus der Tasche, packte das Telefon, drückte eine Zahlenfolge und wartete.

Eine Ewigkeit.

Endlich meldete sich die unverkennbare Stimme des Anwalts. »Brand? Die nette Frau Brand? Wie schön, von Ihnen zu hören. Wie geht's im alten Bern? Und? Fliegt der Teppich noch? Oder hat er inzwischen Rost angesetzt?« Sein meckerndes Lachen drang an ihr Ohr.

»Ich habe noch eine allerletzte Frage, dann lasse ich Sie für immer in Ruhe.«

»Schade«, schrie er zurück, der alte Schäkerer, »sehr schade.«

»Hat Frau Ehrsam diesen Plodowski oder so ähnlich von St. Petersburg gekannt?«

Merian kicherte. »Helles Köpfchen, diese Frau Brand aus Bern. Sie fragt tatsächlich nach dem Fossilienprofessor. Natürlich. Langjährige Kampfgefährten waren sie. Romantische Kommunisten. Aber er spezialisierte sich auf Fossilien und sie fand den Mann ihres Lebens in der Basler Chemie, heiratete ihn und wurde Millionärin. So wie das Leben eben so spielt. Aber der Fossilienprofessor und die Millionärin blieben in tiefer Freundschaft verbunden. Das gab es früher noch. Klara wollte unbedingt noch einmal zu ihm.«

»Ging es um das Bernsteinzimmer?«

»Bernsteinzimmer? Ja, das Bernsteinzimmer. Eine schreckliche Geschichte. So ungefähr. Ja. So ungefähr«, wiederholte er brüllend vor Vergnügen, »na, weil Sie die richtige Frage stellen, will ich Sie auch belohnen. Plodowski hat Klara zu seiner letzten großen Ausstellung eingeladen. Sie hat ihn schließlich ihr Leben lang unterstützt. Als seine kommunistischen Lehr- und Wanderjahre vorbei waren, konzentrierte er sich auf die Geologie. Und …« Merian machte eine bedeutungsvolle Pause. »Und fand vieles, aber nicht das Bernsteinzimmer. Das ist verbrannt oder geschmolzen, im Bombenhagel. So etwas überlebt auch das edelste Harz der Welt nicht. Das hat auch Klara letztlich begriffen. Aber dieser Plodowski hat in seinem Leben unendlich viel Kostbares aufgestöbert und gesammelt, von dem die Welt keine Ahnung mehr hat, dass es noch existiert. Diese Schätze wollte sie nun retten für die Ewigkeit und sie gab ihrer letzten Rettungsaktion einen tollen Namen. ›Bernstein-Projekt‹. Zu Ehren der schönen, aber traurigen Legende. Sie wollte ihr Geld unbedingt für etwas Gutes, Schönes und Kostbares ausgeben. Eine tolle Frau.« Sein Lachen schepperte durch die Leitung.

»Können Sie schweigen?«, schrie er.

»Wie ein Grab.«

»Wie ein Grab? Wie ein Grab, sagen Sie? Höre ich recht? So etwas glaube ich nur einer Bernerin. Also, passen Sie gut auf. Ich sag's nur einmal, nur ein einziges Mal. Hören Sie mir überhaupt noch zu?«

»Ja, sicher.«

»Diese Telefonleitungen sind einfach lausig. Vielleicht liegt's auch an meinem Hörapparat. Auf den Mars fliegen, das können die Menschen, aber anständige Hörapparate basteln, das liegt offenbar noch nicht drin. Eine Schande ist das. Also, die beiden hatten die Glanzidee, dass man diese geheime Sammlung von Kunstgegenständen bombensicher, im wahrsten Sinne des Wortes, bombensicher verstecken müsse, und zwar für alle Ewigkeit. In den Schweizer Alpen«, schrie er, dabei überschlug sich seine Stimme vor Begeisterung. »War je ein Ort sicherer in den vergangenen Jahrhunderten? Nein, natürlich nicht. Klara wusste viel über die Klimaerwärmung. Sie kannte auch die Festungsanlage im Tal. Sie wusste, dass die Kostbarkeiten in St. Petersburg nicht mehr lange am Trockenen bleiben. Klara konnte immer schon zwei und zwei zusammenzählen. Die Menschen, die das können, sind rar geworden, und das Meer steigt, liebe Frau Brand, schneller als wir das möchten. Die Journalisten schreiben täglich darüber. Man könnte meinen, diese Schreiberlinge hätten das Meerwasser schon längst an ihren dürren Waden. Aber das Bernstein-Projekt, das ist absolute Geheimsache. Unsere Freundin hat einen Kerl vom KGB, auch ein ehemaliger Kommunist, auf unseren Nachrichtendienst und natürlich auf den charmanten Hoteldirektor angesetzt. Dabei hat sie dafür gesorgt, dass diesen Kerlen ein gewaltiger Bär aufgebunden wird. Als Bernerin tat sie sowieso nichts lieber als das. Hähäääää. Sie sollen glauben, dass tatsächlich das legendäre Bernsteinzimmer gefunden wurde. Sie hatte mit dem Hoteldirektor noch eine Rechnung offen, mit diesem Schürzenjäger. Er weiß selbstverständlich nicht, dass meine Klara hinter dieser Sache steckt. Sie war immer eine leidenschaftliche Geheimniskrämerin.«

Er räusperte sich laut und holte Luft. »Liebe Frau Brand, Sie tun etwas für unsere liebe Freundin Klara, wenn Sie das für sich behalten. Wenn ich mal tot bin, und der Fossilienprofessor soll auch nicht mehr so fit sein, Sie wissen ja, Wodka«, ein missbilligendes Zischen drang durch die Leitung, »er ist eben ein richtiger Russe, und wenn der dann mal das Zeitliche segnet, dann weiß es keiner mehr, außer Ihnen, liebe Frau Brand, und mir. Natürlich wünsche ich dem Fossilienprofessor und mir selbst noch ein paar Jährchen und uns Schweizern als Schatzhüter der Zarendynastie ein bisschen mehr Sinn für Europa und die europäische Kultur. So hätte es Klara Ehrsam, unsere alte Freundin, Millionärin und Universalkommunistin auch gesagt. Schluss und fertig.« Er kicherte. »Nein, warten Sie. Legen Sie noch nicht auf. Meine Schwester Elvira meint, dass Klara Ehrsam die fleischgewordene Helvetia sei. Die Inkarnation eines Mythos. Elvira darf auch einmal recht haben, oder etwa nicht? Wenn jemals ein Mensch allein unserer geliebten Heimat Sicherheit und Schutz bieten konnte, dann unsere Klara Ehrsam. So ein Witz. Kommunistin und Mutter Helvetia in einem. Wie schade, dass wir das diesen elenden Schreiberlingen nicht in ihre ausgefransten Federn diktieren dürfen. Aber nun muss ich auflegen. Meine Kundschaft ist ungeduldig. Auf Wiedersehen, Frau Brand.«

»Vielen Dank, Herr Merian. Herr Doktor Merian«, korrigierte sie sich rasch.

Nore Brand legte auf.

Sie lachte. Sie versuchte tief durchzuatmen. Das half nicht. Ihr Herz hämmerte, als ob es aus ihrer Brust springen wollte.

Die rote Klara also. Sie hatte alle an der Nase herumgeführt.

Was für eine Frau.

Nore Brand sah ihren Chef vor sich sitzen mit seiner wichtigen Miene. Von wegen Bernsteinzimmer.

In der Ferne läuteten die Glocken der Pauluskirche den Feierabend ein. Sie holte sich ein Bier aus dem Kühlschrank und öffnete den Verschluss. »Alles Gute, Frau Ehrsam. Salute. *Sa sdarowje.*«

Das war's also gewesen.

Nicht die Russenmafia war im Simmental. Es war die rote Klara gewesen, die da einiges angerichtet hatte hinter den Kulissen. Das andere war Gerücht. Die Menschen liebten das. Sie mussten etwas zu schwatzen haben, sie wollten sich empören.

Doch solange die russischen und schweizerischen Geheimdienste sich gemeinsam mit kulturellen Projekten beschäftigten, die sich eine pfiffige alte Dame ausgedacht hatte, konnte man gut schlafen.

Sie trat ans Fenster. Sie hatte sich nicht getäuscht. Es hatte angefangen zu schneien. Die Dächer ringsum waren schon weiß.

ENDE

ICH DANKE

Christiane, die in ihrer unerschöpflichen Trickkiste die geeigneten Mittel findet, wenn alles drunter und drüber geht.

Lieske, Anne und Barbara für ihre Unterstützung, ihre erfrischende Kritik und Ermunterungen jeder Art.

Danièle, die ortskundig las und großzügig darüber hinwegsah, sobald die Lenker Ortskulisse etwas angepasst und zugunsten der Fiktion um das eine oder andere Gasthaus oder Hotel erweitert wurde.

Und Claudia Senghaas für das professionelle Lektorat, für ihr Augenmaß und ihren Sinn für das Ganze genau wie für die Details.

Weitere Krimis finden Sie auf den folgenden Seiten und im Internet: www.gmeiner-verlag.de

VERENA WYSS
Blutrunen

367 Seiten, Paperback.
ISBN 978-3-8392-1104-5.

DUNKLE AHNUNG Die junge Pamela Thoma hat ihren Job als Werberin in Zürich aus »persönlichen Gründen« an den Nagel gehängt. Sie flüchtet in die scheinbar heile Welt des Château de Salms in der Westschweiz, um einen beruflichen Neuanfang als Bibliothekarin zu wagen. Doch von Anfang an beschleichen sie unheimliche Gefühle, die sich schon bald bewahrheiten sollen: Eine Reihe rätselhafter Morde erschüttert das altehrwürdige Anwesen. Erst als Pamela im Archiv des Schlosses auf geheime Dokumente aus der NS-Zeit stößt, kommt allmählich Licht ins Dunkel …

PAUL LASCAUX
Gnadenbrot

227 Seiten, Paperback.
ISBN 978-3-8392-1087-1.

AUF DEM SCHLACHTFELD In dem mittelalterlichen Städtchen Murten wird die entscheidende Schlacht der Burgunderkriege von 1476, als die Eidgenossen gegen das Heer Karls des Kühnen kämpften, für Filmaufnahmen nachgestellt. Mit von der Partie ist die Berner Detektei Müller & Himmel. Als nach einem turbulenten Drehtag ein Toter auf dem Schlachtfeld zurückbleibt, kommt wieder Bewegung in das Quartett um Heinrich Müller, dessen aktuelle Auftragslage nicht gerade rosig ist. Ein gestohlener Wandteppich, beunruhigende Kornkreise und dunkle Geschichten aus der Zeit der Hexenverfolgungen geben den Ermittlern jedoch immer neue Rätsel auf …

GMEINER

Wir machen's spannend

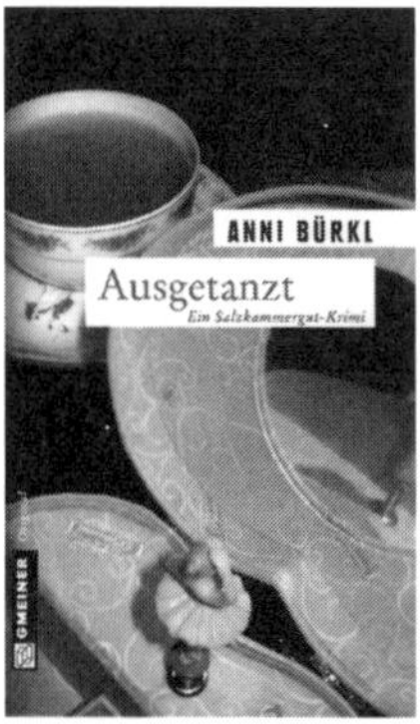

ANNI BÜRKL
Ausgetanzt

374 Seiten, Paperback.
ISBN 978-3-8392-1023-9.

TANZTEE Berenike Roithers neuer Teesalon im beschaulichen Kurort Altaussee im Salzkammergut verlangt ihre volle Aufmerksamkeit. Doch bald wird sie aus der gewohnten Arbeit herausgerissen: Ihre Tanzlehrerin Caro, die am mystischen Hallstätter Gräberfeld ein keltisches Tanzritual abhalten wollte, wird tot aufgefunden – in der Mitte entzwei gesägt und in einem Friseursalon zur Schau gestellt. Auch Berenike fragt sich, wer so viel Hass gegen die engagierte Frauenhausmitarbeiterin hegte. Und plötzlich steckt sie selbst mitten in den Ermittlungen …

MICHAEL KRUG
Bahnhofsmission

273 Seiten, Paperback
ISBN 978-3-8392-1091-8.

GROSSER BAHNHOF In Stuttgart erregt das Bahnhofsprojekt Stuttgart 21 die Gemüter. Als der Vorstandsvorsitzende der größten Bank des Landes in einem Kellerraum des Stuttgarter Hauptbahnhofs erschlagen aufgefunden wird, gerät der Bahn-Manager Norbert Hagemann unter dringenden Mordverdacht. Der karrierebesessene Finanzjongleur war nicht nur zur Tatzeit am Tatort. Bald wird auch bekannt, dass er ein Verhältnis mit der Frau des toten Bankers hat. Doch diese Lösung scheint dem erfahrenen Kriminalbeamten Herbert Bolz viel zu einfach …

GMEINER

Wir machen's spannend

Das neue KrimiJournal ist da!

2 x jährlich das Neueste
aus der Gmeiner-Krimi-Bibliothek

In jeder Ausgabe:

- Vorstellung der Neuerscheinungen
- Hintergrundinfos zu den Themen der Krimis
- Interviews mit den Autoren und Porträts
- Allgemeine Krimi-Infos
- Großes Gewinnspiel mit ›spannenden‹ Buchpreisen

ISBN 978-3-89977-950-9
kostenlos erhältlich in jeder Buchhandlung

KrimiNewsletter

Neues aus der Welt des Krimis

Haben Sie schon unseren KrimiNewsletter abonniert?
Alle zwei Monate erhalten Sie per E-Mail aktuelle Informationen aus der Welt des Krimis: Buchtipps, Berichte über Krimiautoren und ihre Arbeit, Veranstaltungshinweise, neue Krimiseiten im Internet, interessante Neuigkeiten zum Krimi im Allgemeinen.
Die Anmeldung zum KrimiNewsletter ist ganz einfach. Direkt auf der Homepage des Gmeiner-Verlags (www.gmeiner-verlag.de) finden Sie das entsprechende Anmeldeformular.

Ihre Meinung ist gefragt!

Mitmachen und gewinnen

Wir möchten Ihnen mit unseren Romanen immer beste Unterhaltung bieten. Sie können uns dabei unterstützen, indem Sie uns Ihre Meinung zu den Gmeiner-Romanen sagen! Senden Sie eine E-Mail an gewinnspiel@gmeiner-verlag.de und teilen Sie uns mit, welches Buch Sie gelesen haben und wie es Ihnen gefallen hat. Alle Einsendungen nehmen automatisch am großen Jahresgewinnspiel mit ›spannenden‹ Buchpreisen teil.

GMEINER

Wir machen's spannend